全国高等职业院校护理类专业第二轮教材

# 生物化学

## 第 2 版

（供护理、助产专业用）

主　编　郭劲霞　于海英

副主编　常陆林　黄象娟　赵玉强

编　者　（以姓氏笔画为序）

于海英（广东江门中医药职业学院）

王　敏（昆明卫生职业学院）

左　超（山东医学高等专科学校）

付凤洋（重庆医药高等专科学校）

刘香娥（菏泽家政职业学院）

赵玉强（雅安职业技术学院）

郭劲霞（益阳医学高等专科学校）

黄象娟（山东医学高等专科学校）

常陆林（广东江门中医药职业学院）

舒　盼（益阳医学高等专科学校）

中国健康传媒集团

中国医药科技出版社

## 内 容 提 要

本教材是"全国高等职业院校护理类专业第二轮教材"之一，系根据本套教材编写原则与要求及本课程教学大纲编写而成。全书共包括11章内容：蛋白质的结构与功能，核酸的结构与功能，维生素，酶，生物氧化，糖代谢，脂质代谢，蛋白质分解代谢，核苷酸代谢，遗传信息的传递与表达，肝的生物化学。本教材为书网融合教材，即纸质教材有机融合电子教材、教学配套资源（PPT、微课、视频、图片等）、题库系统、数字化教学服务（在线教学、在线作业、在线考试），使教学资源更加多样化、立体化。

本教材可供全国高等职业院校护理、助产专业师生教学使用，也可作为相关从业人员的参考用书。

**图书在版编目（CIP）数据**

生物化学/郭劲霞，于海英主编 . —2 版 . —北京：中国医药科技出版社，2023.7

全国高等职业院校护理类专业第二轮教材

ISBN 978 – 7 – 5214 – 3559 – 7

Ⅰ.①生… Ⅱ.①郭… ②于… Ⅲ.①生物化学 – 高等职业教育 – 教材 Ⅳ.①Q5

中国国家版本馆 CIP 数据核字（2023）第 001964 号

美术编辑 陈君杞
版式设计 友全图文

出版 **中国健康传媒集团** | 中国医药科技出版社
地址 北京市海淀区文慧园北路甲 22 号
邮编 100082
电话 发行：010 – 62227427 邮购：010 – 62236938
网址 www. cmstp. com
规格 889 × 1194mm $\frac{1}{16}$
印张 12 $\frac{1}{2}$
字数 357 千字
初版 2018 年 8 月第 1 版
版次 2023 年 7 月第 2 版
印次 2024 年 1 月第 2 次印刷
印刷 大厂回族自治县彩虹印刷有限公司
经销 全国各地新华书店
书号 ISBN 978 – 7 – 5214 – 3559 – 7
定价 **39. 00 元**

获取新书信息、投稿、为图书纠错，请扫码联系我们。

# 出版说明

为贯彻落实《国家职业教育改革实施方案》《职业教育提质培优行动计划（2020—2023年）》《关于推动现代职业教育高质量发展的意见》等有关文件精神，不断推动职业教育教学改革，对标国家健康战略、对接医药市场需求、服务健康产业转型升级，支撑高质量现代职业教育体系发展的需要，中国医药科技出版社在教育部、国家药品监督管理局的领导下，在本套教材建设指导委员会主任委员西安交通大学医学部李小妹教授，以及长春医学高等专科学校、江苏医药职业学院、江苏护理职业学院、益阳医学高等专科学校、山东医学高等专科学校、遵义医学高等专科学校、长沙卫生职业学院、重庆医药高等专科学校、重庆三峡医药高等专科学校、漯河医学高等专科学校、皖西卫生职业学院、辽宁医药职业学院、天津生物工程职业技术学院、承德护理职业学院、楚雄医药高等专科学校等副主任委员单位的指导和顶层设计下，通过走访主要院校对2018年出版的"全国高职高专院校护理类专业'十三五'规划教材"进行了广泛征求意见，有针对性地制定了第二版教材的出版方案，旨在赋予再版教材以下特点。

### 1. 强化课程思政，体现立德树人

坚决把立德树人贯穿、落实到教材建设全过程的各方面、各环节。教材编写应将价值塑造、知识传授和能力培养三者融为一体，在教材专业内容中渗透我国医疗卫生事业人才培养需要的有温度、有情怀的职业素养要求，着重体现加强救死扶伤的道术、心中有爱的仁术、知识扎实的学术、本领过硬的技术、方法科学的艺术的教育，为人民培养医德高尚、医术精湛的健康守护者。

### 2. 体现职教精神，突出必需够用

教材编写坚持现代职教改革方向，体现高职教育特点，根据《高等职业学校专业教学标准》《职业教育专业目录（2021）》要求，以人才培养目标为依据，以岗位需求为导向，进一步优化精简内容，落实必需够用原则，以培养满足岗位需求、教学需求和社会需求的高素质技能型人才准确定位教材。

### 3. 坚持工学结合，注重德技并修

本套教材融入行业人员参与编写，强化以岗位需求为导向的理实教学，注重理论知识与岗位需求相结合，对接职业标准和岗位要求。在教材正文适当插入临床案例，起到边读边想、边读边悟、边读边练，做到理论与临床相关岗位相结合，强化培养学生临床思维能力和操作能力。

#### 4. 体现行业发展，更新教材内容

教材建设要根据行业发展要求调整结构、更新内容。构建教材内容应紧密结合当前临床实际要求，注重吸收临床新技术、新方法、新材料，体现教材的先进性。体现临床程序贯穿于教学的全过程，培养学生的整体临床意识；体现国家相关执业资格考试的有关新精神、新动向和新要求；满足以学生为中心而开展的各种教学方法的需要，充分发挥学生的主观能动性。

#### 5. 建设立体教材，丰富教学资源

依托"医药大学堂"在线学习平台搭建与教材配套的数字化资源（数字教材、教学课件、图片、视频、动画及练习题等），丰富多样化、立体化教学资源，并提升教学手段，促进师生互动，满足教学管理需要，为提高教育教学水平和质量提供支撑。

本套教材凝聚了全国高等职业院校教育工作者的集体智慧，体现了凝心聚力、精益求精的工作作风，谨此向有关单位和个人致以衷心的感谢！

尽管所有参与者尽心竭力、字斟句酌，教材仍然有进一步提升的空间，敬请广大师生提出宝贵意见，以便不断修订完善！

# 数字化教材编委会

主　编　郭劲霞　于海英
副主编　常陆林　黄象娟　赵玉强
编　者　（以姓氏笔画为序）
　　　　于海英（广东江门中医药职业学院）
　　　　王　敏（昆明卫生职业学院）
　　　　左　超（山东医学高等专科学校）
　　　　付凤洋（重庆医药高等专科学校）
　　　　刘香娥（菏泽家政职业学院）
　　　　赵玉强（雅安职业技术学院）
　　　　郭劲霞（益阳医学高等专科学校）
　　　　黄象娟（山东医学高等专科学校）
　　　　常陆林（广东江门中医药职业学院）
　　　　舒　盼（益阳医学高等专科学校）

# 前言 PREFACE

　　生物化学是护理、助产专业的一门重要专业基础课程，是在分子水平上研究生命现象的科学。其任务是使学生理解生物化学的基础知识和技能，了解体内化学组成及其代谢过程，了解生物分子的结构和功能，为后续课程打好基础。为了加快教育教学改革步伐，《生物化学》教材编者在深入剖析护理工作流程，深入了解医院对现代护士的需求的基础上，探讨以职业能力为导向的生物化学课程体系，优化教材内容，编写了本教材。

　　本教材分为11章，包括蛋白质的结构与功能、核酸的结构与功能、维生素、酶、生物氧化、糖代谢、脂质代谢、蛋白质分解代谢、核苷酸代谢、遗传信息的传递与表达、肝的生物化学。本教材在编写过程中，尽量体现"理论必需、知识够用""好教易学"的原则，尽可能在内容取舍上贴近高职高专护理类专业教学需求和后续课程的需要。

　　为了充分培养学生作为学习主体的积极性和主观能动性，本教材在形式上，每章中均有学习目标、情境导入、素质提升、目标检测等模块。在学习过程中，学生带着老师的问题进行自主学习和独立思考，而在思考的过程中产生的疑点和难点将成为学生主动学习的动力，使学生在掌握知识的同时提高思维的积极性、灵活性和创造性；为了帮助学生梳理知识脉络、总结本章知识点，每章均设置本章小结，以思维导图的形式展现；为了方便学生随时学习和检测学习效果，每章都配有PPT、微课、同步习题等数字资源；为了让正确的人生观、世界观和价值观，潜移默化地进入学生的头脑中，"入脑入心"，每章紧扣素质目标，巧妙融入"思政点"，将思政教育融入课程当中，全方位育人。本教材为书网融合教材，即纸质教材有机融合电子教材、教学配套资源（PPT、微课、视频、图片等）、题库系统、数字化教学服务（在线教学、在线作业、在线考试），使教学资源更加多样化、立体化。

　　本教材可供全国高等职业院校护理、助产专业师生教学使用，也可作为相关从业人员的参考用书。由于学科发展更新快，书中疏漏之处在所难免，敬请同行专家和广大师生批评指正，以便修订时完善。

编　者

2023年2月

CONTENTS 目录

# 绪　论

生物化学（biochemistry）是从分子水平研究生物体内化学组成和化学反应的学科，简称生化。

## 一、生物化学的研究对象

根据研究对象的不同，生物化学分为动物生化、植物生化、人体生化。人体生化又称医学生化，它是以人体作为主要研究对象，同时利用微生物和动物的研究成果，探讨生命现象，从而揭示疾病的发病机制，为疾病的预防、诊断与治疗服务。

## 二、生物化学的研究内容

生物化学的研究内容主要包括生物体的物质组成、生物大分子的结构与功能、物质代谢及其调控、遗传信息的传递与表达共 4 个方面。

### （一）生物体的物质组成

所有生物体的物质组成均是由多种物质成分按严格的规律、方式和一定的数量组成。以人体为例，从组成上看，是由无机物和有机物两类物质组成，其中，人体含水 55%～67%、蛋白质 15%～18%、脂类 10%～15%、无机盐 3%～4%、核酸 2% 及糖类 1%～2%。但从分子水平上看，人体构成就非常复杂。就人体的蛋白质分子而言，估计不下 10 万种，而生物界可能存在着 100 亿种不同的蛋白质。

### （二）生物大分子的结构与功能

所谓生物大分子，是指由一些小分子的基本结构单位按一定顺序和方式首尾连接而成的多聚体，包括蛋白质、核酸、多糖、复合脂类等。它们具有分子量大、结构复杂、种类繁多、功能各异和信息传递的特点，因此也称之为生物信息分子。在生命活动的过程中，生物大分子起着十分重要的作用。氨基酸、核苷酸和单糖分别是蛋白质、核酸和多糖的基本结构单位，均为小分子物质。基本结构单位的排列顺序构成生物大分子物质的一级结构，在一级结构的基础上逐步形成生物大分子的空间结构。一级结构或空间结构关键位点的改变可导致生物大分子的功能改变，从而导致疾病的产生。如镰状细胞贫血，就是由于 DNA 一级结构改变引起蛋白质的一级结构改变所致。因此，结构是功能的基础，功能是结构的体现。

### （三）物质代谢及其调控

生物区别于非生物的最基础的生命特征是新陈代谢，它包括物质的合成代谢与分解代谢，同时伴随能量代谢。一旦代谢停止则生命终止。人体内环境中物质代谢与能量代谢的这种动态平衡依赖一系列的调控机制。物质代谢的调控有细胞水平、神经体液水平、激素水平等的调控。物质代谢一旦失去调控，将导致代谢紊乱，引起一系列代谢障碍性疾病，如糖尿病、脂肪肝、肝性脑病等。

### （四）遗传信息的传递与表达

生物体与非生物体的区别还表现在具有遗传变异的特征上，除少部分病毒的遗传物质是 RNA 外，大多数的病毒以及全部具有典型细胞结构生物的遗传物质都是 DNA。人类的遗传物质就是基因，即携带遗传或调控信息的 DNA 片段，它能控制生物性状，在细胞增殖、分化过程中，DNA 通过复制、转录与翻译，表达出 RNA 或蛋白质，才能使子代表现出与亲代相似的生物性状。这一系列过程都是可调控的，若基因结构改变或信息传递错误都可能导致变异，引起生物学性状的改变或诱发疾病。

### 三、生物化学的研究历程

根据研究内容，将其研究历程分为 3 个阶段。

#### （一）叙述生物化学阶段

18 世纪至 20 世纪初是叙述生物化学阶段，也称静态生物化学阶段，主要研究生物体的物质组成。在这期间，发现了必需脂肪酸、维生素和激素；合成了简单的多肽；对酶有了初步的认识。

#### （二）动态生物化学阶段

20 世纪 30 年代开始进入动态生物化学阶段，主要研究物质代谢途径。人们进一步发现了必需氨基酸；证明酶的化学本质是蛋白质；对许多物质代谢途径已基本研究清楚，如三羧酸循环、脂肪酸 β - 氧化、鸟氨酸循环等。

#### （三）分子生物学阶段

在 20 世纪 50 年代进入分子生物学阶段，主要研究生物大分子的结构与功能、分子遗传等。自从沃森和克里克提出了 DNA 双螺旋结构模型，阐明了核酸结构与功能的关系，由此便诞生了一门新的学科——分子生物学，分子生物学是研究核酸、蛋白质等重要生物大分子结构与功能从而阐明生命现象本质的科学。此后，生物化学进入飞跃发展时期。20 世纪 60 年代初确立了遗传信息传递的中心法则；70 年代建立了 DNA 重组技术；80 年代发现了核酶；90 年代开展了庞大的人类基因组计划的研究；进入 20 世纪后，人们又开始了基因组学、药物基因组学、蛋白质组学、糖组学、脂质组学、代谢组学等的研究。

在 20 世纪，我国生物化学工作者也为生化的发展做出了较大的贡献。1965 和 1981 年，我国先后人工合成了具有生物活性的多肽类物质——结晶牛胰岛素和酵母丙氨酸转运核糖核酸。我国生物化学家吴宪提出了蛋白质变性理论，并创立了血滤液的制备及血糖的测定方法。1940 年，我国科学家刘思职发现抗原与抗体反应有定量关系。卢煜明团队利用大型平行测序技术及创新的生物信息科技，在 1997 年发现了孕妇外周血中存在游离的胎儿 DNA，成为无创 DNA 产前检测的奠基人。2002 年，我国科学家首次提出国际重大科研合作项目——国际人类肝脏蛋白质组计划。2014 年，全面启动实施中国人类蛋白质组计划（Chinese Human Proteome Project，CNHPP），这是中国科学界乃至世界生命科学领域一件具有里程碑意义的大事。在抗击 2014 年西非埃博拉病毒的过程中，我国科学家陈薇团队以最快速度研发出疫苗，实现了中国疫苗在境外临床试验的"零突破"。在 2020 年新型冠状病毒感染疫情暴发时，我国生化工作者们第一时间向全球分享病毒全基因组序列、核酸检测引物探针序列，为疫苗的研发提供了宝贵的价值。近年来，我国在基因工程、蛋白质工程、人类基因组计划以及基因克隆与功能研究方面都取得了重要成就，在生命科学领域与发达国家接轨。

### 四、生物化学与医药学的关系

生物化学起源于有机化学、生物学和生理学，其理论和技术已越来越多地渗透到基础医学各个领域，衍生的分子生物学已渗透到免疫学、药理学、病理学、肿瘤学等，产生了分子免疫学、分子药理学、分子病理学、分子肿瘤学等新的前沿学科。利用动物克隆技术为临床上的器官移植提供了丰富的组织器官源。利用基因工程技术，生产出重组药物如干扰素、生长激素、促红细胞生长素、胰岛素、单克隆抗体、乙肝疫苗、超氧化物歧化酶、组织胞浆素原激活剂、凝血因子Ⅷ、生长因子、白细胞介素及粒细胞－巨噬细胞集落刺激因子等，在临床疾病治疗中得到广泛应用。随着分子生物学的发展，在心血管疾病、遗传性疾病、免疫性疾病、肿瘤性疾病研究中，许多基因技术应用于疾病机制、基因诊断以及基因治疗。因此，生物化学和分子生物学理论与技术的不断发展，推动了人类医学事业的进步。

（郭劲霞）

# 第一章 蛋白质的结构与功能

PPT

## ◎ 学习目标

1. 通过本章学习，重点把握蛋白质元素组成的特点；肽键及肽单元的概念；蛋白质一、二、三、四级结构的概念；维系蛋白质结构稳定的化学键、蛋白质的变性及其医学的关系；氨基酸的理化性质；蛋白质的理化性质；蛋白质结构与功能的关系；氨基酸的分类及表示方法；蛋白质的分类。

2. 学会运用蛋白质的理化性质联系生活实际进行运用，并解释生活中与蛋白质特性相关的现象；培养学生诚实守信、尊重生命、严谨认真的职业道德和职业素质；具有食品安全意识及自主学习、独自思考、分析问题、解决问题的能力。

## ≫ 情境导入

**情景描述** 2008年9月，多地出现婴儿患肾结石和输尿管结石的病例，专家组在患儿的尿液和结石中检出了三聚氰胺的成分，并根据现有调查研究结果和流行病学资料认定，三聚氰胺污染的婴幼儿配方奶粉能够导致婴幼儿泌尿系统结石。由卫生部、公安部、农业部、国家工商行政管理总局、国家质量监督检验检疫总局、国家食品药品监督管理局等相关部门和专家组成的某品牌婴幼儿配方奶粉污染事件联合调查组，初步查明部分批次的奶粉含有三聚氰胺，立即对该品牌集团进行停产整顿，对于流入市场的奶粉立即进行召回并全部停止销售。

**讨论** 1. 为什么三聚氰胺能够冒充蛋白质？

2. 凯氏定氮法在检测食品蛋白质方面有哪些不足？

3. 三聚氰胺添加到奶粉中造成的后果对我们国家造成了哪些损失与影响？

---

蛋白质是生物体内最重要的生物大分子之一，蛋白质在体内的含量约占人体干重的45%，在细胞中可达细胞干重的70%以上。蛋白质分布广泛，几乎所有的组织器官都含有蛋白质。蛋白质是生物体的重要组成成分，也是生命活动的物质基础。蛋白质的生物学功能多种多样，主要体现在：①蛋白质是组织细胞的基本结构成分，如细胞外结构蛋白胶原纤维参与骨骼和结缔组织的形成；头发、指甲主要由不溶性蛋白角蛋白构成。②起运输载体的作用。如血红蛋白可以转运氧气和二氧化碳，血清清蛋白可以转运脂肪酸和胆红素。③催化功能。大部分酶的化学本质是蛋白质，可以催化生物体内的代谢反应，如胰蛋白酶催化食物蛋白质的分解。④调节作用。某些蛋白质激素可调节物质代谢，如可以调节血糖的胰高血糖素和胰岛素，与个体的生长、生殖有关的促生长素、促甲状腺激素和黄体生成素等。⑤防御作用。如免疫球蛋白又称为抗体，对机体有保护作用；凝血酶和纤维蛋白原可以参与机体的凝血功能。⑥信号转导蛋白。某些蛋白质参与细胞内和细胞间信息的接受与传递，如G蛋白和G蛋白受体，以及各种激素的受体蛋白。⑦控制细胞的生长、分化和遗传信息的表达作用。如组蛋白、各种转录因子、阻遏蛋白等参与遗传信息的表达。⑧营养与运动作用。如动植物蛋白提供各种必需氨基酸；某些蛋白质参与组织的收缩及运动，如肌肉收缩就是主要通过肌纤维中的肌球蛋白和肌动蛋白两种蛋白丝的滑动来实现的；在细菌中，微管蛋白参与构建鞭毛中的微管，微管与鞭毛及纤毛中的动力蛋白共同参与细菌细

的运动。⑨维持机体的酸碱平衡。蛋白质缓冲体系是血液缓冲体系的重要组成成分，对维持机体酸碱平衡起着十分重要的作用。总之，蛋白质是生命现象的体现者，蛋白质的生物学功能是由其结构所决定的，因此，要学习蛋白质的功能，必须首先了解它的结构。

# 第一节 蛋白质的分子组成

## 一、蛋白质的元素组成 e 微课

蛋白质种类繁多、结构各异，但对从各种动植物中提取得到的蛋白质进行元素分析，发现蛋白质的元素组成基本相同，主要有碳（50%～55%）、氢（6%～8%）、氧（19%～24%）、氮（13%～19%）。另外，大多数蛋白质还含有硫（0～4%）。有些蛋白质还含有少量的磷或铁、铜、锰、锌、钼、钴等金属元素，个别蛋白质还含有碘等非金属元素。

蛋白质元素组成的特点：各种蛋白质的含氮量十分接近，平均为16%。天然生物样品中的含氮物质从含量上讲主要是蛋白质，其他含氮物质可以忽略不计，所以，只要测定生物样品的含氮量，即可按下式推算出生物样品中蛋白质的大致含量，由此建立了生物样品中蛋白质的测定方法——凯氏定氮法。计算公式如下：

$$每克样品中含氮克数 \times 6.25 \times 100 = 100 克样品中蛋白质含量$$

## 二、蛋白质的基本组成单位——氨基酸

蛋白质是由氨基酸通过肽键连接形成的高分子含氮化合物，其基本组成单位是氨基酸。自然界中的氨基酸有300多种，但是组成人体内蛋白质的氨基酸只有20种，不同种类蛋白质中含有的氨基酸种类和数量不同。

### （一）组成蛋白质的氨基酸的结构特点

组成蛋白质的20种氨基酸有以下特点。

（1）20种氨基酸中，除脯氨酸外，其余19种氨基酸均为$\alpha$-氨基酸，脯氨酸为环状亚氨基酸。这19种氨基酸的共同特点：连接羧基的$\alpha$碳原子上连有一个氨基，因而称为$\alpha$-氨基酸，各种氨基酸的差异是R基团的不同，如图1-1所示。

图 1-1 $\alpha$-氨基酸的结构通式

（2）除甘氨酸外，其他19种氨基酸均为L-$\alpha$-氨基酸。与$\alpha$碳原子连接的4个原子或基团各不相同，所以$\alpha$碳原子是一个不对称碳原子，4种原子或基团在$\alpha$碳原子周围的空间排布方式，构成了氨基酸L型和D型两种构型，造成了不同的旋光异构性。

（3）氨基酸既有酸性的羧基（$\alpha$-COOH），也具有碱性的氨基（$\alpha$-NH$_2$），故为两性电解质。

（4）不同氨基酸的分子量、理化性质的差异是由各种氨基酸的R基团的不同所致。

### （二）氨基酸的分类

**1. 根据氨基酸的侧链R基团中是否含有苯环分类** 分为2类。

（1）芳香族氨基酸 氨基酸的侧链R基团中含有苯环。

（2）脂肪族氨基酸 氨基酸的侧链R基团中不含有苯环。

**2. 根据氨基酸的侧链R基团的结构和性质的不同分类** 将20种氨基酸分为4类（表1-1）。

表 1-1　氨基酸分类

| 类型 | 中文名称 | 简写符号 | 结构式 | 等电点 |
|---|---|---|---|---|
| 非极性疏水性氨基酸 | | | | |
| | 甘氨酸 | Gly | $H-\underset{\underset{NH_3^+}{|}}{CH}-COO^-$ | 5.97 |
| | 丙氨酸 | Ala | $H_3C-\underset{\underset{NH_3^+}{|}}{CH}-COO^-$ | 6.00 |
| | 缬氨酸 | Val | $H_3C-\underset{\underset{CH_3}{|}}{CH}-\underset{\underset{NH_3^+}{|}}{CH}-COO^-$ | 5.96 |
| | 亮氨酸 | Leu | $H_3C-\underset{\underset{CH_3}{|}}{CH}-CH_2-\underset{\underset{NH_3^+}{|}}{CH}-COO^-$ | 5.98 |
| | 异亮氨酸 | Ile | $\underset{H_3C-CH_2}{H_3C}{\diagdown}CH-\underset{\underset{NH_3^+}{|}}{CH}-COO^-$ | 6.02 |
| | 脯氨酸 | Pro | 结构式 | 6.30 |
| | 苯丙氨酸 | Phe | $CH_2-\underset{\underset{NH_3^+}{|}}{CH}-COO^-$ | 5.48 |
| | 色氨酸 | Trp | $HN$ 吲哚环 $CH_2-\underset{\overset{NH_3^+}{|}}{CH}-COO^-$ | 5.89 |
| 极性中性氨基酸 | | | | |
| | 丝氨酸 | Ser | $HO-CH_2-\underset{\overset{NH_3^+}{|}}{CH}-COO^-$ | 5.68 |
| | 半胱氨酸 | Cys | $HS-CH_2-\underset{\overset{NH_3^+}{|}}{CH}-COO^-$ | 5.07 |
| | 甲硫氨酸 | Met | $H_3C-S-CH_2-CH_2-\underset{\overset{NH_3^+}{|}}{CH}-COO^-$ | 5.74 |
| | 天冬酰胺 | Asn | $H_2N-\underset{\overset{O}{||}}{C}-CH_2-\underset{\overset{NH_3^+}{|}}{CH}-COO^-$ | 5.41 |

续表

| 类型 | 中文名称 | 简写符号 | 结构式 | 等电点 |
|------|----------|----------|--------|--------|
| | 谷氨酰胺 | Gln | | 5.65 |
| | 苏氨酸 | Thr | | 5.60 |
| | 酪氨酸 | Tyr | | 5.66 |
| 酸性氨基酸 | | | | |
| | 天冬氨酸 | Asp | | 2.97 |
| | 谷氨酸 | Glu | | 3.22 |
| 碱性氨基酸 | | | | |
| | 精氨酸 | Arg | | 10.76 |
| | 赖氨酸 | Lys | | 9.74 |
| | 组氨酸 | His | | 7.59 |

（1）非极性疏水性氨基酸　其 R 侧链不含有极性基团，主要为脂肪烃基、芳香环、杂环等非极性疏水基团。这类氨基酸在水中的溶解度较小。

（2）极性中性氨基酸　其 R 侧链上有极性基团，但不能进行酸解离或碱解离，如羟基、巯基、酰氨基等，能与水形成氢键。与非极性中性氨基酸相比，这类氨基酸的水溶性相对较大。

（3）酸性氨基酸　其 R 侧链上有羧基，在 pH 6~7 范围内也完全解离，释放出质子，因此带负电荷，包括天冬氨酸和谷氨酸。

（4）碱性氨基酸　其 R 侧链中有氨基、胍基和咪唑基，在生理条件下可接受质子而带正电荷，包括赖氨酸、精氨酸和组氨酸。

上述 20 种氨基酸都有特异的遗传密码编码，又称为编码氨基酸。在蛋白质翻译后修饰的过程中，脯氨酸、赖氨酸、谷氨酸和酪氨酸等氨基酸可以发生化学修饰，生成羟脯氨酸、羟赖氨酸、焦谷氨酸和碘代酪氨酸等。这些氨基酸仅存在于成熟蛋白质中。这些翻译后的修饰，改变了蛋白质的稳定性、溶解度和亚细胞定位等性质，体现了蛋白质的生物多样性。

### （三）氨基酸的理化性质

**1. 两性解离与等电点**　所有的氨基酸都含有酸性的羧基（—COOH）和碱性的氨基（—NH$_2$），可在酸性溶液中结合质子而呈带正电荷的阳离子，也可在碱性溶液中结合 OH⁻ 而呈带负电荷的阴离子，因此氨基酸是一种两性电解质，具有两性解离的特性。氨基酸如何解离取决于其所处溶液的 pH。在某一 pH 的溶液中，氨基酸解离成阳离子和阴离子的趋势及程度相等，即氨基酸分子所带的正电荷与负电荷相等，净电荷为零，此时的氨基酸分子称为氨基酸兼性离子，此时溶液的 pH 称为该氨基酸的等电点（pI）。pI 是氨基酸的特征性常数，氨基酸在等电点 pI 溶液中时，由于氨基酸的净电荷为零，所以在电场中不发生移动。氨基酸在小于等电点 pI 溶液中时，带正电荷，在电场中向负极移动；氨基酸在大于等电点 pI 的溶液时，带负电荷，在电场中向正极移动。氨基酸的解离状态如图 1 - 2 所示。

图 1 - 2　氨基酸的两性解离

图 1 - 3　芳香族氨基酸的紫外吸收

**2. 氨基酸的紫外吸收性质**　色氨酸、苯丙氨酸和酪氨酸的侧链基团中含有苯环，有共轭双键，在 280nm 波长附近有最大吸收峰，3 种氨基酸紫外吸收的强弱顺序：Trp > Tyr > Phe（图 1 - 3）。利用该性质，可对蛋白质进行定性定量测定。

**3. 茚三酮反应**　茚三酮和 α - 氨基酸在弱酸性条件下共热时，氨基酸被氧化脱氨、脱羧，生成醛类、氨和二氧化碳；茚三酮被还原，其还原产物和氨基酸脱氨生成的氨及另一分子茚三酮缩合生成蓝紫色化合物，在 570nm 波长附近有最大吸收峰。该吸收峰值的大小与氨基酸脱氨生成的氨量呈正比，因此可用来对氨基酸进行定性定量分析。

茚三酮反应是与化合物上的游离氨基反应，因此，此反应不是氨基酸所特有的，具有游离氨基的化合物均具有此反应。脯氨酸是亚氨基酸，与茚三酮生成黄色而非蓝紫色物质。

## 三、蛋白质组成单位的连接方式与多肽

### （一）肽键

肽键（—CO—NH—）是由一分子氨基酸的 α - 羧基与另一分子氨基酸的 α - 氨基之间脱水生成的化学键，也称为酰胺键（图 1 - 4）。

图 1 - 4　肽键的形成

氨基酸通过肽键相连得到的化合物称为肽。由两个氨基酸缩合而成的肽称为二肽，三个氨基酸缩合而成的肽称为三肽，依此类推。一般而言，由 10 个以内氨基酸相连而成的肽称为寡肽，而由更多的氨基酸相连而成的肽称为多肽。

多肽链有两端，α-氨基游离的一端称为氨基末端或 N 端，α-羧基游离的一端称为羧基末端或 C 端。肽链中的氨基酸由于脱水缩合而基团残缺不全，被称为氨基酸残基。肽的书写顺序是从 N 端指向 C 端。

肽的命名原则：由几个氨基酸组成的较小的肽命名为"××酰××酰……××氨基酸"。例如，由两分子甘氨酸缩合而成的肽称为"甘氨酰甘氨酸"。

### （二）生物活性肽

**1. 谷胱甘肽（GSH）** 是人体内重要的活性多肽，是由谷氨酸、半胱氨酸和甘氨酸组成的三肽，其结构式如图 1-5 所示。

GSH 分子中的巯基具有较强的还原性，是体内重要的还原剂，可保护体内一些重要物质不被氧化，如蛋白质、酶、细胞膜结构的脂质等；将细胞内产生的 $H_2O_2$ 还原为 $H_2O$；GSH 的巯基还具有嗜核特性，能与外源的致癌剂或药物等嗜电子毒物结合，阻断这些化合物与 DNA、RNA 或蛋白质的结合，保护机体免受损害。

图 1-5 谷胱甘肽的结构

**2. 其他活性多肽** 机体内除谷胱甘肽外还有许多重要的肽，具有调节机体代谢、神经冲动传导等作用，如下丘脑-垂体分泌的催产素（九肽）、升压素（九肽）、促肾上腺皮质激素（三十九肽），以及在神经传导过程中起信号转导作用的神经肽，包括脑啡肽（五肽）、强啡肽（七肽）和 β-内啡肽（三十一肽）等，均属于生物活性肽。

## 第二节 蛋白质的分子结构

蛋白质是由许多氨基酸通过肽键连接而成的生物大分子。蛋白质的分子结构人为划分为一级、二级、三级和四级结构，一级结构又称为基本结构，后三者统称为空间结构或高级结构。但并非所有的蛋白质都有四级结构，由 1 条肽链形成的蛋白质只有一级、二级、三级结构，由 2 条或 2 条以上肽链形成的蛋白质才有四级结构。

## 一、蛋白质的一级结构

在蛋白质分子中，从 N 端到 C 端的氨基酸排列顺序称为蛋白质的一级结构。蛋白质一级结构中主要的化学键为肽键，有些蛋白质还含有由 2 个半胱氨酸巯基连接形成的二硫键。

1953 年，英国化学家 Frederick Sanger 首次测定得到了牛胰岛素的一级结构，这是世界上第一个被确定一级结构的蛋白质。牛胰岛素包含有 51 个氨基酸残基，分子量 5733，共有 2 条链。其中 A 链有 21 个氨基酸残基，B 链有 30 个氨基酸残基。2 条链通过 2 个链间二硫键相连。A 链内有 1 个二硫键（图 1-6）。

A链 H₂N—甘—异亮—缬—谷—谷酰—半胱—半胱—苏—丝—异亮—半胱—丝—亮—酪—谷酰—亮—谷—天冬酰—酪—半胱—天冬酰—COOH
          1    2    3    4    5    6    7    8    9    10    11    12    13    14    15    16    17    18    19    20    21

B链 H₂N—苯丙—缬—天冬酰—谷酰—组—亮—半胱—甘—丝—组—亮—缬—谷—丙—亮—酪—亮—缬—半胱—甘—谷—精—甘—苯丙—苯丙—
          1    2    3    4    5    6    7    8    9    10    11    12    13    14    15    16    17    18    19    20    21    22    23    24    25

酪—苏—脯—赖—丙—COOH
26    27    28    29    30

图 1-6    牛胰岛素的一级结构

💡 **素质提升**

**世界上首次人工合成的蛋白质牛胰岛素在中国诞生**

人们对糖尿病患者的福音"胰岛素"并不陌生，胰岛素是一种蛋白质类激素，主要用于控制血糖，那你们知道胰岛素是如何被人工合成出来的吗？这其中的艰辛令人无法想象！在 20 世纪 50 年代，蛋白质是世界生物化学领域研究的热点，但人工合成蛋白质还是一座从未有人攀登过的科学高峰，那个时期中国科学家在极其困难的环境下攻克这个科学难题，于 1965 年 9 月 17 日在实验室内首次人工合成胰岛素，这是世界上第一次人工合成一种具有生物活力的结晶蛋白质。这些中国科学家为造福人类、保障生命健康做出了巨大贡献。

蛋白质的一级结构是其空间结构和生物学功能的结构基础。各种蛋白质的氨基酸组成、氨基酸数量及氨基酸在肽链中的排列顺序不同，使得它们分别具有特定的空间构象和生物学功能。许多遗传学疾病都是由于蛋白质中个别氨基酸突变造成的，因此，蛋白质一级结构的确定，对研究某些遗传病的发病机制以及指导疾病的治疗具有非常重要的意义。

## 二、蛋白质的空间结构

在天然状态下，蛋白质的多肽链并非线形伸展，而是在一级结构的基础上，在三维空间盘曲折叠，形成特定的空间结构。蛋白质的空间结构又称为构象。蛋白质的空间构象决定了蛋白质的分子形状、理化特性及其特定的生物学功能。

### （一）肽单元

20 世纪 30 年代末，L. Pauling 和 R. B. Corey 利用 X 射线衍射技术研究氨基酸和寡肽的晶体结构，发现肽键（—CO—NH—）中的 4 个原子及其相邻的两端 α 碳原子（$C_{\alpha_1}$、$C_{\alpha_2}$）位于同一刚性平面，且 $C_{\alpha_1}$、$C_{\alpha_2}$ 为反式构型，故将这 6 个原子构成的平面称为肽键平面。肽键平面中 C—N 键的键长为 0.132nm，介于 C—N 单键长 0.149nm 和 C=N 双键长 0.127nm 之间，因此具有部分双键性质，不能自由旋转。所以，肽键平面为刚性平面。$C_\alpha$—N 与 $C_\alpha$—C 单键均可自由旋转，其旋转角度决定了相邻的两个肽键平面的相对空间位置，所以蛋白质高级结构是以肽键平面为折叠单元形成的，故肽键平面又称为肽单元，如图 1-7 所示。

### （二）蛋白质的二级结构

蛋白质的二级结构指的是多肽链骨架原子的相对空间位置，常是蛋白质分子中某一段肽链具有的空

图 1 - 7 肽单元

间结构，不涉及氨基酸残基侧链的构象。蛋白质的二级结构是以肽单元折叠形成的结构形式，主要包括 α 螺旋、β 折叠、β 转角和无规卷曲。其中 α 螺旋和 β 折叠是蛋白质二级结构的主要形式。一个蛋白质分子中可以含有多种二级结构或多个同类二级结构。稳定蛋白质二级结构的主要作用力是氢键。

**1. α 螺旋**　是指多肽链中肽单元围绕一个中心轴折叠盘曲形成的螺旋状结构，是蛋白质中含量最丰富、最常见的二级结构（图 1 - 8）。如血红蛋白和肌红蛋白中含有大量的 α 螺旋，毛发中的角蛋白、肌肉组织中的肌球蛋白几乎完全由 α 螺旋构成。数条 α 螺旋状的多肽链可缠绕起来，形成缆索，增加机械强度并具有可伸缩性。

（1）α 螺旋结构的特点

1）多肽链主链按顺时针方向向上盘绕形成右手螺旋。

2）每圈螺旋包含 3.6 个氨基酸残基，每个氨基酸残基绕螺旋轴旋转 100°，沿轴上升 0.15nm，故螺距为 0.54nm。

3）第一个肽键的羧基氧（C══O）和第四个肽键的亚氨基氢（N—H）形成氢键，氢键方向与螺旋长轴基本平行。

4）R 基团影响 α 螺旋的形成。

（2）影响 α 螺旋稳定的因素

1）极大的侧链基团不易形成 α 螺旋（存在空间位阻），如亮氨酸的侧链 R 基团较大，易产生空间位阻。

图 1 - 8　α 螺旋结构示意图

0.54nm
(3.6个残基)

2）连续存在的侧链带有相同电荷的氨基酸残基不易形成 α 螺旋（同种电荷的互斥效应），如连续存在的酸性或碱性氨基酸，会出现同种电荷的排斥作用。

3）有脯氨酸存在的部位不能形成 α 螺旋，脯氨酸为亚氨基酸，不能形成氢键。所以，多肽链中只要存在脯氨酸（或羟脯氨酸），α 螺旋即被中断。

**2. β 折叠**　是由若干条肽段或肽链平行或反平行排列组成的片状结构（图 1 - 9）。如蚕丝蛋白几乎全是 β 折叠结构，溶菌酶、羧肽酶等球状蛋白质中也都存在 β 折叠构象。β 折叠的结构特点如下。

（1）由 2 条以上的多肽链平行或反平行排列组成片状结构，有顺、反两种形式，从能量角度看，反平行的 β 折叠更为稳定。

（2）主链骨架伸展呈锯齿状，R 侧链分布于片层上下方。

（3）借相邻主链之间相对位置肽键中的羰基氧（C＝O）和亚氨基氢（N—H）形成的氢键维系。

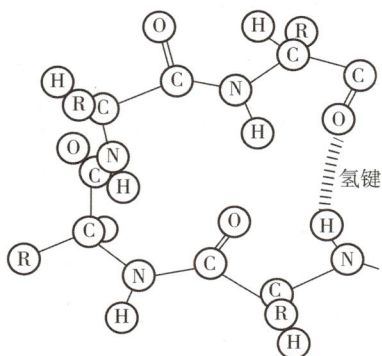

图1-9　β折叠结构示意图

**3. β转角**　是蛋白质多肽链主链发生的180°回折，多见于球状蛋白质分子表面。β转角的特点如下。

（1）主链骨架180°回折。

（2）回折部分通常由4个氨基酸残基构成。

（3）构象依靠第一残基的—CO与第四残基的—NH之间形成氢键来维系。

（4）第二个氨基酸常常是脯氨酸（图1-10）。

**4. 无规卷曲**　是指多肽链折叠成的无确定规律性的结构。

图1-10　β转角结构示意图

### （三）蛋白质的三级结构

蛋白质的三级结构指的是多肽链在二级结构的基础上进一步盘旋折叠形成的具有一定空间构象的分子结构，即整条多肽链所有原子的空间排布。维持蛋白质三级结构的作用力主要是一些非共价键，主要包括氢键、疏水作用、离子键和范德华力。其中疏水作用是维持蛋白质三级结构稳定最主要的化学键。

肌红蛋白（Mb）由1条多肽链和1个血红素辅基构成，分子量为16700，含有153个氨基酸残基。利用X射线晶体衍射测定其空间构象发现，多肽链中α螺旋占75%，形成8个螺旋区（A～H），两个螺旋区之间有一段无规卷曲，脯氨酸位于转角处。由于侧链R基团的相互作用，多肽链盘绕折叠成一个紧密的球状结构。球状分子表面主要分布有亲水的R基团侧链，疏水基团主要位于分子内部，形成一个疏水口袋，血红素辅基位于口袋中（图1-11）。

图1-11　肌红蛋白的三级结构

蛋白质三级结构的表面，常常折叠形成特定形状的结构区域，能够行使其特定的生物学功能，称为结构域。结构域是蛋白质发挥其功能的基础，蛋白质的每一种功能都要由其相应的结构域来完成，所以，多功能蛋白质就要有多个结构域。例如免疫球蛋白（IgG）包含有12个结构域，2个轻链上各有2个，2个重链上各有4个；抗原结合部位和补体结合部位位于不同的结构域中。

### （四）蛋白质的四级结构

许多蛋白质由 2 条或 2 条以上的多肽链构成，每条肽链都有独立的一级、二级、三级结构。由 2 条以上多肽链构成的蛋白质分子中，具备完整三级结构的每一条多肽链称为亚基，各个亚基之间以氢键、离子键等非共价键或二硫键连接。有些蛋白质虽然含有 2 条或多条多肽链，但是肽链间通过二硫键等共价键连接，这种结构不属于四级结构的范畴，因为每条多肽链没有独立的三级结构，不是亚基之间的相互关系，如胰岛素。由两个相同亚基构成的称为同二聚体，由两个不同亚基构成的称为异二聚体。各个亚基的立体空间排布以及各亚基之间的相互关系称为蛋白质的四级结构。具有四级结构的蛋白质中，单独的亚基一般没有生物学活性，只有聚合成四级结构才有相应的活性。如血红蛋白的四级结构由 2 个 α 亚基和 2 个 β 亚基构成（图1-12），每个亚基都可结合 1 个血红素辅基，具有运输氧气和二氧化碳的功能，单独的任何一个亚基都不具有此活性。

图 1-12　血红蛋白的四级结构

# 第三节　蛋白质结构与功能的关系

蛋白质的分子结构纷纭万象，其功能也多种多样。每种蛋白质都执行着其特定的生物学功能，而这些功能与其特异的一级结构和空间构象有着密切的联系。

## 一、蛋白质一级结构与功能的关系

一级结构是形成空间结构的基础，但不是唯一因素。有什么样的一级结构就会形成什么样的空间结构。一级结构的变化就会引起空间结构的改变。在某些条件下，蛋白质的一级结构并没有改变，但是环境因素造成蛋白质空间结构改变，从而导致蛋白质理化性质及功能丧失，如蛋白质热变性。

牛胰核糖核酸酶 A（RNase A）是一种由 24 个氨基酸残基组成的单链蛋白质，其中含有 8 个半胱氨酸残基，其巯基构成了 4 对二硫键。用尿素（或盐酸胍）和 $\beta$-巯基乙醇处理天然的牛胰核糖核酸酶 A 样品，破坏次级键和二硫键，该蛋白质的二、三级结构遭到破坏，但肽键不受影响，一级结构不发生改变，此时，牛胰核糖核酸酶 A 酶活性完全丧失。利用透析的方法除去尿素和 $\beta$-巯基乙醇后，牛胰核糖核酸酶 A 酶活性恢复（图1-13）。此反应说明牛胰核糖核酸酶 A 恢复了原来的正确空间结构。该蛋白质中构成 4 对二硫键的 8 个半胱氨酸的巯基，理论上推算有 $10^5$ 种不同的配对可能性，但只有该酶天然的配对方式才能使此酶具有活性。该实验中，唯一没有改变的只有一级结构，而去除影响因素之后，又恢复了原来的高级结构，所以，一级结构是形成高级结构的基础。

图 1-13　牛胰核糖核酸酶 A 一级结构与空间结构的关系

## 二、蛋白质空间结构与功能的关系

蛋白质空间结构是蛋白质发挥其功能的基础。有什么样的空间结构就会有什么样的功能。空间结构的变化会引起功能的改变，因为蛋白质发挥功能的部位是结构域。如血红蛋白空间结构有两种构象：紧密型（T 型）和松弛型（R 型）。T 型与氧的亲和力小，不易结合氧，而 R 型与氧亲和力大，易于结合氧。

图 1-14　血红蛋白的空间结构与
氧结合关系

两种空间结构之间在不同的状态下可相互转变。在肺毛细血管中，氧分压高，血红蛋白的一个亚基与氧结合，由于亚基之间的相互影响，可促使血红蛋白空间结构由 T 型变为 R 型，造成血红蛋白的其他亚基在肺中快速结合氧；在组织毛细血管中，氧分压低，一旦血红蛋白的一个亚基释放氧，由于亚基之间的相互影响，可促使血红蛋白空间结构由 R 型变为 T 型，造成血红蛋白的其他亚基在组织中均快速释放氧。不同空间结构的血红蛋白与氧结合关系如图 1-14 所示。

## 三、蛋白质结构与医学

**1. 一级结构相似的蛋白质，其高级结构和功能也相似**　不同蛋白质一级结构的比较，常常用来预测蛋白质之间结构和功能的相似性。大量实验结果证明，一级结构相似的蛋白质，其高级结构和功能也相似。如不同哺乳动物的胰岛素均有 A、B 两条肽链组成，且二硫键的配对位置和高级结构都类似，仅仅在一级结构中个别氨基酸有差异（表 1-2），因此，它们都执行着相同的调节糖代谢等生理功能，都可以降血糖。因此，人类的糖尿病可以用动物的胰岛素来治疗。

表 1-2　不同哺乳动物胰岛素氨基酸序列的差异

| 胰岛素 | 氨基酸残基序号 | | | |
|---|---|---|---|---|
| | A5 | A6 | A10 | B30 |
| 人 | Thr | Ser | Ile | Thr |
| 猪 | Thr | Ser | Ile | Ala |
| 狗 | Thr | Ser | Ile | Ala |
| 兔 | Thr | Gly | Ile | Ser |
| 牛 | Ala | Gly | Val | Ala |
| 羊 | Ala | Ser | Val | Ala |
| 马 | Thr | Ser | Ile | Ala |

**2. 蛋白质结构改变引起疾病**　镰状细胞贫血是由于正常血红蛋白（HbA）β 链基因编码第 6 位谷氨酸的遗传密码 GAG 变为缬氨酸的遗传密码 GUG 所致，此时 HbA 变成异常血红蛋白（HbS）。虽然只有一个氨基酸的改变，却能引起镰状细胞贫血，这是因为 β 亚基第 6 位氨基酸残基是处于血红蛋白多肽链重要位点的氨基酸，其改变会引起蛋白质空间结构的变化。谷氨酸是酸性氨基酸，其侧链带负电荷，而缬氨酸的侧链是非极性基团，谷氨酸变为缬氨酸使得血红蛋白分子表面负电荷减少，原来水溶性的血红蛋白容易聚集成丝，导致红细胞变为镰状，极易破碎，造成贫血（图 1-15）。由于遗传基因突变导致蛋白质分子一级结构中某些氨基酸序列发生改变，进而使得蛋白质功能发生改变的遗传病，称为分子病。

6 位

HbA β 链　　　N - Val · His · Leu · Thr · Pro · [Glu] · Glu······C（146）

HbS β 链　　　N - Val · His · Leu · Thr · Pro · [Val] · Glu······C（146）

图 1-15　镰状细胞贫血发病机制

机体内蛋白质的生物合成、加工、折叠、转运是一个复杂的过程，多肽链是否折叠为正确的天然构象对其功能发挥至关重要。如果蛋白质发生错误折叠，即便一级结构不变，只有蛋白质的空间构象发生改变，仍可影响其功能。严重时可引起疾病，称为蛋白质构象病。有些蛋白质错误折叠后互相聚集，形成抗蛋白水解酶的淀粉样纤维沉淀，产生毒性而致病。这类疾病包括阿尔茨海默病、亚急性海绵状脑病、亨廷顿病、牛海绵状脑病（疯牛病）等。

# 第四节　蛋白质的理化性质

蛋白质是由氨基酸组成的，故其理化性质与氨基酸有相似或相近之处，如两性解离与等电点、紫外吸收性质等。但蛋白质具有氨基酸分子之间的连接键——肽键，所以蛋白质又具有肽键所引起的理化性质，如双缩脲反应。

## 一、蛋白质的两性解离性质

**1. 蛋白质的两性解离与等电点**　蛋白质和氨基酸一样，是两性电解质，其可解离的基团除了肽链两端游离的 $\alpha$ - 氨基和 $\alpha$ - 羧基以外，侧链 R 基团还有一些可解离的酸性基团或碱性基团，如赖氨酸残基 R 基团上的—$NH_2$、谷氨酸和天冬氨酸残基 R 基团上的—COOH、精氨酸残基 R 基团上的胍基、组氨酸残基 R 上的咪唑基等，它们在一定的溶液 pH 条件下都可解离成带正电荷的阳离子或带负电荷的阴离子。当蛋白质溶液处于某一溶液 pH 时，蛋白质解离成阳离子、阴离子的趋势和程度相同，成为兼性离子形式，净电荷为零，此时溶液的 pH 称为蛋白质的等电点（pI）。当溶液 pH > pI 时，蛋白质带负电荷；当溶液 pH < pI 时，蛋白质带正电荷；当 pH = pI 时，蛋白质成为兼性离子形式，净电荷为零，不带电荷（图 1-16）。

图 1-16　蛋白质的解离状态

蛋白质的等电点主要由构成蛋白质的氨基酸中酸性氨基酸和碱性氨基酸的数量和比例所决定的。不同蛋白质的氨基酸排列顺序不同，其所含有的酸性氨基酸和碱性氨基酸的数量及解离程度不同，所以其等电点也各不相同。体内大多数蛋白质的等电点在 pH 5.0 左右，在体液 pH 7.4 环境下，大多数蛋白质解离为阴离子。少数蛋白质含有较多的碱性氨基酸，其等电点偏碱性，如鱼精蛋白、组蛋白等；少数蛋白质含有较多的酸性氨基酸，其等电点偏酸性，如胃蛋白酶、丝蛋白等。

**2. 蛋白质的电泳**　不同蛋白质的等电点不同，在相同 pH 条件下，所带电荷的性质和数量也不同，不同蛋白质分子大小和颗粒形状也不相同，因此，在电场中不同的蛋白质电泳移动的方向和移动速率也不相同，所以可利用这一特点对混合蛋白质进行分离纯化。常用的蛋白质电泳有醋酸纤维素薄膜电泳、聚丙烯酰胺凝胶电泳、琼脂糖凝胶电泳等电泳技术。

**3. 离子交换层析**　蛋白质是两性电解质，在某一特定 pH 时，不同蛋白质的电荷量及性质不同，可以通过离子交换层析进行分离。离子交换层析又称离子交换色谱，是将阴离子交换树脂或阳离子交换树脂固定在层析柱（又称色谱柱）上，被分离的各种蛋白质在流经层析柱时，通过电荷的作用，被与离子交换树脂所带电荷性质不同者吸附，使不同电荷性质的蛋白质彼此分离，然后加入一定 pH 的缓冲液，使树脂所吸附的蛋白质被洗脱，达到分离的目的。离子交换层析是目前最常用的层析方法之一，具有灵敏度高、重复性好、分离快速等优点。

## 二、蛋白质的胶体性质与盐析

**1. 蛋白质的胶体性质**　蛋白质属于生物大分子，分子量多在 1 万～10 万，分子直径可达 1～100nm，所以在胶体颗粒范围内，蛋白质具有胶体的性质，如布朗运动、丁达尔现象、不能透过半透膜等。利用蛋白质胶体不能透过半透膜的性质，可以对蛋白质进行分离纯化，称为透析。当蛋白质与其他小分子物质混杂时，可将该溶液放入半透膜袋，置于蒸馏水或其他适宜的缓冲液中，小分子物质可通过半透膜逸出，而大分子蛋白质留在袋内，使蛋白质得到纯化。同样，使用正压或离心力使蛋白质溶液透过具有一定截留分子量的超滤膜，达到浓缩蛋白质溶液目的，这种方法称为超滤，是最常用的浓缩蛋白质溶液的方法。机体内的细胞膜、线粒体膜、微血管壁等都具有半透膜的性质，可使不同蛋白质分布在细胞内外的不同位置。

**2. 蛋白质溶液的稳定性与盐析**　蛋白质是大分子，但是蛋白质在水溶液中非常稳定，不易沉淀，主要原因如下。

（1）蛋白质颗粒表面有一层水化膜　水溶性的蛋白质分子大多呈球形，疏水性的 R 基团通过疏水作用藏在球形内部，蛋白质分子表面大多是亲水基团，与周围水分子发生水合作用，使得蛋白质表面覆盖了一层水分子，即水化膜。蛋白质颗粒之间由水化膜互相隔离，不会碰撞而聚集成更大的颗粒。

（2）蛋白质颗粒表面带有同种电荷　在非等电点条件下，同一种蛋白质分子表面带有一定量的同种电荷，使得蛋白质颗粒之间存在电荷的互相排斥作用，蛋白质颗粒不易聚集。因此，蛋白质颗粒表面的水化膜和同种电荷是蛋白质溶液稳定的两个因素。如去除这两个因素，蛋白质就可以从溶液中沉淀析出。例如，向溶液中加入高浓度的中性盐（如硫酸钠、硫酸铵、氯化钠等），导致蛋白质颗粒表面的水化膜破坏，同种电荷被中和，使蛋白质从水溶液中析出，这种方法称为盐析。盐析并不引起蛋白质高级结构的破坏，通过透析等方法去除盐分后，可获得较纯的具有生物活性的蛋白质。

## 三、蛋白质的变性

**1. 蛋白质变性的概念**　在某些物理或化学因素的影响下，蛋白质空间结构被破坏，导致其理化性质发生改变，生物学功能丧失，称为蛋白质的变性。蛋白质变性后，其溶解度下降、黏度增加、结晶能力消失、生物活性丧失、易被蛋白酶水解等。蛋白质变性的本质是各种非共价键的破坏和二硫键的断裂，肽键保持不变，故不涉及蛋白质一级结构的改变，仅有高级结构的破坏。

蛋白质变性后，疏水基团暴露在外，肽链相互缠绕而聚集，从而使蛋白质易从溶液中沉淀析出。变性的蛋白质易于沉淀，沉淀的蛋白质也不一定变性。

蛋白质经强酸、强碱作用变性后，仍能溶于强酸、强碱溶液，如将 pH 调至等电点，则变性的蛋白质立即结成絮状不溶物，此絮状物仍可溶解于强酸、强碱中。如再加热，则絮状物变为比较坚固的凝块，该凝块不再溶于强酸、强碱，此现象称为蛋白质的凝固作用。实际上凝固是蛋白质变性后进一步发展的不可逆结果。

变性程度较轻的蛋白质，去除变性因素后，可恢复到原来的空间结构和生物学活性，这一过程称为蛋白质的复性。如向牛胰核糖核酸酶 A 溶液中加入 $\beta$ - 巯基乙醇和尿素使其变性，通过透析去除 $\beta$ - 巯基乙醇和尿素后，该蛋白质又恢复其原有的构象和生物学活性。

**2. 引起蛋白质变性的因素**　可分为物理和化学因素两类。常见的物理因素有加热、加压、脱水、搅拌、振荡、紫外线照射、超声波的作用等；化学因素有强酸、强碱、尿素、重金属盐、十二烷基硫酸钠（SDS）、乙醇等有机溶剂等。

## 四、蛋白质的紫外吸收性质

由于蛋白质分子中普遍含有色氨酸、酪氨酸和苯丙氨酸残基，这些氨基酸残基中的侧链含有共轭双键，因此，蛋白质在 280nm 波长处具有强紫外吸收，且该波长处吸光度值的大小与蛋白质的含量成正比，故可测出波长处吸光度对蛋白质进行定量测定。

## 五、蛋白质的呈色反应

蛋白质分子中含有肽键和一些特殊的基团，可以与一些试剂呈现一定的颜色反应。这些反应常被用于蛋白质的定性定量分析。

**1. 双缩脲反应**　蛋白质和多肽中的肽键在弱碱性环境中与 $Cu^{2+}$ 共热，可生成紫红色的络合物，称为双缩脲反应。该络合物颜色的深浅与蛋白质的含量成正比，故可用于蛋白质、多肽的定量检测。临床上血清蛋白质浓度的检测方法即采用双缩脲法。双缩脲反应也可以用来检测蛋白质的水解程度。

**2. 酚试剂反应**　蛋白质分子中酪氨酸的酚羟基可以将酚试剂中的磷钨酸和磷钼酸还原，生成蓝色化合物。该化合物颜色的深浅与蛋白质的含量成正比，由此建立了蛋白质浓度的检测方法——酚试剂法。临床上常用该方法检测血清黏蛋白、脑脊液蛋白质浓度等。

**3. 茚三酮反应**　蛋白质分子中具有游离的氨基，和氨基酸一样，也可与茚三酮在弱酸性条件下共热，生成蓝紫色化合物。茚三酮反应可用于蛋白质的定性和定量。

# 第五节　蛋白质的分类

**1. 按蛋白质的组成分类**　可将蛋白质分为单纯蛋白质和结合蛋白质两大类。

（1）单纯蛋白质　只由氨基酸组成，水解产物只有氨基酸，不含有其他组分，如清蛋白等。

（2）结合蛋白质　由单纯蛋白质和非蛋白质两部分组成，非蛋白质部分称为该蛋白质的辅基，如血红蛋白，其辅基为血红素。可按其辅基的不同分为糖蛋白、脂蛋白、核蛋白、金属蛋白及色蛋白等。

**2. 按蛋白质的分子形状分类**　可将蛋白质分为球蛋白和纤维状蛋白两大类。

（1）球蛋白　分子的长轴和短轴相差不大，形状近似于球形或椭球型，大多可溶于水。生物体内的蛋白质多属于这一类，如胰岛素、血红蛋白等。

（2）纤维状蛋白　一般而言，纤维状蛋白分子的长轴是短轴的 10 倍以上，形似纤维。大多为结构蛋白质，难溶于水，如胶原蛋白、角蛋白等。

**3. 按蛋白质的功能分类**　可分为酶蛋白、调节蛋白、运输蛋白、受体蛋白等。

**4. 按蛋白质存在的部位分类**　如根据存在于细胞的不同部位有膜蛋白、线粒体蛋白、内质网蛋白等；根据存在于人体的不同部位有血浆蛋白、脑脊液蛋白、尿蛋白等。

## 目标检测

### 一、选择题

1. 导致蛋白质变性的理化因素不包括（　　）
　　A. 高温　　　　　　　B. 低温　　　　　　　C. 强酸
　　D. 强碱　　　　　　　E. 紫外线

2. 蛋白质变性后，最主要的特点是（　　）
　　A. 分子量降低　　　　B. 不易被蛋白酶水解　　C. 生物活性丧失
　　D. 一级结构破坏　　　E. 溶解度增加

3. 蛋白质溶液的稳定因素是（　　）
　　A. 蛋白质溶液有分子扩散现象　　　　　　B. 蛋白质在溶液中有"布朗运动"
　　C. 蛋白质分子表面有水化膜和同种电荷　　C. 蛋白质溶液的黏度大
　　E. 蛋白质分子带有电荷

4. 蛋白质变性是由于（　　）
　　A. 氨基酸排列顺序的改变　　　　　　　B. 氨基酸组成的改变
　　C. 肽键的断裂　　　　　　　　　　　　C. 蛋白质空间结构的破坏
　　E. 蛋白质的水解

5. 蛋白质的 pI 是（　　）
　　A. 蛋白质带正电荷时溶液的 pH　　　　B. 蛋白质带负电荷时溶液的 pH
　　C. 蛋白质分子不带电荷时溶液的 pH　　D. 蛋白质净电荷为零时溶液的 pH
　　E. pH 为 7 的蛋白质溶液

6. 组成蛋白质的氨基酸之间分子结构的不同在于（　　）
　　A. $C_\alpha$　　　　　　　B. $C_\alpha^{-H}$　　　　　　C. $C_\alpha^{-R}$
　　D. $C_\alpha^{-COOH}$　　　E. $C_\alpha^{-NH_2}$

7. 构成人体蛋白质的氨基酸（除甘氨酸外）均属于（　　）
　　A. $D-\alpha-$氨基酸　　　B. $L-\alpha-$氨基酸　　　C. $D-\beta-$氨基酸
　　D. $L-\beta-$氨基酸　　　E. $D-\delta-$氨基酸

### 二、思考题

1. 简述蛋白质变性的实质、影响因素，并举例说明在临床上的应用。
2. 简述蛋白质分子各层次空间结构的特点。
3. 简述蛋白质结构与功能的关系，并举例说明。

（赵玉强）

---

书网融合……

本章小结　　　　　微课　　　　　题库

# 第二章　核酸的结构与功能

## ◉ 学习目标

1. 通过本章学习，重点把握核苷酸的基本结构；DNA 分子的一级结构、二级结构的组成和特点；RNA 的组成和特点；核酸的变性与复性、增色效应的概念。

2. 学会运用 DNA 结构与功能，解释 DNA 变性与复性理化性质的变化；具有利用核酸结构相关知识分析各种核酸分子功能的能力。

## ≫ 情境导入

**情景描述**　米歇尔于 1844 年 8 月 13 日出生在瑞士的一个热衷于科学的家庭。受家庭的影响，米歇尔开始学医。1868 年，米歇尔拿到了博士学位之后，投奔到被誉为"天才化学家"的霍佩·赛勒门下开始研究。当时，正值战争时期，研究所附近有家医院照料着受伤的士兵。有一天，米歇尔用显微镜观察伤员用过的绷带上的脓细胞，在蛋白质和脂质中检测到了一些奇怪的东西。在进行测试时，他注意到在酸性条件下会沉淀出一种物质。出于兴奋和好奇促使他开始探索这种不寻常的沉淀物。

**讨论**　1. 米歇尔发现的物质是什么？
　　　　2. 什么实验证明了核酸是遗传物质？

核酸是遗传的物质基础。核酸包括脱氧核糖核酸（deoxyribonucleic acid，DNA）以及核糖核酸（ribonucleic acid，RNA）两大类。除了一些简单生物如病毒只具有 DNA 或 RNA 一种核酸作为遗传物质外，其他所有的生物都同时具有两种核酸。真核生物的 DNA 存在于细胞核和线粒体内（或植物的叶绿体内），原核生物的 DNA 存在于细胞质内，其主要功能是携带遗传信息。RNA 则主要位于细胞质、细胞核和线粒体内（或植物的叶绿体内），主要参与遗传信息的表达与调控，对于只具有 RNA 的病毒而言，其功能与真核生物的 DNA 类似，也是遗传信息的载体。

## 第一节　核酸的分子组成

### 一、核酸的元素组成

组成核酸的主要元素包括了 C、H、O、N、P，与蛋白质的元素组成相比，其特点是天然的核酸不含有 S，且核酸中的 P 含量多而稳定，P 元素的量占核酸总量的 9% ~ 10%。因此，核酸样品中 P 的含量可以作为核酸定量分析的特征性元素。

### 二、核酸的基本组成单位——核苷酸

核酸分子可以在水解酶的作用下水解成核苷酸，核苷酸为核酸的基本组成单位。

#### （一）核苷酸的基本组成

核苷酸在水解酶的作用下被水解为核苷和磷酸，而其中的核苷可以再被水解为戊糖和碱基。核酸的

水解过程见图 2-1。

图 2-1 核酸水解的过程

**1. 碱基** 核酸中含氮碱基包括嘌呤和嘧啶两类。常见的嘌呤有腺嘌呤（adenine，A）和鸟嘌呤（guanine，G），常见的嘧啶有胸腺嘧啶（thymine，T）、胞嘧啶（cytosine，C）和尿嘧啶（uracil，U）。构成 DNA 的碱基为 A、G、C、T。构成 RNA 的碱基为 A、G、C、U。除了上述 5 种碱基之外，核酸分子（尤其是 tRNA 分子）中还含有很多稀有碱基。它们绝大多数为上述碱基的衍生物，例如次黄嘌呤（I）、7-甲基鸟嘌呤（$m^7G$）等。

**2. 戊糖** 核酸分子中含有 2 种五碳糖：核糖和脱氧核糖。RNA 中为 $\beta$-D-核糖，DNA 中为 $\beta$-D-2-脱氧核糖。RNA 和 DNA 因含不同戊糖而分类。当戊糖与碱基连接在一起时，为区别碱基与戊糖，在戊糖的元素编号相应数字上方加"′"，如 1′，2′…。

**3. 磷酸** DNA 和 RNA 中均含有磷酸（$H_3PO_4$）。磷酸为三元中强酸，在一定的条件下可以通过形成酯键同时连接两个核苷酸中的戊糖，使得核苷酸聚合形成长链。

### （二）核苷

核苷（nucleoside）是戊糖和碱基通过脱水缩合形成的，由戊糖 C-1′ 的羟基与嘌呤碱 $N_9$ 或者嘧啶碱 $N_1$ 的氢脱水缩合而形成糖苷键。不同核糖组成的糖苷分别称为核糖核苷和脱氧核糖核苷。构成 RNA 的核糖核苷有腺苷（AR）、鸟苷（GR）、胞苷（CR）、尿苷（UR）。构成 DNA 的核糖核苷为脱氧腺苷（dAR）、脱氧鸟苷（dGR）、脱氧胞苷（dCR）、脱氧胸苷（dTR）。

胸腺嘧啶脱氧核苷（脱氧胸苷）　　　　　　鸟嘌呤核苷（鸟苷）

💡 **素质提升**

### 核苷类药物

核苷类药物是临床上用于治疗病毒感染性疾病、肿瘤的一类重要的药物。目前使用的抗病毒药物中近50%是核苷类药物，抗肿瘤药物阿糖胞苷、脱氧氟尿苷等也属于核苷类。核苷类药物也可以用于治疗神经系统疾病，有非常强的抗抑郁作用，有的药物同时可以用作治疗关节疾病的镇痛剂，对脑血管功能障碍也有效。早期临床上应用的核苷类抗病毒药物主要有碘苷、利巴韦林、阿昔洛韦等。当前，抗艾滋病病毒（HIV）药物研究不断创新，自1987年3月美国首次批准第一个抗HIV药齐多夫定（叠氮脱氧胸苷，Zidovudine）用于治疗HIV阳性感染者和艾滋病患者以来，一些抗HIV药物相继问世。2021年，我国踏上"十四五"新征程，面向人民生命健康的重大需求，围绕核苷类药物前沿关键技术难点，汇聚企业、高校和科研院所等强大力量，围困我国核苷类药物研发的靶向性差、脱靶效应和稳定性差等瓶颈问题有望加快解决。

### （三）核苷酸

核苷酸是由核苷分子中的戊糖的羟基磷酸酯化构成。根据磷酸酯化位点的不同，可以把核苷酸分为5′-核苷酸、3′-核苷酸、2′-核苷酸，但是天然的游离核苷酸多是5′-核苷酸。核苷酸的具体名称可以根据磷酸的个数，分别命名为"某苷一磷酸（NMP）""某苷二磷酸（NDP）""某苷三磷酸（NTP）"。若核苷是脱氧核糖核苷，则分别命名为"脱氧某苷一磷酸（dNMP）""脱氧某苷二磷酸（dNDP）""脱氧某苷三磷酸（dNTP）"。DNA的基本组成单位为脱氧核糖核苷一磷酸，RNA的基本组成单位为核糖核苷一磷酸，见表2-1。

表2-1　DNA和RNA的基本组成单位

| RNA | DNA |
| --- | --- |
| 腺苷一磷酸（AMP） | 脱氧腺苷一磷酸（dAMP） |
| 胞苷一磷酸（CMP） | 脱氧胞苷一磷酸（dCMP） |
| 鸟苷一磷酸（GMP） | 脱氧鸟苷一磷酸（dGMP） |
| 尿苷一磷酸（UMP） | 脱氧胸苷一磷酸（dTMP） |

## 三、体内重要的游离核苷酸及其衍生物

人体内还存在一些游离的核苷酸及其衍生物，它们都具有重要的生理功能，例如ATP（腺苷三磷

酸）、cAMP（环腺苷酸）等。ATP 是人体最直接的能量来源，其分子内含有 2 个高能磷酸键，在水解酶催化下，高能磷酸键水解并释放能量，供人体各项生理活动使用。其结构式如图 2 - 2 所示。而 cAMP 虽然在人体含量极微，但是其可以作为多种激素的"第二信使"，在细胞信号转导中起重要作用。

图 2 - 2　腺苷多磷酸

## 四、核苷酸的连接方式与核酸链

核苷酸之间是通过 3′,5′ - 磷酸二酯键连接起来，即一个核苷酸的 3′ - 羟基和另一个核苷酸的 5′ - 磷酸脱水缩合而成。多个核苷酸以 3′,5′ - 磷酸二酯键连接形成核苷酸链，核苷酸链的 5′端为游离的磷酸，称为 5′ - 磷酸末端，简称 5′端；而 3′端带有游离的羟基，称为 3′ - 羟基末端，简称 3′端。核酸链的 5′端为核苷酸链的前端，居左侧；3′端为核苷酸的后端，居右侧。在合成核酸时，核酸链的延伸方向也是从 5′→3′方向进行。

# 第二节　DNA 的结构与功能

DNA 分子是 4 种脱氧核糖核苷酸通过 3′,5′ - 磷酸二酯键连接而形成的双链生物大分子，其主要存在于真核细胞的细胞核内，以与蛋白质结合成染色体的形式存在。原核生物的 DNA 存在于细胞质的类核区，是各种生物遗传信息的载体。

## 一、DNA 的一级结构

DNA 的一级结构指的是核酸链中脱氧核糖核苷酸的排列顺序。由于核苷酸的主要差异为碱基的不同，因此，DNA 的一级结构可定义为核酸链中碱基的排列顺序。DNA 的书写方式有多种，如图 2 - 3 所示。

## 二、DNA 的二级结构 e 微课1

1953 年，Watson 和 Crick 在总结了前人关于 DNA 空间结构研究的基础上，提出了著名的 DNA 双螺旋模型，确立了 DNA 的二级结构，并由此揭示了遗传信息是如何储存和表达的。这是生物学史上里程碑式的成果，两人也因该研究成果获得了 1962 年诺贝尔生理学或医学奖。DNA 双螺旋模型如图 2 - 4 所示。

**图 2 – 3 DNA 分子中核苷酸链的连接方式以及缩写**

（a）为核苷酸链连接方式的结构式；（b）（c）（d）（e）为字母式缩写

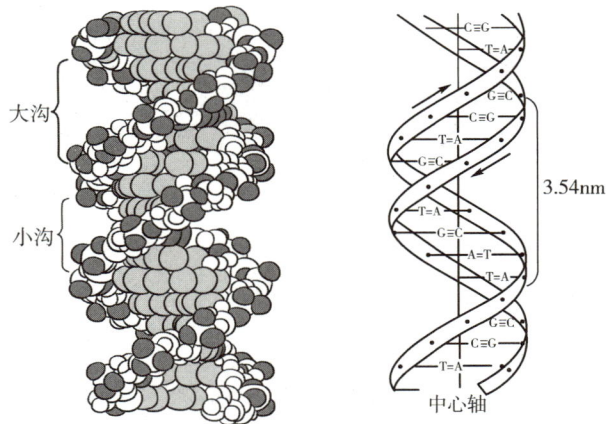

**图 2 – 4 DNA 双螺旋结构模型**

DNA 双螺旋模型结构的特点如下。

（1）DNA 分子是由 2 条反向平行排列的脱氧核糖核苷酸链沿同一中心轴盘绕而成的右手双螺旋结构。

（2）两条 DNA 链中，磷酸与脱氧核糖形成的 3′,5′-磷酸二酯键位于螺旋的外侧，构成了双螺旋的基本骨架，而碱基则位于双螺旋内侧。双螺旋的表面形成了大沟（深沟）和小沟（浅沟）的结构。

（3）两条 DNA 链上的碱基严格按照碱基互补配对规律进行配对，G 和 C 配对形成 3 个氢键，A 和 T 配对形成 2 个氢键。氢键的方向与 DNA 双螺旋的长轴垂直。所以这种组成 DNA 的两条链也称为互补链。

（4）DNA 双螺旋的螺旋直径为 2.37nm，螺距为 3.54nm，螺旋一圈包含约 10.5 个碱基对。

（5）DNA 双螺旋结构的横向稳定依赖于碱基之间形成的氢键，其纵向稳定依赖于碱基堆积力。碱基堆积力为碱基之间的疏水作用和范德华力的合力。

DNA 分子在不同的环境（湿度、离子强度等）条件下，可以呈现不同的结构。DNA 分子的双螺旋结构呈现多样性，有 A 型、B 型和 Z 型等双螺旋结构。Watson 和 Crick 发现的 DNA 双螺旋结构为 B 型结构，细胞中的 DNA 多以此状态存在。以上 DNA 双螺旋结构特点为 B 型 DNA 结构特点，B 型 DNA 是生理条件下最稳定的结构状态。DNA 分子的双螺旋结构不是一成不变的。在不同的条件下，不同类型的 DNA 可以互相转变。

## 三、DNA 的三级结构

DNA 的三级结构指在 DNA 双螺旋结构的基础上进一步折叠、盘旋形成更加复杂的空间结构，即 DNA 超螺旋。根据其盘绕的方向可以分为正超螺旋和负超螺旋。原核生物以及线粒体、叶绿体中的 DNA 都是共价闭合环状双螺旋。它们通过螺旋化可以形成超螺旋，天然 DNA 主要以负超螺旋形式存在。

进化程度高的生物体，因其 DNA 分子结构复杂，分子量大，所以会以一种更为致密的折叠方式储存在真核细胞内。在细胞周期中，绝大部分 DNA 以染色质形式存在。染色质由一种纤维状结构的染色质丝经过多次卷曲而成。电子显微镜下，染色质丝呈串珠状结构，构成这种串珠结构的重复单位是核小体。核小体由 DNA 和组蛋白共同组成，以组蛋白为核心进一步盘绕形成核小体结构，多个核小体形成串珠状，再通过反复盘旋折叠而形成染色质（图 2-5）。

超螺旋　　　　　　　　　核小体

图 2-5　DNA 的超螺旋结构以及核小体结构

## 四、DNA 的功能

DNA 的基本功能是以基因的形式携带遗传信息。它是生命遗传的物质基础，也是个体生命活动的信息基础。

证明 DNA 是遗传物质的典型实验是肺炎双球菌转化实验。1944 年，Oswald Avery 利用致病肺炎双球菌中提取的 DNA 使另一种非致病性的肺炎球菌的遗传性状发生改变而成为致病菌，证实了 DNA 是遗传物质。DNA 结构的阐明使得它作为遗传信息载体的作用更加无可争议。

基因是指携带了特定遗传信息的 DNA 功能片段。DNA 分子中携带的遗传信息就蕴含在核苷酸链的碱基排列顺序中。DNA 是细胞内 RNA 合成的模板，部分 RNA 又是蛋白质的合成模板。DNA 的碱基序列决定了蛋白质的氨基酸顺序。DNA 通过复制将遗传信息传递给子代，并通过转录和翻译表达遗传信息。

一个生物体的所有基因成为该生物体的基因组，包含了所有编码 RNA 和蛋白质的序列及所有的非编码序列，也就是 DNA 分子的全序列。一般来讲，进化程度越高的生物体，其基因组越大越复杂。最简单生物的基因组仅含几千个碱基对，人的基因组则有 $2.8 \times 10^9$ 个碱基对，使可编码的信息量大大增加。

DNA 的结构特点是具有高度的复杂性和稳定性，可以满足遗传多样性和稳定性的需要。不过 DNA 分子又绝非一成不变，它可以发生各种重组和突变，适应环境变迁，为自然选择提供机会。

# 第三节　RNA 的结构与功能

RNA 的分子量较小，有的 RNA 只有几十个核苷酸序列。RNA 有相对明确的二、三级结构。由于 RNA 的种类相对较多，所以各种 RNA 分子又各具独特的空间构象。真核细胞内各种常见 RNA 分子见表 2-2。

表 2-2　真核细胞内各种常见 RNA 的名称和功能

| RNA 的种类 | 简称 | 分布 | 功能 |
| --- | --- | --- | --- |
| 核内不均一 RNA | hnRNA | 细胞核 | 成熟 mRNA 的前体 |
| 信使 RNA | mRNA | 细胞核、细胞质 | 蛋白质合成的模板 |
| 转运 RNA | tRNA | 细胞核、细胞质 | 转运氨基酸 |
| 核糖体 RNA | rRNA | 细胞核、细胞质 | 构成核糖体 |
| 核内小 RNA | snRNA | 细胞核 | 参与 hnRNA 的剪切和转运 |
| 核仁小 RNA | snoRNA | 细胞核 | rRNA 的加工和修饰 |
| 胞质小 RNA | scRNA | 细胞核 | 蛋白质合成信号识别体 |
| 小干扰 RNA | SIRNA | 细胞质 | 靶向识别及降解 mRNA |
| 微 RNA | miRNA | 细胞质 | 抑制翻译 |
| 催化 RNA | ribozyme | 细胞核、细胞质 | 催化并参与 RNA 合成 |

## 一、mRNA 的结构与功能

mRNA 又叫作信使 RNA，占细胞总 RNA 的 3%。但是其分子的种类为所有 RNA 中最多，分子大小不一，从含几十个核苷酸残基到几千个核苷酸残基不等；同时也是细胞中最不稳定的一类 RNA。

真核生物的 mRNA，最初在细胞核内合成的是 hnRNA，其分子量比成熟的 mRNA 大，为 mRNA 的前体。在各种不同酶的作用下，hnRNA 被剪切拼接为成熟的 mRNA，并移动到细胞质。真核细胞成熟的 mRNA 具有以下结构特点（图 2-6）。

图 2-6　真核生物 mRNA 结构特征

**1. 5′端帽子结构**　绝大多数真核细胞 mRNA 的 5′端为 7-甲基鸟嘌呤核苷三磷酸（$m^7Gppp$），简称为"帽子"结构。该结构是在 mRNA 成熟的过程中在 5′端加上 7-甲基鸟嘌呤核苷二磷酸（$m^7Gpp$）形成的。它与 mRNA 稳定性息息相关，并协助其转运出细胞核；与核糖体结合，参与翻译的起始等过程。

**2. 3′端多聚腺苷酸尾** 绝大多数真核细胞 mRNA 在 3′端都有一段含 20～200 个腺苷酸的多腺苷酸结构，称为多聚腺苷酸尾［poly（A）］。这种结构也与 mRNA 稳定性息息相关，并协助其转运出细胞核；与核糖体结合，参与翻译的起始等过程。

**3. 编码区** 从 mRNA 分子 5′端起始的第一个 AUG 开始，每 3 个相邻的核苷酸为一组，表示一个氨基酸的信息，称之为遗传密码（codon），由于每个密码子均为 3 个相邻的核苷酸，所以又称为三联体密码（triplet code）。每个密码子编码一个氨基酸或者其他信息。编码区从 5′端 AUG 到 3′端 UAA（或 UAG、UGA）之间的核苷酸序列称为可读框（惯称开放阅读框）。

**4. 非翻译区** mRNA 编码区两侧均有一段非翻译区，分别称为 5′非翻译区和 3′非翻译区。其功能是主要参与翻译的调控作用。

mRNA 的功能是将细胞核中的基因信息转录后携带出来，作为指导蛋白质生物合成的模板。

## 二、tRNA 的结构与功能

tRNA 是 RNA 中分子量最小的 RNA，其稳定性较强，占细胞 RNA 总量的 15%。主要功能为转运氨基酸至核糖体，参与蛋白质的合成。它们无论在一级结构还是二、三级结构上都有以下一些共同特点。

**1. tRNA 一级结构的特点**

（1）tRNA 为单链结构，由 70～90 个核苷酸残基组成。

（2）tRNA 分子中含有较多的稀有碱基，占碱基总数的 10%～20%。大多数为 A、G、C、U 的甲基衍生物以及其他基团修饰后的碱基。例如二氢尿嘧啶（DHU）、次黄嘌呤（I）、假尿嘧啶（Ψ）等。

（3）tRNA 的 3′端均为 CCA—OH 序列。而其功能为结合以及转运氨基酸生成氨酰 tRNA，活化后的氨基酸则连接在 3′—OH 上。

（4）tRNA 的 5′端则多为磷酸化的鸟嘌呤核苷酸。

**2. tRNA 二级结构的特点** 单链 tRNA 通过回折形成局部的双链互补区，非互补区形成环状结构，称为茎环结构或发夹结构。

（1）tRNA 二级结构为三叶草形，包括 3 个茎环结构、1 个附加叉（可变环）和 1 个氨基酸臂。

（2）tRNA 分子中的 3 个茎环结构中的环分别称为二氢尿嘧啶环（DHU 环）、反密码子环和 TψC 环。环状结构含有较多稀有碱基。

（3）反密码子环约由 7 个核苷酸残基构成，中间 3 个连续的核苷酸残基称为反密码子，是与 mRNA 上的密码子互补配对的位点。

（4）附加叉又称为可变环，不同 tRNA 的差异较大，为 tRNA 的分类标志。

（5）氨基酸臂是 tRNA 5′端和 3′端互补形成的双链区，其中 3′端为未互补的 CCA—OH 序列，该序列为 tRNA 转录后加工形成，是氨基酸的携带部位。tRNA 二级结构的特点如图 2-7 所示。

**3. tRNA 三级结构的特点** tRNA 三级结构都具有相似的结构，均构成倒"L"形（图 2-8）。tRNA 三级结构的维系主要依赖核苷酸之间形成的氢键。各种 tRNA 分子核苷酸序列和长度相差较大，但其三级结构均相似，提示这种空间结构与 tRNA 的功能有密切关系。

tRNA 的主要功能是携带蛋白质合成所必需的氨基酸。细胞内每种氨基酸都由其相应的一种或者几种 tRNA 携带，每一种 tRNA 携带一种特定的氨基酸，在合成多肽链的过程当中，其会按照 mRNA 密码子的排列顺序将相应的氨基酸连接成多肽链。

图 2 - 7  tRNA 的二级结构

图 2 - 8  tRNA 的三级结构

## 三、rRNA 的结构与功能

核糖体 RNA（rRNA）是细胞中种类最少、含量最多的 RNA，约占细胞中 RNA 总量的 80% 以上。是一类代谢稳定、分子量最大的 RNA。rRNA 与多种核糖体蛋白质结合形成核糖体，构成蛋白质合成的场所。

原核生物和真核生物的核糖体都是由大小两个亚基所组成，而构成核糖体蛋白质的种类较多，大多分子量比较小。核糖体以及 rRNA 的大小一般用沉降系数（S）来表示（表 2 - 3）。

表 2 - 3  核糖体的组成成分

| 核糖体 | | 真核生物（小鼠干细胞为例） | | 原核生物（大肠埃希菌为例） | |
|---|---|---|---|---|---|
| 小亚基 | rRNA | 40S | | 30S | |
| | | 18S | 1874 个核苷酸 | 16S | 1542 个核苷酸 |
| | 蛋白质 | 33 种 | 总重的 50% | 21 种 | 总重的 40% |
| 大亚基 | rRNA | 60S | | 50S | |
| | | 28S | 4718 个核苷酸 | 23S | 2940 个核苷酸 |
| | | 5.85S | 160 个核苷酸 | 5S | 120 个核苷酸 |
| | | 5S | 120 个核苷酸 | | |
| | 蛋白质 | 49 种 | 总重的 35% | 31 种 | 总重的 30% |

## 四、核酶

核酶（ribozyme）是一类具有催化活性的 RNA。1981 年，美国科学家 T. Cech 和 S. Altman 发现了核酶，并因此获得 1989 年诺贝尔化学奖。最早发现，大肠埃希菌 RNaseP 的蛋白质部分被除去后，在体外高浓度 $Mg^{2+}$ 存在下，留下的 RNA 部分具有与全酶相同的催化活性。

核酶的作用底物可以是不同的分子，有些作用底物就是同一 RNA 分子中的某些部位。核酶的功能很多，有的能够切割 RNA，有的能够切割 DNA，有些还具有 RNA 连接酶、磷酸酶等活性。与蛋白质酶相比，核酶的催化效率较低，是一种较为原始的催化剂。大多数核酶通过催化转磷酸酯和磷酸二酯键水解反应参与 RNA 自身剪切、加工过程。与其他的 RNA 相比，核酶具有较稳定的空间结构。研究发现，具有催化作用的 RNA 的二级结构为"锤头状"结构，不易受到 RNA 水解酶的攻击。更重要的是，核酶在切断 mRNA 后，又可从杂交链上解脱下来，重新结合和切割其他的 mRNA 分子。

### 五、其他非编码 RNA

非编码 RNA 是一类内源性且不具有蛋白质编码功能的 RNA 分子，其广泛参与了细胞的生长发育、增殖、运输等。参见表 2-2 中所列的非编码 RNA 分子。

## 第四节　核酸的理化性质

### 一、核酸的一般性质

核酸为极性化合物，微溶于水，不溶于乙醚、乙醇等有机溶剂。其溶液的黏度较大，含有磷酸和碱基两种基团，为两性电解质。通常因其磷酸基团比碱基更易解离，所以核酸分子的水溶液通常体现出酸性。各种核酸分子的大小以及所带电荷数不同，所以可以通过电泳和离子交换等方法分离不同的核酸。

### 二、核酸的紫外吸收特性

核酸分子中的碱基因含有共轭双键，所以具有吸收紫外光的能力。在波长为 260nm 处的紫外光下具有最大吸收峰。可以利用核酸紫外吸收的特点对核酸进行纯度鉴定。纯 DNA 样品的 $A_{260}/A_{280}$ 为 1.8，而纯的 RNA 为 2.0。如果样品中的比值高于 1.8，则可能有 RNA 污染；如果低于 1.8，则是蛋白质污染。也可利用核酸的紫外吸收性质对核酸进行定量分析。

### 三、核酸的变性与复性 微课 2

变性是核酸的重要性质。核酸变性只涉及次级键的变化，并不引起共价键的断裂。引起变性的因素很多，升高温度、过酸、过碱、纯水以及加入变性剂等可破坏氢键、妨碍碱基堆积作用和增加磷酸基团静电斥力的因素都能造成核酸变性。核酸变性后，由于碱基的暴露，其在 260nm 紫外光照射下的吸收值明显增加，这种现象称为增色效应。同时，变性的核酸溶液的黏度下降，浮力密度升高，沉降速度加快，生物学功能部分或全部丧失，这些性质可用于判断核酸变性的程度。变性的核酸在去除变性因素后，恢复到原结构的过程，称为核酸的复性。

**1. DNA 的变性**　是在物理和化学因素的作用下，DNA 的双螺旋结构解螺旋成为单链的过程。常用于 DNA 变性的因素是加热。通常把由于温度升高引起 DNA 的变性称为 DNA 的热变性，一般是把 DNA 的稀盐溶液加热到 80～100℃，使 DNA 双链发生解离。而为了研究核酸热变性的特点，以 $A_{260}$ 对温度作图，所得的曲线称为解链曲线。热变性一半时所对应的温度称为解链温度，也称为熔解温度或变性温度，以 $T_m$ 来表示（图 2-9）。DNA 的（G+C）含量与 $T_m$ 值的大小密切相关。由于 G≡C 比 A=T 碱基对更稳定，因此，富含 G≡C 的 DNA 比富含 A=T 的 DNA 具有更高的熔解温度。通常在 DNA 链中分子量越大，（G+C）含量越高，$T_m$ 越大。

**2. DNA 的复性**　指变性的 DNA 在去除了引起 DNA 变性因素的条件下，两条互补链全部或部分恢复到天然双螺旋结构的现象。热变性的 DNA 一般经缓慢冷却后即可复性，此过程称为"退火"。但是若把加热变性后的 DNA 迅速降到 4℃以下，则几乎不可能发生复性。

### 四、核酸的分子杂交

核酸的分子杂交是利用核酸分子的碱基互补原则，根据核酸变性、复性的原理而发展起来的。不同来源的单链核酸分子只要存在碱基互补序列，即可形成杂化双链，这一过程称为核酸的分子杂交。核酸

图 2-9　DNA 的解链曲线

分子杂交可在 DNA 与 DNA、RNA 与 RNA 或 DNA 与 RNA 之间进行，形成 DNA-DNA、RNA-RNA 或 RNA-DNA 等不同类型的杂交分子。探针是带有标记的已知序列的单链核酸。利用核酸分子杂交技术，用探针可以对多种疾病进行检测。如对许多遗传性疾病进行产前诊断。现又用核酸分子杂交技术诊断乙型肝炎，以及研究其他病毒性疾病和癌瘤的基因结构（癌基因）等；并且在探针和杂交的基础上，建立了基因芯片技术。

# 目标检测

答案解析

## 一、选择题

1. 核酸中核苷酸之间的连接方式是（　　）

    A. 2′，3′-磷酸二酯键　　　　　　　　　　B. 3′，5′-磷酸二酯键

    C. 2′，5′-磷酸二酯键　　　　　　　　　　D. 糖苷键

    E. 氢键

2. 合成 DNA 需要的原料是（　　）

    A. ATP、CTP、GTP、TTP　　　　　　　B. ATP、CTP、GTP、UTP

    C. dATP、dGTP、dCTP、dUTP　　　　　D. dATP、dGTP、dCTP、dTTP

    E. dAMP、dGMP、dCMP、dTMP

3. 以下关于双螺旋结构模型的描述，不正确的是（　　）

    A. 腺嘌呤（A）的个数等于胸腺嘧啶（T）的个数

    B. 同种生物体不同组织细胞中的 DNA 碱基序列相同

    C. 双螺旋中碱基对位于外侧

    D. 两股多核苷酸链通过 A 与 T 或 C 与 G 之间的氢键连接

    E. 维持双螺旋稳定的主要因素是碱基堆积力

4. RNA 和 DNA 彻底水解后的产物（　　）

    A. 戊糖相同，部分碱基不同　　　　　　　B. 碱基相同，戊糖不同

    C. 部分碱基不同，戊糖不同　　　　　　　D. 碱基不同，戊糖相同

    E. 碱基相同，部分戊糖不同

5. DNA 和 RNA 共有的成分是（　　）

    A. d-核糖　　　　　B. d-2-脱氧核糖　　　　　C. 乌嘌呤

    D. 尿嘧啶　　　　　E. 胸腺嘧啶

6. 下列有关 DNA 双螺旋模型的叙述，不正确的是（　　）

　　A. 有大沟和小沟

　　B. 维持双螺旋稳定的主要因素是氢键和碱基堆积力

　　C. 两条链的碱基配对为 T =G，A =C

　　D. 一条链是 5′→3′另一条链是 3′→5′方向

　　E. 两股多核苷酸链通过 A 与 T 或 C 与 G 之间的氢键连接

7. 与 mRNA 中的 ACG 密码子相对应的 tRNA 反密码子是（　　）

　　A. UGC　　　　　　　　B. TGC　　　　　　　　C. GCA

　　D. CGU　　　　　　　　E. TGC

8. tRNA 的结构特点不包括（　　）

　　A. 含甲基化核苷酸　　　　　　　　B. 5′端具有特殊的帽子结构

　　C. 三叶草形的二级结构　　　　　　D. 有局部的双链结构

　　E. 含有二氢尿嘧啶环

9. DNA 的解链温度（$T_m$）指（　　）

　　A. $A_{260}$ 达到最大值时的温度　　　　　　B. $A_{260}$ 达到最大值的 50% 时的温度

　　C. 开始解链时所需要的温度　　　　　　D. 完全解链时所需要的温度

　　E. $A_{280}$ 达到最大值 50% 时的温度

10. 自然界游离核苷酸中的磷酸基最常位于（　　）

　　　A. 戊糖的 $C_1$ 上　　　　　　　　B. 戊糖的 $C_2$ 上

　　　C. 戊糖的 $C_3$ 上　　　　　　　　D. 戊糖的 $C_4$ 上

　　　E. 戊糖的 $C_5$ 上

## 二、思考题

比较 DNA 和 RNA 在分子组成和分子结构上的区别。

（付凤洋）

---

**书网融合……**

本章小结　　　　微课1　　　　微课2　　　　题库

# 第三章　维生素

## ◎ 学习目标

　　1. 通过本章学习，重点把握维生素概念；维生素的分类；脂溶性维生素的缺乏症；水溶性维生素的缺乏症；脂溶性及水溶性维生素的活性形式。

　　2. 学会运用维生素的生理功能及缺乏症相关理论知识指导居民生活合理饮食，养成健康的饮食习惯；具有根据患者所患疾病判断其缺乏何种维生素的能力。

## ≫ 情境导入

　　**情景描述**　某远航客轮在海上遇到风暴，没有按期返航。由于所带的蔬菜、水果已经全部食用完，客轮上的人完全靠罐头食品维持日常饮食近 4 个月，结果成年人大多出现面色苍白、倦怠无力、食欲减退等症状，儿童则表现出易怒、低热、呕吐和腹泻等症状。

　　**讨论**　此艘轮船上人出现的症状可能是缺乏哪种营养素引起的？

　　维生素是一类机体维持正常生理功能所必需的，但体内不能合成或合成量少，必须由食物供给的小分子有机化合物。维生素既不是构成机体的组成成分，也不是供能物质，但维生素在调节人体物质代谢和维持正常功能等方面发挥着极其重要的作用。长期缺乏某种维生素时，可导致物质代谢障碍，生理功能改变并出现相应的维生素缺乏症。

## ⚙ 素质提升

### 维生素的发现与研究

　　1747 年前，维生素 C 缺乏症夺去了几十万英国水手的生命。海军军医詹姆斯·林德（James Lind）建议船员远航时多吃柠檬来预防维生素 C 缺乏症。1912 年，波兰科学家丰克从米糠中提取出一种能治疗脚气病的白色物质，并称其为"维持生命的营养素"，简称维生素。随着时间的推移，更多种维生素相继被发现，最引人注目的是发现维生素 C、胡萝卜素的抗氧化作用和增强人体免疫力的作用。这说明科学的发展是一个循序渐进的过程，需要前人的知识作为基础，也需要科学家们不断地探索和积累，这样才能为人民谋福祉，为国家做贡献。

## 第一节　概　述　🔲 微课

### 一、维生素的命名与分类

**1. 命名**　维生素有 3 种命名方法。

（1）根据其发现的先后顺序命名　如维生素 A、B、C、D、E、K 等。有些维生素在最初发现时认为是一种，但后经证明是多种维生素的混合物，命名时便在其字母下方标注 1、2、3 等数字加以区别，

如维生素 $B_1$、维生素 $B_2$ 等。

（2）根据其化学结构特点命名　如视黄醇、核黄素、硫胺素等。

（3）根据其功能和治疗作用命名　如抗佝偻病维生素、抗糙皮病维生素、抗坏血酸等。

所以，同一种维生素有多个名字，例如维生素 $B_1$ 为发现顺序命名，因其结构中含有氨基和硫元素，又称为硫胺素，该维生素具有抗脚气病的功能，所有又称为抗脚气病维生素。

**2. 分类**　维生素种类繁多，按其溶解性质不同可分为脂溶性维生素和水溶性维生素两大类。

（1）脂溶性维生素　包括维生素 A、D、E、K。

（2）水溶性维生素　包括 B 族维生素和维生素 C；B 族维生素主要有维生素 $B_1$、$B_2$、$B_6$、$B_{12}$，维生素 PP，生物素，泛酸，叶酸。

## 二、维生素的需要量

人体每天对维生素的需要量很少，常以毫克、微克计。水溶性维生素易溶于水，可随尿排出体外，在人体内储存量少，每天必须通过膳食供给足够的数量以满足机体的需求；缺乏时易导致人体出现相应的缺乏症。脂溶性维生素在人体内大部分储存在肝及脂肪组织中，不溶于水，溶于脂溶性溶剂中，通过胆汁代谢排出体外，如果大剂量摄入易引起机体中毒。

## 三、引起维生素缺乏症的原因

**1. 维生素的摄入量不足**　每日膳食调配不合理、严重偏食可导致维生素的摄入量不足，食物的烹调方法和储存方法不当造成食材维生素损失，也可导致某些维生素的摄入不足。如高温油炸，新鲜蔬菜、水果贮存过久，煮稀饭时加碱、米面加工过细等都可造成维生素丢失和破坏。

**2. 机体的吸收利用率降低**　某些原因造成的消化系统吸收功能障碍，如长期腹泻，胃酸、胆汁分泌减少等均可造成维生素的吸收、利用减少。

**3. 维生素的需要量相对增加**　不同人群的维生素需要量有所不同。在某些生理状态下，机体对维生素的需要量相对增加。如孕妇、哺乳期妇女、生长发育期的儿童、高温环境工作工人等对维生素的需要量相对增加，要及时补充。

**4. 食物以外的维生素供给不足**　长期服用抗生素可抑制肠道正常菌群的生长，从而影响某些维生素，如维生素 $B_1$、维生素 $B_2$、维生素 $B_6$、维生素 K、泛酸、生物素等的产生。日光照射不足，可使皮肤内维生素 $D_3$ 产生不足，影响钙、磷吸收，易造成儿童佝偻病或成年人软骨病。

# 第二节　脂溶性维生素

维生素 A、维生素 D、维生素 E、维生素 K 为疏水性化合物，溶于有机溶剂，不溶于水。它们常伴随脂质物质吸收而被吸收，在血液中与脂蛋白或特异性结合蛋白相结合而被运输，在体内有一定的储量。食物中长期缺乏此类维生素可引起缺乏症，摄入过多可发生中毒。

## 一、维生素 A

### （一）化学本质、性质及来源

维生素 A 又称抗眼干燥症维生素，是由 $\beta$ - 白芷酮环和 2 分子异戊二烯构成的多烯化合物，天然的维生素 A 有 $A_1$（视黄醇）和 $A_2$（3 - 脱氢视黄醇），其结构式如下。

维生素A₁（视黄醇）　　　　　　　　维生素A₂（3-脱氢视黄醇）

维生素 A 极易被氧化，遇热和光更易被氧化，动物性食品如肝、肉类、蛋黄、乳制品中维生素 A 的含量丰富。植物中不存在维生素 A，但含有称作维生素 A 原的多种胡萝卜素，其中以 $\beta$-胡萝卜素最为重要。$\beta$-胡萝卜素可在小肠黏膜内 $\beta$-胡萝卜素加氧酶的作用下，加氧断裂为 2 分子的视黄醇。胡萝卜、菠菜、番茄、南瓜等都含有丰富的胡萝卜素。

### （二）生化功能及缺乏症

**1. 视黄醛与视蛋白结合生成视紫红质维持暗视觉**　在感受弱光或暗光的视网膜杆状细胞内，维生素 A 转变成的 11-顺视黄醛，与视蛋白结合生成视紫红质。当视紫红质感光时，11-顺视黄醛迅速在异构酶的作用下转变成全反型视黄醛，并引起视蛋白别构。视蛋白是 G 蛋白偶联跨膜受体，通过一系列反应产生视觉神经冲动。人从亮处到暗处，最初看不清物体，是因为杆状细胞内的视紫红质被光分解，全反型视黄醛和视蛋白分离，待重新合成后感弱光，方能看清弱光下的物体，这一过程称为暗适应。当缺乏维生素 A 时，视紫红质合成减少，对弱光敏感性降低，暗适应时间延长，严重时会发生"夜盲症"。

**2. 维生素 A 维持上皮组织的功能和促进生长发育**　维生素 A 缺乏时，皮肤及各器官如呼吸道、消化道、腺体等的上皮组织干燥、增生和角质化，表现为皮肤粗糙、毛囊角质化等。在眼部的病变表现为角膜和结膜表皮细胞退变、泪液分泌减少、泪腺萎缩、失去抵抗细菌入侵的功能，称为眼干燥症，俗称干眼病。因此，维生素 A 又称为抗眼干燥症维生素。此外，维生素 A 对细胞分化、基因表达具有重要的调控作用，能促进儿童的生长发育。

**3. 维生素 A 具有抗肿瘤作用**　动物实验表明，维生素 A 具有诱导肿瘤细胞分化、抑制其生长、减少致癌物质的作用。缺乏维生素 A 的动物，对化学致癌物诱发的肿瘤更为敏感。

**4. 维生素 A 具有抗氧化作用**　维生素 A 和胡萝卜素在氧分压较低的条件下，能直接消除自由基，有助于控制细胞膜和富含脂质组织的脂质过氧化，是有效的抗氧化剂。

### （三）中毒

维生素 A 摄入过多可引起中毒。维生素 A 中毒目前多见于 1～2 岁的婴幼儿，主要表现有易脱发、皮肤干燥、瘙痒、烦躁、厌食、肝大及易出血等症状。正常饮食不会引起维生素 A 中毒，引起维生素 A 中毒的原因一般是因为鱼肝油服用过多。

## 二、维生素 D

### （一）化学本质、性质及活性形式

维生素 D 又称抗佝偻病维生素，是类固醇衍生物。天然维生素 D 有维生素 D₂（麦角钙化醇）和维生素 D₃（胆钙化醇）两种形式。植物中含有维生素 D₂，由麦角固醇转化而成；鱼油、蛋黄、肝等富含维生素 D₃。人体皮肤中胆固醇生成的 7-脱氢胆固醇，在紫外线照射下，可转变成维生素 D₃，故 7-脱氢胆固醇和麦角固醇称为维生素 D 原。适当的户外光照可以满足人体对维生素 D 的需要。维生素 D₂、维生素 D₃的结构式及转化如下。

7-脱氢胆固醇     紫外线 →     维生素 $D_3$

麦角固醇     紫外线 →     维生素 $D_2$

维生素 D 被吸收后经肝和肾的羟化作用，生成 $1,25$ - 二羟维生素 $D_3$，它是维生素 $D_3$ 的活性形式。

### （二）生理功能及缺乏症

$1,25$ - 二羟维生素 $D_3$ 具有类固醇激素样作用，可促进肠道黏膜细胞合成钙结合蛋白，促进小肠对钙和磷的吸收，同时可促进肾小管对钙、磷的重吸收，从而维持血浆中钙、磷浓度的正常水平。$1,25$ - 二羟维生素 $D_3$ 还具有促进成骨细胞形成和骨质中磷酸钙、碳酸钙等骨盐的沉积作用，有助于骨骼和牙齿的生长发育。

维生素 D 缺乏可引起婴幼儿肠道钙、磷的吸收障碍，使血液中钙、磷含量下降，骨骼和牙齿不能正常发育，严重者导致佝偻病；成人则发生软骨病。

### （三）中毒

服用过量的维生素 D 可引起中毒。维生素 D 中毒症是医源性疾病之一。主要由于在防治佝偻病时错误诊断和过量使用维生素 D 制剂。一般认为，儿童长期每天摄入 4 万国际单位维生素 D，就可引起中毒，表现为厌食、恶心、呕吐、腹泻、头痛、多尿烦渴、体重减轻与血清钙、磷的增高。血钙可大量沉积于一些软组织中，如心脏、肺、肾小管等。引起高血压和肾功能减退等症状。平时服用鱼肝油等维生素 D 制剂的婴幼儿，一旦发现以上症状，家长应警惕是否为维生素 D 中毒，应立即停服。一般停止服用维生素 D 后不久，身体状况会很快恢复正常，无明显后遗作用。

## 三、维生素 E

### （一）化学本质、性质及来源

维生素 E 又称生育酚，是苯骈二氢吡喃的衍生物，包括生育酚和生育三烯酚两大类，每类又分为 $\alpha$、$\beta$、$\gamma$、$\delta$ 共 4 种。天然维生素 E 主要存在于植物油、油性种子和麦芽中，自然界以 $\alpha$ - 生育酚分布最广，活性最高，抗氧化作用以 $\delta$ - 生育酚最强，$\alpha$ - 生育酚最弱。生育酚和生育三烯酚的结构式如下。

生育酚                      生育三烯酚

维生素 E 为微带黏性的淡黄色油状物，在无氧条件下较为稳定，很耐热，当温度高至 200℃ 也不会被破坏，但在空气中极易被氧化，故可保护其他物质不被氧化，具有抗氧化作用。因此也常作为食品添加剂加入食品中，以保护脂肪或维生素 A、不饱和脂肪酸不受氧化。

### （二）生理功能及缺乏症

**1. 维生素 E 的抗氧化作用** 机体生物膜上含有较多的不饱和脂肪酸，易被氧化生成过氧化脂质，而使膜结构被破坏，功能受损。维生素 E 可清除生物膜脂质过氧化所产生的自由基，保护生物膜的结构与功能，在延缓衰老方面具有一定的作用。

**2. 维生素 E 能促进血红素的合成** 维生素 E 可提高血红素合成过程中的关键酶 $\delta$ - 氨基 - $\gamma$ - 酮戊酸（ALA）合酶和 ALA 脱水酶的活性，从而促进血红素的合成。

**3. 其他作用** 维生素 E 具有抗炎、维持正常免疫功能和抑制细胞增殖的作用，并可降低血浆低密度脂蛋白（LDL）的浓度。维生素 E 在预防和治疗冠心病、肿瘤等疾病方面具有重要作用。

缺乏维生素 E 的动物可导致生殖器官受损而不育。维生素 E 对人类生殖功能的影响不很明确，但临床上也可用于防治先兆流产和习惯性流产。

人类尚未发现维生素 E 缺乏症。维生素 E 与维生素 A 和 D 不同，即使一次服用高出常用量 50 倍的剂量，也尚未见到中毒现象。

## 四、维生素 K

### （一）化学本质、性质及来源

维生素 K 又称凝血维生素，是 2 - 甲基 - 1,4 - 萘醌的衍生物。在自然界主要以维生素 K$_1$、K$_2$ 两种形式存在，维生素 K$_1$ 又称植物甲萘醌或叶绿醌，主要存在于深绿色蔬菜和植物油中；维生素 K$_2$ 又称多异戊烯甲基萘醌，是肠道细菌的代谢产物。临床上应用的是人工合成的水溶性维生素 K$_3$ 或 K$_4$，是将维生素 K$_1$ 和 K$_2$ 的脂溶性侧链去除后形成，其活性高于维生素 K$_1$ 和 K$_2$，可口服或肌内注射。维生素 K 的结构式如下。

维生素 K$_1$

2-甲基-1,4-萘醌（维生素 K$_3$）

维生素 K$_2$

4-亚氨基-2-甲基萘醌（维生素 K$_4$）

维生素 K 在肝、鱼、肉和绿叶蔬菜中含量丰富，主要在小肠吸收，经淋巴入血，并转运至肝储存。

### （二）生理功能及缺乏症

**1. 维生素 K 具有促进凝血作用** 凝血因子 Ⅱ、Ⅶ、Ⅸ、Ⅹ 及抗凝血因子蛋白 C 和蛋白 S 在肝细胞中初合成时是无活性的前体，这些前体需要在 $\gamma$ - 谷氨酰羧化酶的催化下转变为有活性形式，而维生素 K 是 $\gamma$ - 谷氨酰羧化酶的辅酶，因此维生素 K 具有促进凝血因子生成的作用。

**2. 维生素 K 对骨代谢具有重要作用**　骨中骨钙蛋白和骨基质 Gla 蛋白为维生素 K 依赖蛋白，可维持骨盐含量。

维生素 K 在绿色植物中含量丰富，且体内肠道细菌也能合成，一般不易缺乏。因维生素 K 不能通过胎盘，新生儿出生后肠道内又无细菌，故易发生维生素 K 的缺乏。胰腺、胆管疾病和小肠黏膜萎缩及脂肪便等也可引发维生素 K 缺乏症。长期应用广谱抗生素的人群也可引起维生素 K 缺乏。维生素 K 缺乏的主要症状是凝血障碍，皮下、肌肉及胃肠道出血。

# 第三节　水溶性维生素

水溶性维生素包括 B 族维生素和维生素 C。B 族维生素主要有维生素 $B_1$、$B_2$、$B_6$、$B_{12}$，维生素 PP，生物素，泛酸，叶酸等。水溶性维生素的作用主要是构成酶的辅因子，直接影响某些酶的催化活性。水溶性维生素必须通过膳食不断供应，如果缺乏则会引起相应的疾病。体内过剩的水溶性维生素可随尿排出体外，体内很少蓄积，因此很少出现中毒现象。

## 一、维生素 $B_1$

### （一）化学本质、性质及来源

维生素 $B_1$ 又称抗脚气病维生素。由于它由含硫的噻唑环和含氨基的嘧啶环通过甲烯基连接而成，故又称硫胺素。维生素 $B_1$ 极易溶于水，酸性环境中稳定，中性或碱性溶液中不稳定。因碱会使维生素 $B_1$ 水解，所以在烹调食物时不宜加碱。维生素 $B_1$ 的结构式如下。

维生素 $B_1$

维生素 $B_1$ 易被小肠吸收，入血后主要在肝和脑组织中经硫胺素焦磷酸激酶催化生成焦磷酸硫胺素（TPP），因此，维生素 $B_1$ 的活性形式是焦磷酸硫胺素，其结构式如下。

焦磷酸硫胺素

谷类、豆类的种皮、酵母、干果和坚果、蔬菜中维生素 $B_1$ 含量高。动物的肝、肾、脑、瘦肉及蛋类中含量也较多。

### （二）生化功能及缺乏症

**1. TPP 作为氧化脱羧酶的辅酶，参与糖代谢**　TPP 是 $\alpha$ - 酮酸（如丙酮酸、$\alpha$ - 酮戊二酸）氧化脱羧酶的辅酶，在糖代谢中发挥重要作用。当维生素 $B_1$ 缺乏时，糖代谢受阻，能量供应不足，影响糖有氧氧化分解供能的神经细胞膜髓鞘磷脂合成，导致慢性末梢神经炎及其他神经病变，严重者可出现水肿、心力衰竭等，即"脚气病"，所以维生素 $B_1$ 称为抗脚气病维生素。

**2. TPP 作为转酮醇酶的辅酶，参与磷酸戊糖途径**　磷酸戊糖途径可生成磷酸核糖和 NADPH，核糖是核苷酸合成原料，而 NADPH 是脂肪酸、胆固醇等物质合成的重要供氢体。

**3. 合成乙酰胆碱所需的乙酰辅酶 A 主要来自丙酮酸的氧化脱羧**　维生素 $B_1$ 缺乏时，一方面使乙酰胆碱的合成减少；另一方面对胆碱酯酶活性的抑制减弱，乙酰胆碱分解加强可影响神经正常传导，主要表现为消化液分泌减少、胃蠕动变慢、食欲不振、消化不良等。

## 二、维生素 $B_2$

### （一）化学本质、性质及来源

维生素 $B_2$ 又称核黄素。其化学本质是核糖醇和 6,7 - 二甲基异咯嗪的缩合物。在 $N_1$ 位和 $N_{10}$ 位之间有两个活泼的双键，可反复接受或释放氢，因而具有可逆的氧化还原性。

维生素 $B_2$ 在酸性环境中较稳定，碱性条件下或暴露于光照下不稳定，故在烹调时不宜加碱。维生素 $B_2$ 的水溶液在紫外光激发后可产生绿黄色荧光，利用这一性质可做定性或定量分析。

维生素 $B_2$ 广泛存在于动、植物中。奶与奶制品、肝、蛋类和肉类等含丰富的维生素 $B_2$。

### （二）生化功能及缺乏症

**1. 维生素 $B_2$ 活性形式的作用**　维生素 $B_2$ 的活性形式是黄素单核苷酸（FMN）和黄素腺嘌呤二核苷酸（FAD）。FMN 和 FAD 是体内多种氧化还原酶（琥珀酸脱氢酶、脂酰辅酶 A 脱氢酶、黄嘌呤氧化酶等）的辅基，起递氢作用，以 FMN 或 FAD 为辅基的酶称为黄素蛋白或黄素酶，广泛参与体内的各种氧化还原反应，能促进糖、脂肪和蛋白质的代谢。FMN 和 FAD 的结构式如下。

核黄素
黄素单核苷酸（FMN)

黄素腺嘌呤二核苷酸（FAD）

**2. 维生素 $B_2$ 对维持皮肤、黏膜和视觉的正常功能均有一定的作用**　缺乏维生素 $B_2$ 时可引起口角炎、舌炎、阴囊炎、眼睑炎、畏光等症状。临床上用光照疗法治疗新生儿黄疸时，在破坏皮肤胆红素的同时，核黄素也遭到破坏，导致维生素 B 缺乏症的发生。

## 三、维生素 PP

### （一）化学本质、性质及来源

维生素 PP 中的 PP 即抗糙皮病维生素的英文缩写，包括烟酸（曾称尼克酸）和烟酰胺（曾称尼克酰胺），两者均为吡啶的衍生物，其结构式如下。维生素 PP 性质稳定，不易被酸、碱和加热破坏。

维生素 PP 广泛存在于动、植物组织中，以肉、鱼、酵母、谷类及花生中含量丰富；人体可以利用色氨酸合成少量的维生素 PP，但转化效率较低，不能满足人体需要。

### （二）生化功能及缺乏症

**1. 维生素 PP 的活性形式** 是烟酰胺腺嘌呤二核苷酸（NAD$^+$），也称为辅酶 I；烟酰胺腺嘌呤二核苷酸磷酸（NADP$^+$），也称为辅酶 II。两者结构式如下。NAD$^+$ 和 NADP$^+$ 中烟酰胺分子的吡啶氮为五价，能够可逆地接受电子变成三价，其对侧的碳原子性质活泼，能可逆地加氢或脱氢。烟酰胺每次可接受 1 个氢原子和 1 个电子（另一个质子游离于介质中）。

烟酰胺腺嘌呤二核苷酸（NAD$^+$）

烟酰胺腺嘌呤二核苷酸磷酸（NADP$^+$）

**2. NAD$^+$ 和 NADP$^+$ 的作用** NAD$^+$ 和 NADP$^+$ 上是生物体内多种不需氧脱氢酶的辅酶，在人体的生物氧化过程中起传递氢的作用，广泛参与体内各种代谢。维生素 PP 缺乏时可引起糙皮病，其典型症状是皮肤暴露部位的对称性皮炎、腹泻和痴呆。

**3. 长期以玉米为主食者易缺乏维生素 PP** 一方面因为玉米中色氨酸含量较低，影响烟酸合成；另一方面维生素 PP 在玉米中常以不宜被吸收的结合形式存在。抗结核药物异烟肼的结构与维生素 PP 十分相似，两者有拮抗作用，因此长期服用可引起维生素 PP 的缺乏。

**4. 烟酸作为临床药物用于治疗高脂血症** 由于烟酸能抑制脂肪动员，使肝中 VLDL 的合成下降，因此可降低血浆三酰甘油。但大量服用烟酸或烟酰胺（每天 1~6g）会引发血管扩张、脸颊潮红、痤疮及胃肠不适等症状。长期每天服用量超过 500mg 可引起肝损伤。

## 四、维生素 B$_6$

### （一）化学本质、性质及来源

维生素 B$_6$ 是吡啶的衍生物，包括吡哆醇、吡哆醛和吡哆胺 3 种形式，其结构式如下。维生素 B$_6$ 在酸中较为稳定，但易被碱破坏，中性环境中易被光破坏，高温下可迅速被破坏。维生素 B$_6$ 在动、植物中分布很广，麦胚芽、米糠、大豆、酵母、蛋黄、肝、肾、肉、鱼中及绿叶蔬菜中含量丰富。肠道细菌可合成维生素 $B_6$，但只有少量被吸收、利用。

吡哆醇　　　　　　　吡哆醛　　　　　　　吡哆胺

### （二）生化功能及缺乏症

**1. 维生素 $B_6$ 的活性形式是磷酸吡哆醛和磷酸吡哆胺**　它们是氨基转移酶的辅酶，两者通过相互转化，在氨基酸脱氨基过程中发挥转移氨基的作用。

**2. 磷酸吡哆醛是脱羧酶的辅酶**　氨基酸及其衍生物通过脱羧反应可生成重要的胺（多为神经递质）。谷氨酸脱羧生成的 $\gamma$ - 氨基丁酸是抑制性神经递质，所以临床上常用维生素 $B_6$ 治疗婴儿惊厥、妊娠呕吐和精神焦虑等。

**3. 磷酸吡哆醛是 $\delta$ - 氨基 - $\gamma$ - 酮戊酸（ALA）合酶的辅酶**　ALA 合酶是血红素合成的限速酶，因此，缺乏维生素 $B_6$ 可引起小细胞低色素性贫血和血清铁含量增高。

**4. 磷酸吡哆醛是同型半胱氨酸分解代谢酶的辅酶**　维生素 $B_6$ 缺乏时，同型半胱氨酸分解受阻，引起高同型半胱氨酸血症，可导致心脑血管疾病，如血栓生成、高血压、动脉硬化等。

**5. 异烟肼可与吡哆醛结合形成腙从尿中排出**　这会引起维生素 $B_6$ 缺乏症，故服用抗结核药异烟肼时要同时服用维生素 $B_6$。维生素 $B_6$ 可用于防治因大剂量服用异烟肼导致的中枢兴奋、周围神经炎和小细胞低色素性贫血等。

## 五、泛酸

### （一）化学本质、性质及来源

泛酸又称遍多酸，因广泛存在于自然界中分布而得名。泛酸是由二羟基二甲基丁酸借肽键与 $\beta$ - 丙氨酸缩合而成的有机酸，其结构式如下。肠道细菌亦可合成泛酸。泛酸在中性溶液中对热稳定，对氧化剂和还原剂也极为稳定，但易被酸、碱破坏。

泛酸

### （二）生化功能及缺乏症

**1. 泛酸是构成辅酶 A（CoA）和酰基载体蛋白（ACP）的组成成分**　CoA 的结构式如下。

辅酶A（CoA）

**2. CoA 及 ACP 是体内 70 多种酶的辅酶**  广泛参与糖、脂质、蛋白质代谢及肝的生物转化作用。CoA 携带酰基的部位在巯基（—SH）上，故常以 HSCoA 或 CoASH 表示。泛酸缺乏症很少见。

## 六、生物素

### （一）化学本质、性质及来源

生物素是由噻吩环和尿素结合形成的双环化合物，侧链是戊酸。自然界存在的生物素至少有两种：$\alpha$ - 生物素和 $\beta$ - 生物素。生物素为无色针状结晶，耐酸而不耐碱，常温稳定，高温或氧化剂可使其失活。

生物素在动、植物界分布广泛，如肝、肾、蛋黄、酵母、蔬菜、谷类中含量丰富。肠道细菌也能合成。

$\alpha$-生物素　　　　　　　　　　$\beta$-生物素

### （二）生化功能及缺乏症

生物素是体内多种羧化酶的辅基，参与体内 $CO_2$ 的固定过程，与糖、脂肪、蛋白质和核酸的代谢有密切关系。近年研究证明，生物素还参与细胞信号转导和基因表达，影响细胞周期、转录和 DNA 损伤的修复。

由于生物素来源广泛，人体肠道细菌也能合成，故很少出现缺乏症。新鲜鸡蛋清中有一种抗生物素蛋白，它能与生物素结合而导致生物素不能被吸收，蛋清加热后这种蛋白质遭破坏而失去作用。长期吃生鸡蛋或使用抗生素可造成生物素的缺乏，主要症状是疲乏、恶心、呕吐、食欲不振、皮炎及脱屑性红皮病等。

## 七、叶酸

### （一）化学本质、性质及来源

叶酸又称蝶酰谷氨酸（PGA），由 2 - 氨基 - 4 - 羟基 - 6 - 甲基蝶啶、对氨基苯甲酸（PABA）和 L - 谷氨酸 3 部分组成，其结构式如下。叶酸为黄色结晶，在酸性溶液中不稳定，在中性及碱性溶液中耐热，对光照敏感。

2-氨基-4-羟基-6-甲基蝶啶　　对氨基苯甲酸（PABA）　　　　L-谷氨酸

叶酸

叶酸因在绿叶中含量丰富而得名，在肝、酵母、水果中含量也丰富，肠道细菌也可合成。

### （二）生化功能及缺乏症

**1. 叶酸的活性形式是四氢叶酸（THFA 或 $FH_4$）**  在体内，叶酸被二氢叶酸还原酶还原为 $FH_2$，再进一步还原为 5,6,7,8 - $FH_4$，反应过程需要 $NADPH + H^+$ 和维生素 C 参与。

**2. $FH_4$ 是体内一碳单位转移酶的辅酶**  分子中 $N^5$ 和 $N^{10}$ 是一碳单位结合的部位，一碳单位在体内参与嘌呤、嘧啶的合成及甲硫氨酸循环等，与蛋白质和核酸代谢及红细胞、白细胞成熟有关。

叶酸缺乏时，骨髓幼红细胞 DNA 合成减少，细胞分裂速度降低，细胞体积增大，造成巨幼细胞贫血；可引起 DNA 低甲基化，增加某些癌症（如结肠、直肠癌）的风险；还可影响同型半胱氨酸甲基化生成甲硫氨酸，引起高同型半胱氨酸血症，增加动脉粥样硬化、血栓生成和高血压的风险性。

因叶酸在食物中含量丰富，肠道细菌也能合成，一般不发生缺乏症。孕妇及哺乳期妇女因代谢较旺盛，所以应适量补充叶酸。口服避孕药或抗惊厥药能干扰叶酸的吸收及代谢，如长期服用时应考虑补充适量叶酸。

## 八、维生素 $B_{12}$

### （一）化学本质、性质及来源

维生素 $B_{12}$ 结构中含有金属元素钴和氨基，故又称为钴胺素，是唯一含有金属元素的维生素，其结构式如下。维生素 $B_{12}$ 在体内因结合的基团不同，可有多种存在形式，如羟钴胺素、氰钴胺素、甲钴胺素、5′-脱氧腺苷钴胺素等，后两者是维生素 $B_{12}$ 的活性形式，也是血液中存在的主要形式。

维生素 $B_{12}$

肝、肾、瘦肉、鱼及蛋类食物中的维生素 $B_{12}$ 含量较高，肠道细菌也能合成。

### （二）生化功能及缺乏症

**1. 甲钴胺素是 $N^5$—$CH_3$—$FH_4$ 甲基转移酶（甲硫氨酸合成酶）的辅酶**　参与甲基的转移，甲硫氨酸合成酶催化同型半胱氨酸甲基化生成甲硫氨酸。维生素 $B_{12}$ 缺乏时，$N^5$—$CH_3$—$FH_4$ 的甲基不能转移出去，一方面引起甲硫氨酸合成减少，造成高同型半胱氨酸血症，增加动脉硬化、血栓生成和高血压的危险性；另一方面影响 $FH_4$ 的再生，使组织中游离的 $FH_4$ 含量减少，一碳单位的代谢受阻。一碳单位是核苷酸合成的原料，其代谢受阻会导致核酸合成障碍，产生巨幼细胞贫血。

**2. 5′-脱氧腺苷钴胺素是 L-甲基丙二酰辅酶 A 变位酶的辅酶**　该酶催化 L-甲基丙二酰辅酶 A 转变为琥珀酰辅酶 A。维生素 $B_{12}$ 缺乏时，L-甲基丙二酰辅酶 A 大量堆积。因 L-甲基丙二酰辅酶 A 的结构与脂肪酸合成的中间产物丙二酰辅酶 A 相似，因而能影响脂肪酸的正常合成。脂肪酸合成的异常可以影响神经髓鞘的转换，造成髓鞘质变性退化，引发进行性脱髓鞘。所以维生素 $B_{12}$ 在临床上用于营养神经。

正常膳食者很少发生维生素 $B_{12}$ 缺乏症，但偶见于有严重吸收障碍疾患的患者及长期素食者。但维生素 $B_{12}$ 的吸收需要一种由胃腺壁细胞分泌的高度特异的糖蛋白（内因子）和胰腺分泌的胰蛋白酶参与，故胃和胰腺功能障碍时可引起维生素 $B_{12}$ 的缺乏。

## 九、硫辛酸

### （一）化学本质、性质及来源

硫辛酸的化学结构是一个含硫的八碳酸，以氧化型和还原型两种形式存在，结构式如下。氧化型在 6、8 位上由二硫键相连，还原型二硫键断开，形成两个巯基，故又称 6,8-二氢硫辛酸。

硫辛酸（氧化型）　　　　　二氢硫辛酸（还原型）

硫辛酸不溶于水，而溶于有机溶剂，故有人将其归为脂溶性维生素。在食物中常和维生素 $B_1$ 同时存在。

### （二）生理功能及缺乏症

二氢硫辛酸是二氢硫辛酸乙酰转移酶的辅酶，参与糖代谢中 $\alpha$-酮酸的氧化脱羧作用。硫辛酸很容易进行氧化还原反应，故可保护巯基酶免受金属离子的损害，此外还具有抗脂肪肝和降低血胆固醇的作用。

目前尚未发现人类有硫辛酸的缺乏症。

## 十、维生素 C

### （一）化学本质、性质及来源

维生素 C 又称 L-抗坏血酸，是 L 型己糖的衍生物。抗坏血酸分子中 $C_2$ 与 $C_3$ 羟基可以氧化脱氢生成氧化型抗坏血酸，后者可接受氢再还原成抗坏血酸，两者之间的转换过程如下。

L-抗坏血酸　　　　　　氧化型抗坏血酸

维生素 C 呈酸性，对碱和热不稳定，烹饪不当可引起维生素 C 大量丧失。维生素 C 广泛存在于新鲜的蔬菜和水果中。植物中的抗坏血酸氧化酶能将维生素 C 氧化灭活为二酮古洛糖酸，所以久存的水果和蔬菜中维生素 C 含量大量减少。

### （二）生理功能及缺乏症

**1. 促进胶原蛋白的生成**　胶原是骨、毛细血管和结缔组织的重要构成成分，维生素 C 缺乏时成熟的胶原分子合成减少，可导致坏血病，表现为毛细血管脆性增加，易破裂、牙龈出血腐烂、牙齿松动、骨折以及创伤不易愈合等症状。由于机体可储存一定量的维生素 C，所以坏血病的症状常在维生素 C 缺乏 3~4 个月后出现。

**2. 参与胆固醇转化成胆汁酸的过程**　胆固醇转变为胆汁酸时，首先羟化生成 $7\alpha$-羟胆固醇，维生素 C 是催化这一反应的 $7\alpha$-羟化酶的辅酶。故维生素 C 缺乏时可影响胆固醇的转化，引起体内胆固醇增多，成为动脉粥样硬化的危险因素。

**3. 参与芳香族氨基酸的代谢**　维生素 C 参与酪氨酸羟化、脱羧生成对羟苯丙酮酸的反应及形成尿黑酸的反应，维生素 C 缺乏时，尿中出现大量对羟苯丙酮酸。维生素 C 还参与酪氨酸转变为儿茶酚胺，色氨酸转变为 5 – 羟色胺的反应。

**4. 参与肉碱合成**　体内肉碱合成过程需要依赖维生素 C 的羟化酶。维生素 C 缺乏时，由于脂肪酸 β 氧化减弱，患者往往出现倦乏力。

**5. 保护细胞膜及酶的巯基**　维生素 C 在谷胱甘肽还原酶的作用下，使氧化型谷胱甘肽（GSSG）还原为还原型谷胱甘肽（GSH），还原型谷胱肽对保护生物膜中含巯基的蛋白质与酶等不被氧化、维持生物膜的完整性具有重要作用。

**6. 抗氧化作用**　维生素 C 能使红细胞中的高铁血红蛋白（MHb）还原为血红蛋白（Hb），恢复其运输氧的能力。维生素 C 还能使 $Fe^{3+}$ 还原为易被肠黏膜细胞吸收的 $Fe^{2+}$，有利于食物中铁的吸收。

**7. 提高人体免疫力**　维生素 C 能增加淋巴细胞的生成，提高吞噬细胞的吞噬能力，促进免疫球蛋白的合成，故能提高机体免疫力。

## 目标检测

答案解析

### 一、选择题

1. 下列不属脂溶性维生素的是（　　）
   A. 维生素 A　　　　　　　B. 维生素 B　　　　　　C. 维生素 D
   D. 维生素 E　　　　　　　E. 维生素 K

2. 下列关于维生素的叙述，正确的是（　　）
   A. 维生素是一类高分子有机化合物
   B. 维生素每天需要量约数克
   C. B 族维生素的主要作用是构成辅酶或辅基
   D. 维生素参与机体组织细胞的构成
   E. 维生素主要在机体合成

3. 维生素 $B_6$ 的活性形式是（　　）
   A. $NAD^+$　　　　　　　　B. $NADP^+$　　　　　　C. 磷酸吡哆醛
   D. TPP　　　　　　　　　E. FAD

4. 人类缺乏维生素 C 时可引起（　　）
   A. 坏血病　　　　　　　　B. 佝偻病　　　　　　　C. 脚气病
   D. 癞皮病　　　　　　　　E. 贫血症

5. 可引起成人软骨病的维生素是（　　）
   A. 维生素 D　　　　　　　B. 维生素 $B_6$　　　　　C. 叶酸
   D. 维生素 K　　　　　　　E. 维生素 A

6. 长期食用生鸡蛋可导致缺乏（　　）
   A. 叶酸　　　　　　　　　B. 维生素 $B_{12}$　　　　C. 泛酸
   D. 维生素 K　　　　　　　E. 生物素

7. FAD 是何种维生素的活性形式（　　）

A. 维生素 B$_1$　　　　　B. 维生素 B$_6$　　　　　C. 维生素 C

D. 维生素 B$_2$　　　　　E. 维生素 B$_{12}$

8. TPP 中含有的维生素是（　　）

A. 维生素 B$_1$　　　　　B. 生物素　　　　　C. 叶酸

D. 维生素 K$_1$　　　　　E. 泛酸

9. 叶酸的活性形式是（　　）

A. TPP　　　　　B. FH$_4$　　　　　C. 生物素

D. 甲钴胺素　　　　　E. 磷酸吡哆醛

## 二、思考题

按溶解性质分类，可将维生素分为哪两大类？各包含哪些维生素？

（舒　盼）

### 书网融合……

本章小结　　　　　微课　　　　　题库

# 第四章　酶

PPT

## 学习目标

1. 通过本章学习，重点把握酶的概念；酶的化学本质；酶的分子组成；酶的活性中心；酶原及酶原激活的生理意义；同工酶；酶催化作用的特点；酶促反应的机制；影响酶促反应速率的因素。

2. 学会运用酶的相关知识分析临床案例，如磺胺类药物的运用、有机磷中毒的生化机制、急性胰腺炎发生的机制等；养成健康饮食的生活习惯；具备勇于探索，求真务实的能力。

## 情境导入

**情景描述**　患者，女性，45 岁，农民。因误食敌百虫（有机磷农药）约 100ml，出现头晕、恶心、呕吐等症状。体格检查：体温 37.1℃，脉搏 85 次/分，呼吸 30 次/分，血压 115/65mmHg，神志模糊，刺激反应差，急性病容，光敏，唇无发绀，呼吸急促，口吐白沫，双肺湿性啰音，腹平软。治疗方法：催吐洗胃，硫酸镁导泻，阿托品和解磷定静脉注射。患者病情逐渐稳定。

**讨论**　1. 该患者发病的原因是什么？
2. 解磷定为何可以治疗有机磷中毒？其生化原理是什么？

新陈代谢是生物体生命活动的基本特征。生物体内各种复杂而有规律的化学反应都在有条不紊地进行着，几乎所有的化学反应都是在特异的生物催化剂催化下进行的。迄今为止，人们已经发现两类生物催化剂：一类是酶，其化学本质是蛋白质，是机体内各类物质代谢反应所必需的最主要催化剂；另一类是核酶，是近年来发现的具有特异催化作用的核糖核酸。

生物体的生命活动所需的能量来自机体内各种物质的代谢，物质代谢过程是在酶的催化作用下进行的，酶的活性大小控制了物质代谢的速度和方向。酶的含量和活性受控于机体的需要，同时又受许多外界因素的影响。人体的许多疾病与酶异常密切相关，许多药物也通过对酶的影响达到治疗目的。随着酶学研究的深入，其成果必然对人类健康及生产实践做出更大的贡献。

## 第一节　概　述

### 一、酶的概念

酶是由活细胞产生的、能与特异底物结合、具有催化作用的生物催化剂。酶所催化的化学反应称为酶促反应，被酶催化的物质称为底物，生成的物质称为产物。酶所具有的催化能力称为酶活性。酶若失去催化能力称为酶失活。酶的催化活性有高低之分，将某一代谢途径中，活性最低，限制整个途径反应速率的酶，称为限速酶。在代谢中，催化不可逆反应且能被调控的酶称为关键酶，限速酶常是关键酶，在一个代谢过程中，限速酶只有一个，关键酶常有多个。对关键酶活性和含量的调节势必影响或控制代谢途径的代谢速度。

人体内的酶是蛋白质，因此同样具有一、二、三级以及四级结构。根据酶蛋白分子结构与功能的不同，酶可以分为单体酶、寡聚酶、多酶复合物及多功能酶。只由一条多肽链构成的酶称为单体酶，如溶菌酶；由两个或两个以上亚基构成的酶称为寡聚酶，这些亚基可以相同，也可以不同，如 3 - 磷酸甘油醛脱氢酶；一些代谢常常由多个酶催化，这些酶常通过非共价键彼此嵌合聚合在一起形成复合物，称为多酶复合物，如丙酮酸脱氢酶复合物；某些多酶复合物在进化过程中由于基因融合，最终形成了一种酶，但是却具有多种不同催化功能，称之为多功能酶，如脂肪酸合酶在微生物中为多酶复合物，而在哺乳动物中为多功能酶。

## 二、酶催化作用的特点

酶是生物催化剂，具有一般催化剂的共同特点。它在化学反应前后都没有质和量的改变；微量的催化剂可发挥巨大的催化作用；它只能催化热力学上允许进行的化学反应；它只能加速反应的进程，而不能改变反应的平衡点。但是，酶是蛋白质，与一般催化剂相比，作为生物催化剂，除具有一般化学催化剂所没有的生物大分子特性外，还具有以下特点。

### （一）酶促反应具有极高的催化效率

酶的催化效率极高，酶的催化效率通常比非催化反应高 $10^8$ ~ $10^{20}$ 倍，比一般催化剂高 $10^7$ ~ $10^{13}$ 倍。如脲酶催化尿素的水解速度是 $H^+$ 催化作用的 $7 \times 10^{12}$ 倍；$\alpha$ - 胰凝乳蛋白酶对苯酰胺的水解速度是 $H^+$ 的 $6 \times 10^6$ 倍。因此，机体能够在 37℃ 近中性的环境下每分钟发生几百万次化学反应。酶和一般催化剂加速化学反应的机制都是能降低反应中所需要的活化能。任何一种热力学允许的反应体系中，底物分子所含能量的平均水平都较低，在反应的瞬间，只有那些能量较高、达到或超过一定能量水平的底物分子才有可能发生化学反应，这种能进行化学反应的底物分子称为活化分子。活化分子所具有的高出底物分子平均水平的能量称为活化能，活化能即能使底物分子从初态转变为活化态所需的能量。反应体系中活化分子越多，反应速率越快。酶作为一种高效的生物催化剂，比一般催化剂更能有效降低反应所需要的活化能，使底物分子只需要较少的能量即可进入活化状态。

### （二）酶促反应具有高度的特异性

与一般催化剂不同，酶对其所催化的反应和底物都具有较严格的选择性。酶往往只能催化一种或一类化合物；或作用于一种或一类化学键。酶对底物的这种选择特性称为酶的特异性或专一性。而一般催化剂没有这样严格的选择性。根据酶对其底物选择的严格程度不同，酶的特异性可大致分为以下 3 种情况。

**1. 绝对特异性** 酶只能作用于一种特定结构的底物，催化一种专一的反应，生成一种特定结构的产物，这种特异性称为绝对特异性。如琥珀酸脱氢酶只能催化琥珀酸脱氢生成延胡索酸；脲酶只能催化尿素水解成 $CO_2$ 和 $NH_3$，而对与尿素结构相似的物质，如甲基尿素则无催化作用。

**2. 相对特异性** 有一些酶的专一性相对较差，这种酶可以作用于一类化合物或一种化学键，这种不太严格的选择性称为相对特异性。如磷酸酶对多种磷酸酯都有水解作用，因为磷酸酶选择的是磷酸酯键。蛋白酶能水解各种类型的蛋白质，因为蛋白酶选择的是肽键。蔗糖酶不仅能水解蔗糖，也能水解棉子糖中的同一糖苷键。

**3. 立体异构特异性** 有些酶具有立体异构特异性，仅选择立体异构体中的一种起催化作用，称为立体异构特异性。如乳酸脱氢酶仅催化 L - 乳酸脱氢，而不作用于 D - 乳酸。L - 氨基酸氧化酶仅作用于 L - 氨基酸，对 D - 氨基酸则无作用。

### （三）酶促反应的可调节性

酶促反应受多种因素（如底物、产物和激素等）的调控，以适应机体对不断变化的内外环境和生命活动的需要。细胞内酶的调节包括酶含量的调节和酶活性的调节。可通过合成或降解酶蛋白来调节酶的浓度，也可通过多种方式调节酶的活性，如通过激素调节酶活性；反馈抑制调节酶活性；抑制剂和激活剂调节酶活性；通过别构调节、酶原激活、酶的可逆共价修饰调节。其中，有的可提高酶的活性，有的抑制酶的活性，从而使体内各种化学反应有条不紊、协调地进行。

### （四）酶具有不稳定性

酶的化学本质是蛋白质，因此，凡是能使蛋白质变性的物理、化学因素，如强酸、强碱、重金属盐、有机溶剂、温度、紫外线、剧烈震荡等都可以使酶活性发生改变，甚至使酶活性丧失。因此，酶促反应往往都是在常温、常压和接近中性的条件下进行的。

## 三、酶的分类和命名

### （一）酶的分类

根据国际酶学委员会规定，按照酶催化反应的性质不同，可将酶分为以下 6 类。

**1. 氧化还原酶类**　催化底物进行氧化还原反应的酶，如细胞色素氧化酶、琥珀酸脱氢酶、过氧化氢酶、乳酸脱氢酶等，可分为氧化酶和脱氢酶两类。

**2. 转移酶类**　催化底物分子之间某些基团转移或交换的酶，如甲基转移酶、氨基转移酶、乙酰基转移酶等。

**3. 水解酶类**　催化底物水解的酶，如淀粉酶、蛋白酶、脂肪酶、磷酸酶等。

**4. 裂合酶类**　催化底物移去一个基团而形成双键的反应或其逆反应的酶，包括醛缩酶、柠檬酸合酶、碳酸酐酶等水化酶及脱氨酶等。

**5. 异构酶类**　催化各种同分异构体间相互转化的酶，如磷酸丙糖异构酶、消旋酶等。

**6. 连接酶类**　催化两分子底物合成一分子化合物，同时偶联有 ATP 的磷酸键断裂释能的酶，如谷氨酰胺合成酶、酪氨酸合成酶等。

国际酶学委员会除按上述 6 类将酶依次编号外，还根据酶所催化化学键的特点和参加反应的基团不同，将每一类进一步分为亚类、亚 - 亚类。每个酶的分类编号都由 4 个数字组成，数字前冠以 EC（enzyme commission）。EC 为酶学委员会缩写，编号中第一个数字表示酶属于 6 大类中的哪一类；第二个数字表示酶属于哪一亚类；第三个数字表示亚 - 亚类；第四个数字是酶在亚 - 亚类中的排序。如乳酸脱氢酶的编号为 EC1. 1. 1. 27。

### （二）酶的命名

在发现和确认酶的过程中，发现者通常按照自己的喜好为酶命名，因而形成了许多习惯名称。但有的习惯名称完全不能说明酶促反应的本质。为了克服习惯名称的弊端，国际酶学委员会以酶的分类为依据，提出了系统命名法。

**1. 习惯命名法**　1961 年以前使用的酶的名称都是习惯沿用，称为习惯名。习惯命名法的原则如下。

（1）根据酶所催化的底物命名，如水解淀粉的酶叫淀粉酶，水解蛋白质的酶叫蛋白酶。

（2）根据酶催化反应的性质及类型命名，如水解酶、氨基转移酶、脱氢酶等。

（3）结合上述两个方面命名，如乳酸脱氢酶、谷氨酸氨基转移酶。但是水解酶类的"水解"二字可以省略，如蛋白水解酶称为蛋白酶。

（4）有时还加上酶的来源或酶的其他特点，如胃蛋白酶、碱性磷酸酶等。

**2. 系统命名法**　1961 年，国际酶学委员会制定了酶的系统命名法。系统命名法应明确标明酶的底物及催化反应的性质。如果一种酶催化两个底物，则在两底物之间用冒号隔开，如乙醇脱氢酶（习惯名称）的系统名称为"乙醇：$NAD^+$ 氧化还原酶"。

# 第二节 酶的结构与功能

## 一、酶的分子组成与活性中心

### （一）酶的分子组成

根据酶的分子组成，酶可分为单纯酶和结合酶两大类。单纯酶是仅由一条多肽链组成的酶，如脲酶、蛋白酶、脂肪酶、淀粉酶、核糖核酸酶等。结合酶由蛋白质部分和非蛋白质部分组成，其催化作用依赖于两部分的共同参与，如氨基转移酶、乳酸脱氢酶等。生物体内大多数酶都是结合酶类，其蛋白质部分称为酶蛋白，非蛋白质部分称为辅因子。酶蛋白与辅因子结合形成全酶，单独的酶蛋白或单独的辅因子均无催化活性，只有两者结合形成全酶时才有催化活性。

辅因子通常有无机金属离子和小分子有机化合物两大类物质。金属离子是最常见的辅因子，已发现 2/3 的酶需要金属离子，如 $K^+$、$Na^+$、$Mg^{2+}$、$Cu^{2+}$、$Zn^{2+}$、$Fe^{2+}$ 等。金属离子在酶促反应中的作用：与酶蛋白结合，稳定其构象；在酶的催化过程中起传递电子的作用；介导底物和酶蛋白的结合，起桥梁作用；中和阴离子，降低酶催化过程中的电荷排斥。

作为辅因子的小分子有机化合物主要是维生素或维生素的衍生物，其主要作用是在酶的催化过程中起传递电子、质子或一些化学基团的作用，常见小分子有机化合物辅因子及其功能见表 4 - 1。

表 4 - 1 某些辅因子在催化中的作用

| 被转移基团 | 辅酶或辅基 | 所含的维生素 |
|---|---|---|
| 氢原子（质子） | $NAD^+$（烟酰胺腺嘌呤二核苷酸，辅酶 I ） | 维生素 PP（烟酰胺） |
| 氢原子（质子） | $NADP^+$（烟酰胺腺嘌呤二核苷酸磷酸，辅酶 II ） | 维生素 PP（烟酰胺） |
| 氢原子（质子） | FMN（黄素单核苷酸） | 维生素 $B_2$（核黄素） |
| 氢原子（质子） | FAD（黄素腺嘌呤二核苷酸） | 维生素 $B_2$（核黄素） |
| 氢原子 | 硫辛酸 | 硫辛酸 |
| 醛基 | TPP（焦磷酸硫胺素） | 维生素 $B_1$（硫胺素） |
| 酰基 | 辅酶 A | 泛酸 |
| 烷基 | 钴胺素辅酶类 | 维生素 $B_{12}$ |
| 二氧化碳 | 生物素 | 生物素 |
| 氨基 | 磷酸吡哆醛，磷酸吡哆胺 | 维生素 $B_6$ |
| 一碳单位 | 四氢叶酸 | 叶酸 |

辅因子按其与酶蛋白结合的紧密程度与作用特点不同，可分为辅酶和辅基。辅酶与酶蛋白结合疏松，可以通过透析或者超滤的方法与酶蛋白分离；辅基与酶蛋白结合紧密，不能透过透析或者超滤的方法除去。

生物体内酶的种类很多，而辅酶（辅基）种类较少，通常一种酶蛋白只能结合一种辅因子，而一种辅因子常常可与多种不同的酶蛋白结合，形成不同的酶。在酶促反应中，酶蛋白决定酶所结合的底物类型，决定酶促反应的特异性。辅因子则主要参与酶的催化过程，决定酶促反应的类型和性质。

### （二）酶的活性中心

酶分子中氨基酸残基的侧链具有许多不同的化学基团，只有少数化学基团与酶的催化活性有关，我们把这些与酶活性密切相关的化学基团称为酶的必需基团。如氨基、羧基、羟基、咪唑基、巯基等可以作为酶的必需基团。这些必需基团在一级结构上可能相距很远，甚至位于不同的肽链上，但在空间结构上彼此靠近，组成具有特定空间结构的区域，能与底物特异地结合并将底物转化为产物，这一区域称为酶的活性中心或活性部位。酶的活性中心是一个局部的空间区域，通常在酶蛋白表面形成一个裂缝或袋状结构，容纳、结合底物并起催化作用。

酶活性中心内的必需基团按功能不同，分为结合基团和催化基团两种。结合基团的作用是与底物相结合，使之与酶形成酶底物复合物；催化基团的作用则是影响复合物底物中某些化学键的稳定性，催化底物发生化学反应，并将其转变成产物。组氨酸残基的咪唑基、丝氨酸残基的羟基、半胱氨酸残基的巯基以及谷氨酸残基的$\gamma$-羧基是构成酶活性中心的常见基团。还有些必需基团并不参与活性中心的构成，但对于维持酶活性中心的空间结构所必需，或作为调节剂的结合部位，被称为活性中心外的必需基团（图4-1）。

图4-1 酶的活性中心

## 二、酶的作用机制

### （一）酶-底物复合物的形成与诱导契合学说

酶在发挥催化作用之前，必须先与底物密切结合。酶与底物结合形成中间产物：酶-底物复合物，然后，酶-底物复合物分解，生成产物并释放酶。

$$E + S \Longleftrightarrow ES \longrightarrow S + P$$

酶-底物相互结合的机制有两种学说：一种是钥匙-锁学说，认为底物和酶的关系就像钥匙和锁一样，该学说很好地解释了酶促反应的专一性，但它不能解释反应的可逆性；另一种是诱导契合学说，认为酶分子活性中心的构象与底物并不吻合，当底物分子与酶接近时，其结构相互诱导、相互变形和相互适应，进而相互结合，这一过程称为酶-底物结合的诱导契合（图4-2）。酶在底物的诱导下，其活性中心进一步形成；底物在酶的诱导下，转化为不稳定的过渡态，易受酶的催化攻击，进而转变为产物。目前更倾向于酶的诱导契合学说，X射线晶体结构分析有力支持了该学说，证明酶与底物结合时确有显著的构象变化。

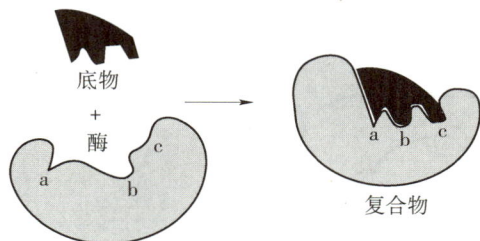

图4-2 酶与底物的诱导契合

### （二）邻近效应与定向排列

在酶促反应中，底物与酶结合形成复合物，使反应部位相互靠近，同时使反应部位具有有利于反应的正确排列趋向，有利于反应进行，这种现象称为邻近效应和定向排列。邻近效应与定向排列实际上是将分子间的反应变成类似分子内的反应，从而提高反应速率。

### （三）表面效应

酶活性中心多为疏水性"口袋"，内部富含疏水基团，排除了溶剂分子对催化作用的影响，这种现象称为表面效应。底物与酶的反应常在酶分子内部疏水环境中进行，疏水环境可排除高极性的水分子对酶和底物的干扰性吸引或排斥，防止在底物和酶之间形成水化膜，利于底物与酶分子密切接触和结合，促进底物向产物的转变。

### （四）多元催化

酶的催化作用的机制较为复杂，可总结为以下 3 种。

**1. 酸碱催化**　酶是两性电解质，酶活性中心的必需基团可作为酸（质子的供体），有些必需基团可作为碱（质子的受体），这些必需基团参与催化过程中质子的转移，可使催化效率提高 $10^2 \sim 10^5$ 倍，这种催化机制称为酸碱催化。

**2. 共价催化**　酶活性中心的必需基团可以与底物形成瞬间的共价键而将底物激活，并很容易进一步解离成产物和游离的酶，这种催化机制称为共价催化。

**3. 亲核亲电子催化**　酶活性中心的必需基团可作为核（结合底物的电子），有些必需基团可作为电子（结合底物的核），这些必需基团参与催化过程中电子的转移，这种催化机制称为亲核亲电子催化。

在酶促反应过程中，一种酶可采用其中的一种催化机制，也可以同时采用多种催化机制，故称为多元催化。

## 三、酶原与酶原的激活 e 微课

有些酶在细胞内合成或初分泌时不具有生物活性，但是分泌后在适当的部位和条件下转变成有活性的酶。这种无活性的酶的前体称为酶原。酶原之所以没有活性，是因为酶原没有酶的活性中心或者是酶的活性中心被掩盖在酶分子内部，不能与底物结合。酶原在一定条件下转变为有活性酶的过程称为酶原的激活。酶原的激活是酶活性中心形成或暴露的过程。如胰蛋白酶、胰凝乳蛋白酶、羧肽酶、弹性蛋白酶在初分泌时都是以无活性的酶原形式存在，必须在一定条件下水解掉一个或几个短肽，构象发生变化后才能转化成相应的有活性的酶。胰蛋白酶原在胰腺细胞分泌时并无活性，其随胰液进入小肠后，在肠激酶作用下，在 $Ca^{2+}$ 存在的条件下，第 6 位赖氨酸残基与第 7 位异亮氨酸残基之间的肽键被切断，自 N 端水解掉一个六肽，酶分子构象发生改变，酶蛋白多肽链重新折叠形成酶的活性中心，变为有活性的胰蛋白酶（图 4-3）。胰蛋白酶原被肠激酶激活后，生成的胰蛋白酶可以激活更多的胰蛋白酶原转变为有活性的胰蛋白酶。除消化道的蛋白酶外，血液中有关凝血和纤维蛋白溶解的酶类，生理条件下均以酶原的形式存在。

图 4-3　胰蛋白酶原激活过程

酶原和酶原的激活具有重要的生理意义。首先，酶原形式是物种进化过程中出现的一种自我保护现象。某些酶以酶原的形式合成或分泌，只在特定的部位、环境和特定的条件下才被激活，表现出酶的活性，如胰腺分泌的蛋白酶原，正常情况下以酶原形式被合成或分泌，可以避免胰腺组织细胞本身受蛋白酶的水解破坏，当分泌进入肠道后再被激活而发挥水解蛋白质的作用。如果胰蛋白酶在胰腺组织被异常激活，则会造成对胰腺组织的破坏作用，这就是急性胰腺炎发生的重要原因。其次，酶原还可以看作酶的储存形式，如凝血酶和纤维蛋白溶解酶类以酶原形式在血液循环系统中运行，保证血液循环的通畅，一旦血管破损，血管周围的凝血酶原便可立即被激活转化为有活性的酶，促进血液凝固，堵塞伤口，防止大量失血，发挥其对机体的保护作用。

### 素质提升

#### 急性胰腺炎

急性胰腺炎是一种常见的疾病，是多种病因导致胰酶在胰腺内被激活引起胰腺组织自身消化、水肿、出血甚至坏死的炎症反应，临床以急性上腹痛、恶心、呕吐、发热和血胰酶增高等为特点，临床症状轻重不一，轻者胰腺水肿，表现为腹痛、恶心、呕吐等，重者胰腺发生坏死或出血，可出现休克和腹膜炎。正常胰腺能分泌十几种酶，其中以胰淀粉酶、蛋白酶、脂肪酶等为主，这些酶正常情况下多以酶原的形式存在于胰腺细胞内，当胰腺在各种致病因素作用下，其自身消化的防卫作用被削弱，加之胰腺细胞受损，释放出溶酶体水解酶，使本应在肠道被激活的胰蛋白酶原和糜蛋白酶原等在胰腺内被激活，这样不仅使胰腺组织细胞受到破坏，产生胰腺坏死，而且被激活的酶还进入血液造成严重后果。预防急性胰腺炎首先要避免或消除胆道疾病，其次注意不要大量饮酒和暴饮暴食，避免上腹部损害等，急性胰腺炎患者要注意进食种类，避免吃甜食和油腻食品，不要过早下地活动，不要过早进食和饮水，不宜过早拔出胃肠减压管，护理人员护理急性胰腺炎患者时要注意保持患者呼吸道畅通，尽早建立有效的静脉通路，积极采取保证安全及治疗的用药措施。

## 四、同工酶

1959 年，Market 首次用电泳分离法发现了动物乳酸脱氢酶（LDH）具有多种形式，并提出了同工酶的概念。同工酶是指能催化相同的化学反应，而酶蛋白的分子结构、理化性质乃至免疫学性质均不相同的一组酶。同工酶是生物长期进化过程中基因分化的产物，其产生有两种方式：①由不同基因或等位基因编码的多肽链产生的同工酶，但是这些不同的基因有共同的祖先基因；②由同一基因转录生成的不同 mRNA 翻译的不同多肽链形成的同工酶。同工酶分布在同一生物的不同组织器官中或在同一生物细胞的不同亚细胞结构中。各种同工酶的同工酶谱在胎儿发育中有其规律性的变化，可作为发育过程中各组织代谢分化的一项重要指标。同工酶在酶学、生物学和医学中均占有重要地位。

现已发现百余种酶具有同工酶，包括乳酸脱氢酶、己糖激酶、丙酮酸脱氢酶、肌酸激酶、碱性磷酸酶等，其中发现最早、研究最多的同工酶是乳酸脱氢酶。该酶是四聚体，该酶的亚基有两型：富含酸性氨基酸的心肌型（H 型）和富含碱性氨基酸的骨骼肌型（M 型）。这两型亚基以不同的比例组成 5 种同工酶：$LDH_1$（$H_4$）、$LDH_2$（$H_3M$）、$LDH_3$（$H_2M_2$）、$LDH_4$（$HM_3$）、$LDH_5$（$M_4$）（图 4-4）。由于分子结构上的差异，这 5 种同工酶在碱性溶液中电泳时，电泳速率从 $LDH_1$ 到 $LDH_5$ 依次递减。5 种同工酶都可以催化乳酸和丙酮酸之间的可逆反应。

LDH 同工酶在不同组织器官中的含量和分布比例不同，从而形成各组织特有的同工酶谱（表4-2），心脏中以 $LDH_1$ 为主，而肝中以 $LDH_5$ 为主，这使不同的组织与细胞具有不同的代谢特点。当某一组织发生病变时，可以使某种同工酶释放入血，导致血清同工酶谱的改变。

图 4-4 乳酸脱氢酶（LDH）同工酶

●为 H 亚基；○为 M 亚基

表 4-2　人体各组织器官 LDH 同工酶谱（活性%）

| 组织器官 | LDH₁ | LDH₂ | LDH₃ | LDH₄ | LDH₅ |
|---|---|---|---|---|---|
| 心肌 | 73 | 24 | 3 | 0 | 0 |
| 肾 | 43 | 44 | 12 | 1 | 0 |
| 肝 | 2 | 4 | 11 | 27 | 56 |
| 骨骼肌 | 0 | 0 | 5 | 16 | 79 |
| 红细胞 | 43 | 44 | 12 | 1 | 0 |

由于同工酶分子结构和理化性质有差异，故采用电泳的技术可以将同工酶分离。同工酶的测定已应用于临床实践。当某组织发生疾病时，可能有某种特殊的同工酶释放出来，同工酶谱的改变有助于对疾病的诊断。如当急性心肌梗死或心肌细胞受损时，细胞内的 $LDH_1$ 释放入血，血清中 $LDH_1$ 升高；急性肝炎患者血清中 $LDH_5$ 含量明显升高。肌酸激酶（CK）是二聚体酶，其亚基有 M 型（肌型）和 B 型（脑型），脑中含 $CK_1$（BB 型），骨骼肌中含 $CK_3$（MM 型），心肌中含 $CK_2$（MB 型）。测定血清 $CK_2$ 活性对于早期诊断心肌梗死有一定意义。再如，血清碱性磷酸酶同工酶的变化在临床上可用于相应疾病的诊断。

## 五、酶的调节

物质代谢由许多代谢途径组成。代谢途径就是一系列连续的酶促反应过程。正常情况下代谢途径的速度和方向受到精细地调控，能适应内外环境的变化有条不紊地进行。改变酶的活性与酶的含量是生物体内对酶调节的主要方式，其中酶活性的调节有别构调节和化学修饰调节。

### （一）酶活性的调节

**1. 别构调节**　有些酶分子除了有催化部位活性中心外，还有调节部位。调节部位与某些小分子化合物结合，引起酶构象改变，进而改变酶的活性，这种调节方式称为酶的别构调节（也称为变构调节），这种酶称为别构酶（也称变构酶），导致别构调节的化合物称为别构剂（也称为变构剂）。酶的别构调节是体内快速调节的一种方式。

别构酶通常是由多个亚基组成的寡聚酶。其中与底物结合起催化作用的亚基称为催化亚基；与别构剂结合起调节作用的亚基称为调节亚基；也有的酶为单体酶，但具有催化部位和调节部位。别构剂可与调节部位结合，改变酶的构象，调节酶的活性。别构剂通过非共价键与调节亚基或调节部位结合，引起酶的构象改变（如亚基的聚合或解聚、亚基间结合变得疏松或紧密），从而使酶的活性受到激活或抑制，进而改变物质代谢的速度和方向。

**2. 共价修饰调节**　是对生物体内酶快速调节的另一种方式。一个酶在另外一个酶的催化下发生共价的化学改变（某些化学基团的结合或解离），从而改变酶的活性，这一过程称为酶的共价修饰或化学修饰。一般共价调节酶都存在无活性（或低活性）和有活性（或高活性）两种形式，两种形式之间互变的反应由不同的酶催化。磷酸化与去磷酸化是共价修饰中最常见的类型，酶的磷酸化与去磷酸化分别由蛋白激酶和磷蛋白磷酸酶催化。另外还有乙酰化与去乙酰化、甲基化与去甲基化、腺苷化与去腺苷化以及—SH 与—

S—S—的互变等。共价修饰调节作用快、效率高。

### （二）酶含量的调节

除酶的活性调节外，生物体还可以通过改变酶的含量调节酶的活性。这种调节方式是通过酶蛋白的合成或降解实现的。相对于酶活性的调节，需要的时间较长，故称为慢调节。酶蛋白的合成调节通过酶蛋白合成的诱导或阻遏方式来进行。酶蛋白的降解有两种途径：溶酶体降解途径和非溶酶体降解途径。

## 六、影响酶促反应速率的因素

酶促反应动力学是研究酶促反应的速率及其影响因素的。影响酶促反应速率的因素主要有底物浓度、酶浓度、pH、温度、激活剂和抑制剂等。酶促反应动力学研究反映了酶的本质特征，是酶学研究的基本工作，具有重要的理论价值和应用价值。

### （一）底物浓度对酶促反应速率的影响

酶促反应包括单底物和多底物酶促反应。本部分内容仅讨论单底物酶促反应。在酶促反应中，在其他因素不变的情况（适合酶发挥作用的条件）下，底物浓度对酶促反应的影响成矩形双曲线关系（图4-5）。当底物浓度较低时，增加底物浓度，反应速率随底物浓度的增加而增加，两者成正比关系；随着底物浓度进一步增加，反应速率也随之增加，但不再成正比关系，反应速率增加的幅度逐渐变小；当底物浓度增加到一定程度时，继续增加底物浓度，反应速率不再增加，此时的反应速率称为最大反应速率。根据中间产物（酶-

图4-5　底物浓度对酶促反应速率的影响

底物复合物）学说，在酶促反应中产物的生成量与中间产物的浓度成正比。当底物浓度很低时，绝大多数的酶呈游离状态，未与底物结合形成复合物，随着底物浓度的增加，形成酶-底物复合物的速率增加，且与底物浓度的增加成正比例关系。所以，反应速率与底物浓度增加成正比，成直线关系。当底物浓度增加到一定程度，绝大多数的酶与底物形成酶-底物复合物，游离的酶仍然存在，但较少，此时，再增加底物浓度，底物与酶仍然能形成复合物，但形成的速率不再与底物浓度的增加成正比例关系，此时，表现为反应速率增加，但不再是直线关系。当反应体系中底物浓度增高到较高浓度时，此时的酶在任一时刻均以酶-底物复合物的状态存在，无游离酶存在，即酶被底物饱和，再增加底物浓度，酶-底物复合物也不再增加，此时反应速率达恒定，即达到最大反应速率，成直线关系。

**1. 米-曼方程式**　1913年，L. Michaelis和M. L. Menten提出了反应速率与底物浓度关系的数学方程式，即著名的米-曼方程式，简称米氏方程式（Michaelis equation）。

$$v = \frac{V_{max}[S]}{K_m + [S]}$$

式中，$V_{max}$ 为最大反应速率；$[S]$ 为底物浓度；$K_m$ 为米氏常数；$v$ 是在不同 $[S]$ 时的反应速率。

**2. $K_m$**

（1）据米-曼方程式可知，当 $v = 1/2 V_{max}$ 时，代入米氏方程得：

$$\frac{1}{2} V_{max} = \frac{V_{max}[S]}{K_m + [S]}$$

$$K_m = [S]$$

$K_m$值等于酶促反应速率为最大反应速率一半时的底物浓度，其单位为底物浓度单位。

（2）$K_m$值是酶的特征性常数之一，不同的酶$K_m$值不同，$K_m$值的大小只与酶、底物的结构和反应环境（如温度、pH）有关，与酶的浓度无关。

（3）$K_m$值可表示酶对底物的亲和力。$K_m$值约等于酶－底物复合物解离为游离的酶和底物的解离常数，所以其大小反映了酶与底物之间的亲和力。$K_m$值愈小，表示达到最大反应速率时所需的底物浓度愈低，即酶与底物的亲和力愈大。反之，$K_m$值愈大，则酶与底物的亲和力则愈小。

（4）$K_m$值可用来帮助判断酶的最适底物。如果一种酶同时有几种底物时，每一种底物都有特定的$K_m$，其中$K_m$最小的底物则是该酶的最适底物。

**3. $V_{max}$**　　是酶完全被底物饱和时的反应速率，与酶浓度成正比。当酶被底物完全饱和时（$V_{max}$），单位时间内每个酶分子催化底物转变为产物的分子数称为酶的转换数。酶的转换数的大小反映了酶的催化能力。

### （二）酶浓度对酶促反应速率的影响

当酶促反应体系处在最适条件时，在底物浓度远远大于酶浓度时，酶促反应速率与酶浓度成正比关系（图4－6）。即酶的浓度越大，反应速率越快。在细胞内，通过改变酶浓度来调节酶促反应速率，是细胞调节代谢速度的一种方式。

### （三）温度对酶促反应速率的影响

酶促反应时，当温度很低时，酶和底物分子几乎处于静止状态，不能形成酶－底物复合物，酶不表现催化活性；当酶促反应随着反应体系温度的升高，酶和底物分子的热运动加快，分子碰撞的机会增加，酶促反应速率提高；但当温度升高达到一定临界值时，由于大多数酶的化学本质是蛋白质，所以温度的升高可使酶蛋白变性，使酶促反应速率下降。大多数酶在60℃时开始变性，80℃时多数酶的变性已不可逆。用反应速率和温度作图，可得到温度对酶促反应速率的影响曲线，如图4－7所示的"钟罩形"曲线。酶是生物催化剂，温度对酶促反应速率具有双重影响。一方面在一定范围内随着温度升高，反应速率加快（一般温度每增加10℃，酶促反应速率增加1~2倍）；另一方面因为大多数酶是蛋白质，随着温度升高，酶逐渐变性失活。

图4－6　酶浓度对酶促反应速率的影响

图4－7　温度对酶促反应速率的影响

酶活性最高时的温度称为酶的最适温度。各种酶的最适温度不同，人体内大多数酶的最适温度为35~40℃。植物细胞中酶的最适温度稍高，微生物中酶的最适温度差别较大。酶的最适温度不是酶的特征性常数，它与反应进行的时间有关。在研究和应用酶时都需要在最适温度下进行，所以测定酶的最适温度是有实用意义的。

酶的活性虽然随温度下降而降低，但低温一般不会使酶活性被破坏，温度回升后，酶的活性又能恢复。临床上低温麻醉就是利用酶的这一性质以减慢细胞代谢速度，提高机体对氧和营养物质缺乏的耐受性，有利于手术治疗及帮助患者度过危险期。低温保存菌种和生物制剂也是基于这一原理。

### （四）pH 对酶促反应速率的影响

酶的催化活性受环境酸碱度的影响。pH 能影响酶和底物的解离状态，酶活性中心的某些必需基团往往仅在某一解离状态时才最容易同底物结合形成酶 – 底物复合物，具有最大的催化活性。因此，pH 的改变直接影响酶对底物的亲和力。此外，pH 还可以影响酶活性中心的空间构象，从而影响酶的活性。用酶促反应速率与 pH 的变化作图，也可得到"钟罩形"曲线，如图 4 – 8 所示。酶催化活性最高时反应体系的 pH 称为酶促反应的最适 pH。

各种酶的最适 pH 不同，人体内大多数酶的最适 pH 接近中性，但少数酶最适 pH 偏酸或偏碱，如胃蛋白酶的最适 pH 约为 1.8，肝精氨酸酶最适 pH 约为 9.8，胰蛋白酶的最适 pH 约为 8.1 等。最适 pH 不是酶的特征性常数，受底物浓度、缓冲液种类与浓度以及酶纯度等因素影响。环境 pH 高于或低于最适 pH 时，酶的活性降低，过酸或过碱还可使酶失活。

图 4 – 8  pH 对酶促反应速率的影响

### （五）激活剂对酶促反应速率的影响

使酶活性增加的物质称为酶的激活剂。激活剂大多是金属离子，如 $Mg^{2+}$、$K^+$、$Mn^{2+}$、$Fe^{2+}$、$Zn^{2+}$、$Ca^{2+}$ 等；少数是阴离子，如 $Cl^-$ 等；也有许多有机化合物，如胆汁酸盐等。

激活剂分为必需激活剂和非必需激活剂。必需激活剂在酶促反应中是不可缺少的，激活剂存在时，酶才具有活性，无激活剂则酶无活性，必需激活剂大多为金属离子。如 $Mg^{2+}$ 是激酶的必需激活剂。而非必需激活剂并不是酶活性所必需的，存在时，酶的活性增加；不存在时，酶仍有一定的催化活性。非必需激活剂大多为有机化合物，如胆汁酸盐是胰脂肪酶的非必需激活剂，$Cl^-$ 是唾液淀粉酶的非必需激活剂。

### （六）抑制剂对酶促反应速率的影响

凡能降低酶的催化活性，但不引起酶蛋白变性的物质称为酶的抑制剂。抑制剂对酶促反应所起的作用称为抑制作用。有的将抑制剂除去，酶的活性可以恢复，很多药物就是通过抑制某些酶的活性而发挥作用，因此抑制作用的研究既具有理论意义又具有重要的临床意义。根据抑制剂与酶结合的紧密程度，酶的抑制剂可分为不可逆抑制剂和可逆抑制剂两类。

**1. 不可逆性抑制**  抑制剂通常与酶活性中心上的必需基团以共价键相结合，从而抑制酶的活性，这类抑制剂不能用超滤、透析方法去除，这种抑制剂称为不可逆抑制剂。

例如，胆碱酯酶催化乙酰胆碱水解生成胆碱和乙酸。农药有机磷杀虫剂（敌百虫、敌敌畏、1059等）能特异地与胆碱酯酶活性中心丝氨酸羟基结合，使酶失去活性，不能催化乙酰胆碱水解，造成对迷走神经的兴奋毒性状态，表现出恶心、呕吐、多汗、瞳孔缩小、惊厥等一系列中毒症状。对于有机磷化合物类中毒，临床上常应用解磷定（PAM）等药物置换结合胆碱酯酶上的磷酰基，从而解除有机磷化合物对羟基酶的抑制作用。有机磷中毒及其解救机制如下。

有机磷化合物 　羟基酶 　　　　失活的酶 　　酸

失活的酶(磷酰化酶) 　PAM(解磷定) 　　　磷酰化PAM 　　活性酶

再如，重金属离子（如 $Pb^{2+}$、$Hg^{2+}$、$Ag^+$ 等）、有机砷化合物等，可以与酶分子的巯基结合，使酶失活。例如，一种含砷的化学毒气路易士气，能与体内酶的巯基结合使其失活导致机体中毒。临床上可用二巯基丙醇、二巯基丁二酸钠等含活泼巯基的化合物置换出巯基酶上的金属离子，使酶活性恢复。路易士气对酶的抑制作用及解救如下。

路易士气 　　巯基酶 　　　　　失活的酶 　　　酸

失活的酶 　　　二巯基丙醇 　　巯基酶 　二巯基丙醇与砷剂结合物

不可逆抑制作用随着抑制剂浓度的增大而逐渐增强。当抑制剂的量大到足以和所有酶分子结合时，酶的活性被完全抑制。

**2. 可逆性抑制** 抑制剂与酶非共价键相结合，从而使酶活性降低。这类抑制剂能用透析或超滤等方法除去，使酶恢复活性，这种抑制剂称为可逆性抑制剂。可逆性抑制可分为以下 3 种类型。

**图 4 - 9　竞争性抑制的作用模式**

（1）竞争性抑制　特点：①抑制剂的结构与酶的底物结构相似；②抑制剂与底物竞争性地结合酶的活性中心，酶分子结合底物就不能结合抑制剂，结合抑制剂就不能结合底物，而且酶和抑制剂结合形成的复合物不能转化为产物，从而使酶活性下降；③抑制剂的抑制程度取决于抑制剂和底物浓度的相对比例；④竞争性抑制的 $V_{max}$ 不变，$K_m$ 值增大。凡是符合以上特点的抑制，称为竞争性抑制。竞争性抑制的作用模式如图 4 - 9 所示。例如，丙二酸对琥珀酸脱氢酶的抑制作用是竞争性抑制作用的典型实例。酶对丙二酸的亲和力远大于酶对琥珀酸的亲和力，当丙二酸的浓度仅为琥珀酸浓度的 1/50 时，酶的活性便被抑制 50%。若增大琥珀酸的浓度，此抑制作用可被削弱。

临床上，许多药物的设计都采用竞争性抑制的原理，抑菌药物、抗癌药物多是竞争性抑制剂。如甲氨蝶呤（MTX）、5 - 氟尿嘧啶（5 - FU）、6 - 巯基嘌呤（6 - MP）等通过竞争性抑制发挥抗肿瘤作用。

磺胺类药物是典型的抗菌药，对磺胺类药物敏感的细菌在生长繁殖时，不能利用环境中的叶酸，而是在细菌体内二氢叶酸合成酶的催化下，将对氨基苯甲酸等合成为所必需的二氢叶酸（$FH_2$），进而合成四氢叶酸（$FH_4$），$FH_4$ 是细菌合成核苷酸不可缺少的辅酶。磺胺类药物的化学结构与对氨基苯甲酸相似，是二氢叶酸合成酶的竞争性抑制剂，能抑制 $FH_2$ 合成，因此造成细菌核酸合成受阻，从而影响细菌生长繁殖（图 4 - 10）。人类能直接利用食物中的叶酸，核酸的合成不受磺胺类药物的干扰。根据竞争性抑制的特点，在使用磺胺类药物时，采用首剂量加倍的方法，以保持血液中药物的高浓度，发挥其有效的竞争性抑菌作用。磺胺增效剂甲氧苄啶（TMP）能抑制二氢叶酸还原酶，妨碍四氢叶酸的合成。TMP 与磺胺合用时，可以使细菌的叶酸合成受到双重阻断作用，抗菌作用可增加数倍到数十倍。

$H_2N$——〇——$COOH$
对氨基苯甲酸（PABA）

$H_2N$——〇——$SO_2NHR$
磺胺类药物

对氨基苯甲酸
谷氨酸　　$\xrightarrow[\text{磺胺药}(-)]{FH_2\text{合成酶}}$ $FH_2$ $\xrightarrow[\text{TMP}(-)]{FH_2\text{还原酶}}$ $FH_4$（细菌繁殖所必需）
二氢蝶呤

**图 4 - 10　磺胺类药物作用机制**

（2）非竞争性抑制　特点：①抑制剂的结构与酶的底物结构不相似；②抑制剂与酶结合的部位位于活性中心以外，酶分子与底物的结合不影响与抑制剂的结合，同样，抑制剂与酶的结合也不影响底物与酶的结合，但结合了抑制剂的酶将失去催化作用；③抑制剂的抑制程度只取决于抑制剂的量；④非竞争性抑制的 $V_{max}$ 降低，$K_m$ 值不变。凡是符合以上特点的，均为非竞争性抑制。非竞争性抑制的作用模式如图 4 - 11 所示。

$E+S \rightleftharpoons ES \longrightarrow E+P$

$EI+S \rightleftharpoons ESI$

**图 4 - 11　非竞争性抑制的作用模式**

# 目标检测

答案解析

## 一、选择题

1. 酶作为催化剂对能量的影响在于（　　）
   A. 降低反应活化能
   B. 增加活化能
   C. 降低反应物能量水平
   D. 增加产物能量水平
   E. 降低反应的自由能

2. 酶促反应中决定酶专一性的是（　　）
   A. 必需基团
   B. 酶蛋白
   C. 辅基
   D. 辅酶
   E. 金属离子

3. 含 $LDH_5$ 较多的组织是（　　）
   A. 心肌
   B. 胃
   C. 肾
   D. 肝
   E. 脑

4. 在酶浓度不变的情况下，底物浓度对酶促反应速率的影响图形为（　　）
   A. 钟形曲线
   B. 矩形双曲线
   C. 直线
   D. S 形曲线
   E. 平行线

5. 酶的特异性是指（　　）
   A. 酶与辅酶特异地结合
   B. 酶对其所催化的底物有特异的选择性
   C. 酶在细胞中的定位是特异性的
   D. 酶催化反应的机制各不相同
   E. 在酶的分类中各属不同的类别

6. 丙二酸对琥珀酸脱氢酶的抑制作用是 （　　）

    A. 反馈抑制           B. 非竞争抑制           C. 竞争性抑制

    D. 非特异性抑制       E. 反竞争性抑制

7. 酶活性是指 （　　）

    A. 酶所催化的反应                         B. 酶与底物的结合力

    C. 酶自身的变化                         D. 无活性的酶转变成有活性的酶

    E. 酶的催化能力

8. 以下关于酶原与酶原的激活的叙述，正确的是 （　　）

    A. 体内所有的酶在初合成时均以酶原的形式存在

    B. 酶原的激活是酶的共价修饰过程

    C. 酶原的激活也就是酶被完全水解的过程

    D. 酶原激活的实质是酶的活性中心形成或暴露的过程

    E. 酶原的激活没有什么意义

## 二、思考题

酶与一般催化剂相比有何异同？

（舒　盼）

**书网融合……**

本章小结                        微课                    题库

# 第五章　生物氧化

## 学习目标

1. 通过本章学习，重点把握生物氧化、呼吸链、氧化磷酸化的概念；呼吸链各复合体的组分及其作用；两条重要呼吸链的排列顺序及 ATP 的生成。

2. 学会应用生物氧化所学内容解释人体内营养物质的氧化和体内能量生成的关系；具有预防 CO 中毒的安全意识，进行有关 CO 中毒急救健康宣传的职业能力，给予甲状腺亢进症患者人文关怀的职业素质。

## 情境导入

**情景描述**　患者，女性，45 岁。头痛、头晕、眼花、颞部压迫和搏动感，并有恶心、呕吐、烦躁、心悸和四肢无力等症状。患者于约 1 小时前在房间内用煤炉取暖，疑为煤气中毒（CO 中毒），随后到医院就诊入院。查体：步态不稳，皮肤黏膜樱红，意识模糊，体温 37.6℃，脉搏 94 次/分，呼吸 22 次/分，血压 122/85mmHg，血气分析 HbCO > 50%，动脉血 $PaO_2$、氧饱和度、动脉血 $PaCO_2$ 下降，BE 负值增大。入院诊断：CO 中毒。

**讨论**　1. 诊断 CO 中毒的依据是什么？
2. CO 中毒患者为什么会出现上述症状和体征？
3. CO 中毒的机制是什么？

# 第一节　概　述

## 一、生物氧化的概念与方式

### （一）生物氧化的概念

糖、脂肪、蛋白质等营养物质在生物体内进行一系列氧化分解，最终生成 $CO_2$ 和 $H_2O$ 并释放出能量的过程称为生物氧化。生物氧化释放的能量使 ADP 磷酸化生成 ATP，供生命活动的需要（图 5-1）。

图 5-1　体内糖、脂肪、蛋白质的氧化分解

### （二）生物氧化的方式

生物氧化与物质在体外的氧化方式在化学本质上没有区别。生物氧化的方式有加氧反应、脱氢反应

和脱电子反应。

**1. 加氧反应**　底物分子中直接加入氧原子或氧分子，如醛氧化为酸。

$$RCHO + 1/2\ O_2 \longrightarrow RCOOH$$

　　　　　醛　　　　　　酸

**2. 脱氢反应**　从底物分子上脱下一对氢原子，如乳酸氧化为丙酮酸。

$$CH_3CH(OH)COOH \longrightarrow CH_3COCOOH + 2H$$

　　　乳酸　　　　　　　丙酮酸

脱氢反应的另一方式是加水脱氢，即物质分子中加入 $H_2O$，同时脱去 2 个氢原子，结果是底物分子中加入了 1 个来自水分子的氧原子，如乙醛氧化为乙酸。

$$CH_3CHO + H_2O \longrightarrow CH_3COOH + 2H$$

　　　乙醛　　　　　　　乙酸

**3. 脱电子反应**　原子或离子在反应中失去电子，其正价数升高，如细胞色素中的 $Fe^{2+}$ 氧化。

$$Fe^{2+} \longrightarrow Fe^{3+} + e$$

由于 1 个氢原子是由 1 个质子（$H^+$）和 1 个电子（e）组成，所以脱氢反应也包含脱电子反应，脱氢反应也可以写成下式。

$$CH_3CHO + H_2O \longrightarrow CH_3COOH + 2H^+ + 2e$$

　　　乙醛　　　　　　　乙酸

## 二、生物氧化的特点

同一物质在体内和体外氧化时所消耗的氧量、产生的终产物（$CO_2$、$H_2O$）及释放的能量均相同，但两者所进行的方式、能量的生成形式等有较大差别。与物质在体外氧化相比，生物氧化有以下特点：①生物氧化过程在细胞内进行，环境温和（体温、pH 近似中性）；②生物氧化在一系列酶的催化下逐步进行；③$CO_2$ 的产生方式为有机酸脱羧，$H_2O$ 的产生是由底物脱下的氢经呼吸链传递最后与氧结合而成；④能量逐步释放，且有相当一部分以 ATP 的形式存在，作为机体各种生理活动需要的直接能源；⑤生物氧化的速率受体内多种因素的调节。

## 三、参与生物氧化的酶类

参与生物氧化的酶类有氧化酶类、需氧脱氢酶类、不需氧脱氢酶类等。

**1. 氧化酶类**　催化代谢物脱氢，将氢直接交给氧分子生成 $H_2O$。氧化酶是使氧分子活化的酶类。如细胞色素氧化酶、抗坏血酸氧化酶等属于此类酶，该类酶的辅基常含有铁、铜等金属离子，作用方式如图 5-2 所示。

**2. 需氧脱氢酶类**　可催化代谢物脱氢，直接将氢传给氧生成的产物为 $H_2O_2$。如 L-氨基酸氧化酶、黄嘌呤氧化酶等属于此类酶。该类酶的辅基为黄素单核苷酸（FMN）和黄素腺嘌呤二核苷酸（FAD），故又称黄素酶类，作用方式如图 5-3 所示。

**3. 不需氧脱氢酶类**　指能催化代谢物脱氢，但不以氧为直接受氢体，而是将代谢物脱下的氢经一系列传递体的传递将氢交给氧，生成的产物为 $H_2O$。不需氧脱氢酶是体内最重要的脱氢酶，依据辅因子不同可分为两类：①以 $NAD^+$（或 $NADP^+$）为辅酶的不需氧脱氢酶，如乳酸脱氢酶、苹果酸脱氢酶等；②以 FAD（或 FMN）为辅基的不需氧脱氢酶，如琥珀酸脱氢酶、脂酰辅酶 A 脱氢酶等。不需氧脱氢酶类作用方式如图 5-4 所示。

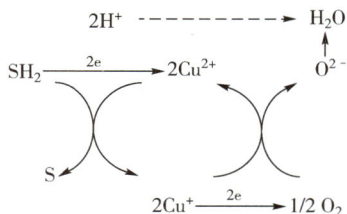

图 5 - 2 氧化酶类的作用方式
$SH_2$：底物 S：产物

图 5 - 3 需氧脱氢酶类的作用方式
$SH_2$：底物 S：产物

图 5 - 4 不需氧脱氢酶类的作用方式
$SH_2$：底物 S：产物

代谢物脱下的氢不以氧为直接受氢体，而以某些酶的辅酶作为直接受氢体。这些辅酶既可以接受氢被还原，又可以释放出氢被氧化，起递氢或递电子的作用，称为递氢体或递电子体。

另外，体内还有一些氧化还原酶类，如单加氧酶、双加氧酶、过氧化氢酶和过氧化物酶等，这些酶类在生物体内主要参与非营养物质的代谢转变过程。

# 第二节 线粒体 ATP 生成的生物氧化体系

## 一、氧化呼吸链 🅴 微课

物质代谢过程中产生的 H 以 $NADH + H^+$ 和 $FADH_2$ 的形式，通过多种酶催化的连锁反应逐步传递，最终与氧结合生成 $H_2O$，同时释放出能量生成 ATP。这个过程是在细胞线粒体内进行的。参与该过程氧化还原反应的各组分为一系列的递氢体和递电子体，它们按一定顺序整齐排列在线粒体内膜上，形成了连续的反应体系，该连锁反应体系称为氧化呼吸链，也称电子传递链。

### （一）氧化呼吸链的组成成分与作用

构成呼吸链的递氢体和递电子体的成分目前已发现 20 余种。用胆酸、脱氧胆酸等反复处理线粒体内膜，可将呼吸链分离得到 4 种仍具有传递电子功能的蛋白酶复合体，称为复合体Ⅰ、Ⅱ、Ⅲ和Ⅳ。复合体是线粒体内膜氧化呼吸链的天然存在形式，每个复合体都由多种酶蛋白和辅因子（辅酶或金属离子）组成，并按一定的顺序排列，完成电子传递过程。其中复合体Ⅰ、Ⅲ和Ⅳ完全镶嵌在线粒体内膜上，复合体Ⅱ镶嵌在内膜的基质侧。复合体在线粒体的存在位置如图 5 - 5 所示。

图 5-5　呼吸链各复合体的位置示意图

**1. 复合体 I**　又称 NADH-泛醌还原酶或 NADH 脱氢酶，可接受来自还原型烟酰胺腺嘌呤二核苷酸（NADH + H$^+$）的电子并传递给泛醌。人类复合体 I 由以 FMN 为辅基的黄素蛋白和以铁硫簇（Fe—S）为辅基的铁硫蛋白等蛋白质组成。复合体 I 有质子泵功能，每传递 2 个电子可将 4 个 H$^+$ 从内膜基质侧泵到胞质侧。

（1）NAD$^+$（辅酶 I，Co I）和 NADP$^+$（辅酶 II，Co II）　分子中烟酰胺（维生素 PP）中的氮（吡啶氮）为五价的氮，它能可逆地接受电子而成为三价氮，与氮对位的碳也较活泼，能可逆地加氢还原。NAD$^+$ 和 NADP$^+$ 的主要功能是接受从代谢物上脱下的 2H（2H$^+$ + 2e$^-$），然后传给黄素蛋白。由于烟酰胺在加氢反应时只能接受 1 个氢原子和 1 个电子，将另 1 个 H$^+$ 游离出来，因此将还原型的 NAD$^+$ 和 NADP$^+$ 分别写成 NADH + H$^+$ 和 NADPH + H$^+$，如图 5-6 所示。

图 5-6　NAD$^+$ 或 NADP$^+$ 的结构及作用机制

（2）黄素蛋白　种类很多，其辅基有 2 种：FMN 和 FAD，两者均含核黄素（维生素 B$_2$）。

在 FAD、FMN 分子中发挥功能的结构是核黄素中的异咯嗪环，氧化型的 FAD（FMN）可接受 1 个质子和 1 个电子生成 FADH·（FMNH·），后者不稳定，再接受 1 个质子和 1 个电子生成还原型 FADH$_2$（FMNH$_2$），如图 5-7 所示。

图 5-7　FAD 或 FMN 的结构及作用机制

（3）铁硫蛋白　分子中含非血红素铁和对酸不稳定的硫，通常简写为 FeS 或 Fe—S。它存在于线粒体内膜上，常与其他递氢体和递电子体构成复合物，复合物中的铁硫蛋白是传递电子的反应中心，故又称铁硫中心。已发现的铁硫蛋白主要有 2 个活泼的无机硫和 2 个铁原子（$Fe_2S_2$）或 4 个活泼的无机硫和 4 个铁原子（$Fe_4S_4$），它们通过其中的铁原子和铁硫蛋白中半胱氨酸残基的硫相接，如图 5 - 8 所示。

图 5 - 8　铁硫蛋白的结构示意图

铁硫蛋白中的铁可以呈两价的还原型，也可呈三价的氧化型，通过铁的氧化、还原而起到传递电子作用。每个铁硫中心一次传递 1 个电子，因此铁硫蛋白称为单电子传递体。在复合体 I 中的主要功能是将 FMN 的氢质子和电子传递给泛醌。

（4）泛醌　亦称辅酶 Q（CoQ，Q），是一类广泛分布于生物界的脂溶性醌类化合物，故称泛醌。

不同来源的泛醌其异戊二烯单位的数目不同，人的泛醌其侧链由 10 个异戊二烯单位组成，用 $CoQ_{10}$（$Q_{10}$）表示。因侧链的疏水作用，它能在线粒体内膜中迅速扩散，极易从线粒体内膜分离出来，因此 CoQ 不属于复合体 I。泛醌接受 1 个电子和 1 个质子还原成半醌，再接受 1 个电子和 1 个质子则还原成二氢泛醌，后者又可脱去电子和质子而被氧化恢复为泛醌，如图 5 - 9 所示。

图 5 - 9　泛醌的结构和作用机制

$$R: —(CH_2=CH—C—CH_2)_nH$$
$$\overset{CH_3}{\phantom{R:}}$$

CoQ 可在线粒体内膜中移动，在各复合体间募集并穿梭传递还原当量和电子，在电子传递和质子移动的偶联中起着核心作用。

**2. 复合体 II**　是琥珀酸脱氢酶，又称琥珀酸 - 泛醌还原酶，主要功能是将电子从琥珀酸传递给泛醌。人类的复合体 II 中含有以 FAD 为辅基的黄素蛋白和铁硫蛋白。复合体 II 没有 $H^+$ 泵的功能。

**3. 复合体 III**　可将电子从泛醌传递给细胞色素 c，称为泛醌 - 细胞色素 c 还原酶。人类的复合体 III 含有细胞色素 b（Cyt $b_{562}$、Cyt $b_{566}$）、细胞色素 $c_1$ 和铁硫蛋白。复合体 III 也有质子泵作用，每传递 2 个电子会向内膜胞质侧释放 4 个 $H^+$。

细胞色素（Cyt）是一类以铁卟啉类化合物为辅基的催化电子传递的酶体系，均具有特殊的吸收光谱而呈现颜色，它们具有不同的吸收光谱。参与线粒体内膜中呼吸链组成的细胞色素有细胞色素 a、b、c（Cyt a、Cyt b、Cyt c）3 类，每类细胞色素中又根据其最大吸收光谱的微小差别分为若干亚类，如 Cyt $b_{566}$、Cyt $b_{562}$。各种细胞色素的主要差别在于铁卟啉辅基对侧链以及铁卟啉与蛋白质部分的连接方式的不同。Cyt b 的铁卟啉都是铁原卟啉 IX，与血红素相同，称为血红素 b；Cyt a 中铁原卟啉 IX 环含有甲

**图 5 - 10 细胞色素 c 的辅基与 酶蛋白的连接方式**

酰基，一个乙烯基侧链连接的聚异戊二烯长链，称为血红素 a；Cyt c 中的血红素卟啉环上的乙烯侧链与蛋白质部分的半胱氨酸残基相连接。它们的主要作用都是传递电子，如图 5 - 10 所示。

Cyt c 呈水溶性，与线粒体内膜外表面结合不紧密，极易与线粒体内膜分离，故不属于任何复合体。

**4. 复合体Ⅳ** 可将电子从细胞色素 c 传递给氧，称为细胞色素 c 氧化酶。人类的复合体Ⅳ中含有 Cyt a 和 Cyt $a_3$。Cyt a 和 Cyt $a_3$ 很难分开，故写成 Cyt $aa_3$，Cyt $aa_3$ 位于呼吸链的终末部位。Cyt $a_3$ 是以铜离子为辅基的电子传递体，含有 2 个铜中心 $Cu_A$、$Cu_B$，它能把电子直接交给氧分子，使其还原成氧离子，再与 $2H^+$ 结合成水，所以把 Cyt $a_3$ 称为细胞色素氧化酶。复合体Ⅳ也有质子泵功能，每传递 2 个电子使 2 个 $H^+$ 跨内膜向胞质侧转移。

呼吸链 4 种复合体的作用见表 5 - 1。

**表 5 - 1 线粒体呼吸链复合体及其作用**

| 复合体 | 酶名称 | 多肽链数 | 辅基 | 主要作用 |
|---|---|---|---|---|
| 复合体Ⅰ | NADH - 泛醌还原酶 | 39 | FMN，Fe - S | 将 NADH 的氢原子传递给泛醌 |
| 复合体Ⅱ | 琥珀酸 - 泛醌还原酶 | 4 | FAD，Fe - S | 将琥珀酸中的氢原子传递给泛醌 |
| 复合体Ⅲ | 泛醌 - 细胞色素 c 还原酶 | 11 | 铁卟啉，Fe - S | 将电子从还原性泛醌传递给细胞色素 c |
| 复合体Ⅳ | 细胞色素 c 氧化酶 | 13 | 铁卟啉，Cu | 将电子从细胞色素 c 传递给氧 |

## （二）体内两条重要的呼吸链

线粒体内重要的氧化呼吸链有 NADH 氧化呼吸链和 $FADH_2$ 氧化呼吸链，如图 5 - 11 所示。

**图 5 - 11 线粒体氧化呼吸链**

**1. NADH 氧化呼吸链** 是线粒体最主要的呼吸链。大多数脱氢酶都以 $NAD^+$ 作辅酶，如乳酸脱氢酶、苹果酸脱氢酶等。在脱氢酶催化下底物脱下的氢交给 $NAD^+$ 生成 $NADH + H^+$，然后通过 NADH 氧化呼吸链将其携带的 2 个电子逐步传递给氧。在 NADH 脱氢酶作用下，$NADH + H^+$ 将 2 个氢原子经复合体Ⅰ传给 CoQ，生成 $CoQH_2$，此时 2 个氢原子解离成 $2H^+ + 2e^-$，$2H^+$ 游离于介质中，$2e^-$ 再经复合体Ⅲ传给 Cyt c，然后传至复合体Ⅳ，最后将 $2e^-$ 传递给 $O_2$。其电子传递顺序如下。

NADH→复合体Ⅰ→CoQ→复合体Ⅲ→Cyt c→复合体Ⅳ→$O_2$

**2. $FADH_2$ 氧化呼吸链** 又称为琥珀酸氧化呼吸链。琥珀酸在琥珀酸脱氢酶作用下脱氢生成 $FADH_2$，经复合体Ⅱ传给 CoQ，生成 $CoQH_2$，此后的传递和 NADH 氧化呼吸链相同。凡是以 FAD 为辅酶的脱氢酶类均通过此呼吸链氧化。其电子传递顺序如下：

琥珀酸→复合体Ⅱ→CoQ→复合体Ⅲ→Cyt c→复合体Ⅳ→$O_2$

各呼吸链组分的排列顺序是由以下实验确定的：①按其组分的标准氧化还原电位高低，电子从低电位的组分向高电位的组分进行传递；②特异性抑制剂阻断氧化还原过程，阻断部位之前为还原状态，阻断部位之后为氧化状态，根据不同的抑制剂阻断后的氧化还原状态排列顺序；③各组分特有吸收光谱；④体外呼吸链组分拆开与重组实验。

## 二、氧化磷酸化

### （一）氧化磷酸化的概念

代谢物脱下的氢，经线粒体氧化呼吸链电子传递与氧生成 $H_2O$，同时释放的能量使 ADP 磷酸化生成 ATP 的过程，称为氧化磷酸化。氧化磷酸化是代谢物脱下的氢生成 $H_2O$ 的氧化过程与 ADP 磷酸化生成 ATP 过程的偶联。

### （二）氧化磷酸化偶联部位

氧化磷酸化是氧化与磷酸化的偶联，其偶联部位的确定可根据下述两种方法。

**1. P/O 值**　是指在氧化磷酸化过程中，每消耗 1/2mol $O_2$ 所消耗的无机磷酸的摩尔数。由于消耗的无机磷酸的摩尔数与生成的 ATP 摩尔数相同，所以 P/O 值也可定义为：氧化磷酸化过程中，每消耗 1/2mol $O_2$ 所生成的 ATP 摩尔数。实验证实，代谢物脱氢反应产生的 NADH + $H^+$ 通过 NADH 氧化呼吸链传递，P/O 值接近 2.5，说明 NADH 氧化呼吸链可能存在 3 个 ATP 生成部位；琥珀酸脱氢测得 P/O 值接近 1.5，说明琥珀酸氧化呼吸链可能存在 2 个 ATP 生成部位，按此推算 1 个 ATP 的生成部位应在复合体 Ⅰ（NADH）→ CoQ 之间。用抗坏血酸作为底物直接通过 Cyt c 传递电子进行氧化，P/O 值接近 1，即在 Cyt c → $O_2$ 之间（复合体Ⅳ）存在着一个偶联部位。比较琥珀酸脱氢和抗坏血酸的氧化 P/O 值后，确定在 CoQ 与 Cyt c 之间（复合体Ⅲ）存在另一个偶联部位。实验证实，一对电子经 NADH 氧化呼吸链传递，P/O 值约为 2.5，产生 2.5 分子 ATP；一对电子经琥珀酸氧化呼吸链传递，P/O 值约为 1.5，产生 1.5 分子 ATP。

**2. 自由能变化**　pH 7.0 时的标准自由能（$\Delta G^{\ominus\prime}$）与反应底物和产物标准氧化还原电位差值（$\Delta E^{\ominus\prime}$）之间存在下述关系：

$$\Delta G^{\ominus\prime} = - nF\Delta E^{\ominus\prime}$$

式中，$n$ 为电子转移数目；F 为法拉第常数 [96.5kJ/（mol·V）]。

从 $NAD^+$ 到 CoQ 测得的电位差为 0.36V，从 CoQ 到 Cyt c 电位差为 0.19V，从 Cyt $aa_3$ 到氧分子电位差为 0.58V。计算它们相应的 $\Delta G^{\ominus\prime}$ 分别为 – 69.5kJ/mol、– 36.7kJ/mol、–112kJ/mol，每生成 1mol ATP 需 30.5kJ/mol 的能量，所以这 3 个部位均足以提供生成 ATP 所需的能量，说明在复合体Ⅰ、Ⅲ、Ⅳ内各存在着一个 ATP 生成部位。

### （三）氧化磷酸化偶联机制

氧化和磷酸化是两个不同的概念。氧化是底物脱氢或失电子的过程，磷酸化是指 ADP 与磷酸合成 ATP 的过程。在氧化磷酸化中，氧化是磷酸化的基础，磷酸化是氧化的结果。

**1. 化学渗透假说**　1961 年，英国科学家 P. Mitchell 提出的化学渗透假说是目前公认的有关氧化磷酸化的偶联机制。其基本要点：电子经呼吸链传递时，将氢质子（$H^+$）从线粒体内膜的基质侧泵到内膜胞质侧，在膜内、外产生 $H^+$ 浓度梯度和跨膜电位差，当质子顺浓度梯度回流时驱动 ADP 与 Pi 合成 ATP。

递氢体和递电子体在线粒体内膜上交替排列。电子传递链在线粒体内膜中共构成 3 个回路，每个回路均具有质子泵作用。实验证实，复合体 Ⅰ、Ⅲ、Ⅳ 均具有质子泵作用，每传递 2 个电子，它们分别向线粒体内膜胞质侧泵出 $4H^+$、$4H^+$ 和 $2H^+$（图 5-12）。

**图 5-12 化学渗透假说示意图**

**2. ATP 合酶** 线粒体内膜还存在复合体 Ⅴ，即 ATP 合酶。ATP 合酶位于线粒体内膜的基质侧，形成许多颗粒状突起。该酶由疏水部分的 $F_0$ 和亲水部分的 $F_1$ 组成。$F_1$ 为线粒体内膜基质侧颗粒状突起，

**图 5-13 ATP 合酶结构**

由 $\alpha_3\beta_3\gamma\delta\varepsilon$ 亚基复合体、寡霉素敏感蛋白（OSCP）和 $IF_1$ 等亚基组成，主要功能是催化 ATP 合成；$F_0$ 镶嵌在线粒体内膜中，由 a、$b_2$、$c_{9\sim12}$ 亚基组成，形成跨内膜质子通道。当 $H^+$ 顺浓度梯度经 $F_0$ 回流时，$F_1$ 催化 ADP 与 Pi 生成并释放 ATP。ATP 合酶的结构如图 5-13 所示。

**（四）影响氧化磷酸化的因素**

**1. 呼吸链抑制剂** 能在特定部位阻断呼吸链的电子传递。如鱼藤酮、粉蝶霉素 A 及异戊巴比妥等主要与复合体 Ⅰ 中铁硫蛋白结合，阻断电子从铁硫中心向泛醌传递。萎锈灵、丙二酸是复合体 Ⅱ 的抑制剂，$CN^-$ 可结合复合体 Ⅳ 中氧化型 Cyt $a_3$，阻断电子由 Cyt a 传递到 Cyt $a_3$，CO 与还原型 Cyt $a_3$ 结合，阻断电子传递给 $O_2$。这类抑制剂可使细胞内呼吸停止，与此相关的细胞生命活动停止，引起机体迅速死亡。

**2. 解偶联剂** 使氧化和磷酸化相互脱离，解偶联剂作用的本质是破坏电子传递过程建立的跨内膜的质子电化学梯度，电子传递过程中泵出的 $H^+$ 不经 ATP 合酶的 $F_0$ 质子通道回流，而通过其他途径返回线粒体基质，电化学梯度储存的能量只能以热能形式释放，ATP 生成受到抑制。常用的解偶联剂有二硝基苯酚等。二硝基苯酚为脂溶性物质，在线粒体内膜中可以自由移动，进入基质侧时释出 $H^+$，返回胞质侧时结合 $H^+$，从而破坏电化学梯度，使体温升高。哺乳类动物棕色脂肪组织线粒体内膜中含有丰富且独特的解偶联蛋白（UCP），在内膜上形成质子通道，$H^+$ 可经此通道返回线粒体基质中，通过氧化磷酸化解偶联释放热量，这对于维持动物的体温十分重要。

**3. ATP 合酶抑制剂** 这类抑制剂对电子传递和 ATP 的合成都有抑制作用。如寡霉素可结合 $F_0$ 单位，阻止质子从 $F_0$ 质子通道回流，从而抑制 ATP 合成。此时，由于线粒体内膜两侧质子电化学梯度增

高，影响呼吸链质子泵的功能，继而抑制电子传递。

氧化磷酸化抑制剂的作用部位如图 5 - 14 所示。

图 5 - 14　氧化磷酸化抑制剂的作用部位

## 素质提升

### 一氧化碳中毒

**1. 定义**　一氧化碳（CO）是一种无色且没有味道和气味的气体，CO 的形成通常是由碳化合物的不完全燃烧引起。CO 以高亲和力与血液中的血红蛋白（Hb）结合，形成 COHb。在全球范围内，CO 中毒是中毒死亡的主要原因之一。部分急性 CO 中毒患者在意识障碍恢复后，可再次出现一系列神经精神障碍，称为急性 CO 中毒迟发性脑病（DEACMP）。治疗难度大，预后较差，致残率较高，严重危害患者生命健康。

**2. 接触途径**　CO 通过呼吸道吸入机体引起中毒。

（1）居家生活环节　主要危险因素是未正确使用取暖炉具。未正确安装和使用排烟管道，居室通风不良；违规安装和使用燃气热水器，且通风严重不足或热水器质量不合格。

（2）生产环节　燃煤锅炉排风系统故障，生产和转运煤气的设备发生泄漏或设备维修过程中未按操作规程作业，同时作业场所空气流通不佳均可造成急性 CO 中毒。

（3）煤矿瓦斯爆炸　可产生高温火焰，很强的冲击波和大量有害气体，CO 是主要的有害气体，当环境中 CO 浓度超过 0.05% 就会造成人员中毒。

（4）交通运输业　各种车辆、轮船、飞机所排放的废气中 CO 含量为 4% ~ 7%。车辆密集的地方 CO 浓度增高。

（5）农牧业生产环节　冬季种植蔬菜的密闭塑料大棚、饲养场的孵化车间用煤炉取暖又无排烟设施。

**4. 甲状腺素**　诱导细胞膜上 $Na^+$, $K^+$ - ATP 酶的合成，此酶催化 ATP 分解，释放的能量将细胞内的 $Na^+$ 泵到细胞外，而 $K^+$ 进入细胞内。酶活性增高，分解 ATP 增多，生成的 ADP 又可促进氧化磷酸化过程，另外，甲状腺素 $T_3$ 还可以使解偶联蛋白基因表达增加，引起机体耗好氧并产热。所以甲状腺功能亢进症患者表现为易激多食、怕热多汗，基础代谢率增高。

**5. ATP/ADP 值** 是影响氧化磷酸化的重要因素。线粒体内 ATP/ADP 值降低，使氧化磷酸化速度加快，ADP + Pi 接受能量生成 ATP。线粒体内 ATP/ADP 值增高，线粒体内 ADP 浓度降低就会使氧化磷酸化速度减慢。另外，ATP/ADP 值增高会抑制体内的许多关键酶，如磷酸果糖激酶、丙酮酸激酶、异柠檬酸脱氢酶、丙酮酸脱氢酶复合物和 α - 酮戊二酸脱氢酶复合物，通过直接反馈作用抑制相关代谢过程。

**6. 线粒体 DNA 突变** 线粒体 DNA（mtDNA）呈裸露的环状双螺旋结构，缺乏蛋白质保护和损伤修复系统，容易受到损伤而发生突变，其突变率远高于核内的基因组 DNA。线粒体 DNA 突变可影响机体氧化磷酸化功能。

## 三、ATP 的转移与利用

### （一）线粒体内膜上的腺苷酸转运

线粒体内膜上富含 ATP - ADP 转位酶，又称腺苷酸移位酶，由 2 个亚基组成，主要功能是催化经内膜的 ADP 进入和 ATP 移出紧密偶联，维持线粒体腺苷酸水平平衡。此时，胞质中的 $H_2PO_4^-$ 经磷酸盐转运蛋白（磷酸盐载体）与 $H^+$ 同向转运到线粒体内，如图 5 - 15 所示。

图 5 - 15 **ATP、ADP、Pi 的转运**

每分子 ATP 和 ADP 反向转运时，实现向内膜外净转移 1 个负电荷，相当于多一个 $H^+$ 转入线粒体基质，因此每分子 ATP 在线粒体中生成并转运到胞质，共需 4 个 $H^+$ 回流进入线粒体基质中。按此计算，NADH 氧化呼吸链每传递 2 个 H 泵出 10 个 $H^+$，生成 2.5（10/4）分子 ATP，琥珀酸氧化呼吸链每传递 2 个 H 泵出 6 个 $H^+$，生成 1.5（6/4）分子 ATP。

心肌和骨骼肌等耗能多的组织线粒体膜间隙中存在一种肌酸激酶，它催化经 ATP - ADP 转位酶运到膜间隙中的 ATP 与肌酸之间 ~Ⓟ 转移，生成的磷酸肌酸经线粒体外膜中的孔蛋白进入胞质中。进入胞质中的磷酸肌酸在细胞需能部位由相应的肌酸激酶同工酶催化，将 ~Ⓟ 转移给 ADP 生成 ATP，供细胞利用。

### （二）能量的转换和储存

**1. 高能化合物**　化学键水解时释放的能量大于 25kJ/mol 的化学键称为高能键，常用"～"符号表示。含有高能键的化合物称为高能化合物。机体在生物氧化过程中释放的能量，除用于生命活动及维持体温外，大约有 40% 以化学能的形式储存于化合物中，形成高能磷酸键或高能硫酸酯键。

体内所有的高能化合物中，以 ATP 最为重要，生物体内能量的储存和利用都以 ATP 为中心，ATP 几乎是细胞能够直接利用的唯一能源。在体外 pH 7.0，25℃ 条件下，每摩尔 ATP 水解为 ADP 和磷酸时释放的能量为 30.5kJ。体内 ATP 数量不多，但经 ATP/ADP 相互转换可得到源源不断的供应。

ATP 是生命活动中的直接供能物质，其水解时释放的能量可直接供给各种生命活动，如肌肉收缩、腺体分泌、离子平衡、神经传导、合成代谢、维持体温等，如图 5-16 所示。

图 5-16　ATP 的生成和利用

另外，一些重要的化合物也含有高能键，分解时同样可以释放大量的能量，如磷酸肌酸、磷酸烯醇丙酮酸等。

**2. ATP 的生成方式**　氧化磷酸化是体内 ATP 合成的主要方式。除此以外，还有一种是与脱氢（或脱水）反应偶联，直接将高能代谢物分子中的能量转移给 ADP（或 GDP），生成 ATP（或 GTP）的过程称为底物水平磷酸化，如糖代谢的 3 个反应过程可通过底物水平磷酸化产生 ATP。

1,3-双磷酸甘油酸 + ADP $\xrightarrow{\text{3-磷酸甘油酸激酶}}$ 3-磷酸甘油酸 + ATP

磷酸烯醇式丙酮酸 + ADP $\xrightarrow{\text{丙酮酸激酶}}$ 烯醇式丙酮酸 + ATP

琥珀酰辅酶A + $H_3PO_4$ $\xrightarrow[\text{GDP} \quad \text{GTP}]{\text{琥珀酰辅酶A合成酶}}$ 琥珀酸 + HSCoA

**3. ATP 的利用与储存**　机体需要的能量绝大多数由 ATP 直接提供，但也有一些代谢过程需要其他高能化合物提供，如糖原合成需要 UTP，蛋白质合成需要 GTP，而磷脂合成需要 CTP。为这些合成代谢提供能量的 UTP、CTP、GTP 等，通常是在二磷酸核苷激酶的催化下，从 ATP 中获得 ～℗ 而生成。

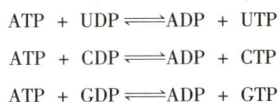

ATP + UDP $\rightleftharpoons$ ADP + UTP

ATP + CDP $\rightleftharpoons$ ADP + CTP

ATP + GDP $\rightleftharpoons$ ADP + GTP

磷酸肌酸（C～P）是机体能量的储存形式。当体内 ATP 浓度较高时，可在肌酸激酶的催化下，ATP 将其 ～℗ 转移给肌酸，生成磷酸肌酸。当机体 ATP 消耗过多而使 ADP 增多时，磷酸肌酸可将 ～℗ 转移给 ADP 形成 ATP，供机体利用。

$$\underset{\text{肌酸}}{\begin{matrix} NH_2 \\ | \\ C=NH \\ | \\ N-CH_3 \\ | \\ CH_2 \\ | \\ COOH \end{matrix}} + ATP \xrightleftharpoons{\text{肌酸激酶}} \underset{\text{磷酸肌酸}}{\begin{matrix} NH\sim\textcircled{P} \\ | \\ C=NH \\ | \\ N-CH_3 \\ | \\ CH_2 \\ | \\ COOH \end{matrix}} + ADP$$

# 第三节　其他氧化体系

## 一、线粒体外 NADH 的氧化

物质氧化分解过程中，在线粒体外也产生一定量的 NADH，而 NADH 的氧化产能过程在线粒体内，因此，需先将 NADH 转运至线粒体内，再进行生物氧化。真核细胞中 NADH 及所携带的氢不能自由通过线粒体内膜，必须借助穿梭机制才能被转入线粒体。体内穿梭机制主要有 α‑磷酸甘油穿梭和苹果酸‑天冬氨酸穿梭两种。

**1. α‑磷酸甘油穿梭**　主要存在于脑及骨骼肌中，胞质中的 NADH 在磷酸甘油脱氢酶催化下，使磷酸二羟丙酮还原成 α‑磷酸甘油，后者通过线粒体外膜，再经位于线粒体内膜近胞质侧的含 FAD 辅基的磷酸甘油脱氢酶催化生成磷酸二羟丙酮和 $FADH_2$，磷酸二羟丙酮可再返回线粒体外侧继续下一轮穿梭，而 $FADH_2$ 则进入琥珀酸氧化呼吸链，可产生 1.5 分子 ATP，如图 5‑17 所示。

图 5‑17　α‑磷酸甘油穿梭

**2. 苹果酸‑天冬氨酸穿梭**　主要存在于肝、肾和心肌中，胞质中 NADH 在苹果酸脱氢酶催化下，草酰乙酸还原成苹果酸，苹果酸通过线粒体内膜上的 α‑酮戊二酸转运蛋白进入线粒体内。进入线粒体的苹果酸，经苹果酸脱氢酶催化又氧化生成草酰乙酸和 NADH，NADH 进入 NADH 氧化呼吸链，可产生 2.5 分子 ATP。线粒体内的草酰乙酸经天冬氨酸氨基转移酶作用生成 α‑酮戊二酸和天冬氨酸，天冬氨酸借线粒体膜上的酸性氨基酸转运蛋白运出线粒体再转变成草酰乙酸，继续重复穿梭，如图 5‑18 所示。

图 5 - 18　苹果酸 - 天冬氨酸穿梭

## 二、微粒体单加氧酶系

微粒体单加氧酶又称为混合功能氧化酶或羟化酶，存在于滑面内质网内（微粒体），由细胞色素 $P_{450}$、$NADPH + H^+$、$NADPH$ - 细胞色素 $P_{450}$ 还原酶组成。催化一个氧原子加到底物分子上，形成羟基化合物或环氧化合物，另一个氧原子被氢（来自 $NADPH + H^+$）还原成水。微粒体单加氧酶参与类固醇激素、胆汁酸及胆色素等的羟基化，以及药物和毒物的羟基化过程。催化反应通式如下。

$$RH + NADPH + H^+ + O_2 \longrightarrow ROH + NADP^+ + H_2O$$

上述反应需要细胞色素 $P_{450}$（Cyt $P_{450}$）参与，Cyt $P_{450}$ 属于 Cyt b 类，Cyt $P_{450}$ 有几百种同工酶，在生物中广泛分布，在肝和肾上腺的微粒体中含量最多，对被羟化的底物各有其特异性，又称细胞色素 $P_{450}$ 羟化酶系。还原型 Cyt $P_{450}$ 与 CO 结合后在波长 450nm 处出现最大吸收峰故而得名。单加氧酶作用机制如图 5 - 19 所示。

图 5 - 19　单加氧酶作用机制

### 三、抗氧化酶体系

抗氧化酶体系主要用于清除体内的过氧化氢或其他过氧化物，主要的酶类有过氧化物酶体氧化酶体系和超氧化物歧化酶（SOD）。

#### （一）过氧化物酶体氧化酶体系

**1. 过氧化氢酶**　又称触酶，其辅基含有 4 个血红素，催化反应如下。

$$2H_2O_2 \xrightarrow{\text{过氧化氢酶}} 2H_2O + O_2$$

在粒细胞和吞噬细胞中，$H_2O_2$ 可氧化杀死入侵的细菌；甲状腺细胞中产生的 $H_2O_2$ 可使 $2I^-$ 氧化为 $I_2$，进而使酪氨酸碘化生成甲状腺激素。

**2. 过氧化物酶**　以血红素为辅基，它利用 $H_2O_2$ 直接氧化酚类或胺类化合物，反应如下。

$$2H_2O_2 + R \xrightarrow{\text{过氧化物酶}} 2H_2O + RO$$

$$H_2O_2 + RH_2 \xrightarrow{\text{过氧化物酶}} 2H_2O + R$$

临床上判断粪便中有无隐血时，就是利用白细胞中含有大量的过氧化物酶，能将联苯胺氧化成蓝色化合物。

#### （二）超氧化物歧化酶

**1. 反应活性氧**　正常状态下，机体内 1% ～5% 的氧可代谢生成反应活性氧类（ROS），ROS 包括氧自由基及其活性衍生物，如图 5 - 20 所示。

**图 5 - 20　反应活性氧产生**

自由基指带有未配对电子的原子或化学基团，主要有超氧阴离子（$O_2^-$）、羟自由基（·OH）、烷自由基（脂质自由基，$L^-$）、烷氧自由基（脂氧自由基，$LO^-$）和烷过氧自由基（脂过氧自由基，$LOO^-$）等。氧自由基化学性质活泼，不稳定，具有较强的氧化还原能力，这些氧自由基可继发产生其他具有活泼生物性质的衍生物，如过氧化氢（$H_2O_2$）、单线态氧（$^1O_2$）、脂质过氧化物（LOOH）等。

**2. SOD**　是一组金属酶，在体内催化自由基的歧化反应，生成 $H_2O_2$ 和 $O_2$。在真核细胞质中，SOD 是以 $Cu^{2+}$、$Zn^{2+}$ 为辅基，称为 Cu – Zn – SOD；线粒体内以 $Mn^{2+}$ 为辅基，称为 Mn – SOD。SOD 是人体防御各种超氧离子损伤的重要酶类，对 $O_2^-$ 的清除有助于防止其他活性氧的生成。体内物质氧化时可产生 $O_2^-$，可进一步被 SOD 作用生成 $H_2O_2$ 和 $O_2$，反应如下：

$$2O_2^- + 2H^+ \xrightarrow{\text{SOD}} H_2O_2 + O_2$$

SOD 反应生成的 $H_2O_2$ 进一步由过氧化物酶体氧化酶体系催化生成水，被清除掉。

## 目标检测

答案解析

### 一、选择题

1. 一切生物都靠能量维持生存，生物体所需要的能量主要来自（　　）

    A. 糖、脂肪、蛋白质　　　　　　　　　　B. 糖、水、脂肪

    C. 水、$CO_2$、ATP　　　　　　　　　　　D. 脂肪、水、蛋白质

    E. 以上都不对

2. 生物氧化的类型有（　　）

    A. 脱氢、失电子、加氢　　　　　　　　　B. 脱氢、得电子、加氧

    C. 加氢、得电子、失氢　　　　　　　　　D. 脱氢、失电子、加氧

    E. 以上都不对

3. 调节氧化磷酸化作用的重要激素是（　　）

    A. 肾上腺素　　　　　B. 甲状腺素　　　　　C. 胰岛素

    D. 肾上腺皮质激素　　E. 生长素

4. 呼吸链存在于（　　）

    A. 胞液　　　　　　　B. 线粒体外膜　　　　C. 线粒体内膜

    D. 线粒体基　　　　　E. 细胞核

5. 氰化物对人体的毒害作用主要是由于（　　）

    A. 抑制磷酸化　　　　B. 解偶联作用　　　　C. 抑制脂肪酸氧化

    D. 抑制呼吸链电子传递　E. 抑制底物水平磷酸化

### 二、思考题

1. 体内重要的呼吸链有哪两条？简述其传递过程。

2. 体内 ATP 生成的方式有哪些？简述氧化磷酸化的影响因素。

（王　敏）

书网融合……

本章小结　　　　　　微课　　　　　　题库

# 第六章　糖代谢

PPT

## 学习目标

1. 通过本章学习，重点把握糖代谢各途径的概念、要点与生理意义；血糖及其来源与去路；血糖浓度的调节；低血糖与高血糖的概念。

2. 学会用本章知识解释糖代谢相关疾病的发病机制，并应用到临床相关疾病的防治和护理中；具有理论联系实际、学以致用的职业素养。

## 情境导入

**情景描述**　患者，男性，19岁。为避免上课迟到，未吃早餐就直接到教室上课。1~2节课期间未有异常感觉，3~4节体育课热身活动时自感手抖、心悸并有少许出汗，未及时处理，后症状加重并出现面色苍白、四肢无力、头晕、精神不振。该患者被同学送医就诊。经检查，体温、血压、心率等均未见明显异常。

**讨论**　1. 该患者最有可能的诊断是什么？
　　　　2. 应立即对该患者采用什么治疗措施？

糖类是多羟基醛或多羟基酮及其衍生物或聚合物的总称。由于绝大多数的糖类化合物都可以用通式 $C_n(H_2O)_m$ 表示，所以人们一直习惯把糖类称为碳水化合物。根据糖的化学组成不同，可将糖分为以下4种。①单糖：不能被水解成更小分子的糖，如葡萄糖、半乳糖。②寡糖：由2~10个单糖分子脱水缩合而成，以双糖最为普遍，如蔗糖、麦芽糖。③多糖：由10个以上单糖分子组成的糖。由同一种单糖分子组成的多糖称为均一性多糖，如淀粉、糖原、纤维素等；由两种以上的单糖分子组成的多糖称为不均一性多糖，如透明质酸、硫酸软骨素、硫酸皮肤素等。④结合糖：也称复合糖，指糖与蛋白质、脂质等非糖物质结合形成的复合物，如糖脂、糖蛋白、蛋白聚糖等。

# 第一节　概　述

## 一、糖的生理功能

**1. 氧化供能**　1mol 葡萄糖彻底氧化可释放 2840kJ 能量，是机体重要的能量来源。人体所需能量的 50%~70% 来源于糖。

**2. 为其他物质的合成提供碳骨架**　糖代谢的某些中间产物为蛋白质、核酸、脂质的合成提供碳骨架。例如糖代谢的中间产物丙酮酸可转化为丙氨酸，用于合成蛋白质，乙酰辅酶 A 可参与脂肪的合成等。

**3. 构成人体组织结构的重要成分**　糖与蛋白质、脂质等大分子物质结合形成复合物，如糖蛋白、糖脂等，是构成生物膜等重要细胞结构的组成成分。又如蛋白聚糖，构成结缔组织、软骨和骨的基质；糖蛋白参与神经组织的构成等。

**4. 参与信息传递和细胞分子间的识别** 细胞膜表面糖蛋白参与细胞间的信息传递，与细胞免疫、识别作用有关。还有一些具有特殊生理功能的糖蛋白，如激素、免疫球蛋白、血型物质等参与分子间的信息传递与分子识别。

## 二、糖的消化与吸收

食物中的糖类主要是淀粉，还包括纤维素及少量的双糖以及葡萄糖、果糖等单糖。多糖及双糖经消化道水解酶类催化，分解为单糖才能被吸收。

淀粉的消化从口腔开始，主要在小肠中进行，在淀粉酶、糊精酶、麦芽糖酶等多种酶的作用下，最终可水解为葡萄糖；人体内无水解纤维素的酶类，故食物中的纤维素不能被消化，但其可以刺激肠道蠕动，减少毒素的吸收，是维持健康所必需的；肠道中还含有蔗糖酶和乳糖酶等，分别水解蔗糖和乳糖。有些人由于缺乏乳糖酶，在食用牛奶后发生乳糖消化吸收障碍，从而引起腹胀、腹泻等症状，称为乳糖不耐受。

单糖的吸收主要在小肠上段进行，是一个依赖 $Na^+$ 的耗能的主动转运过程，需特定的载体蛋白参与。被吸收的单糖主要是葡萄糖，经门静脉入肝，一部分在肝进行代谢，一部分经肝静脉入体循环运输到全身各组织。

## 三、糖在体内的代谢概况

人体内糖代谢的中心内容是葡萄糖的代谢。在供氧充足时，葡萄糖主要进行有氧氧化，彻底氧化成 $H_2O$ 和 $CO_2$ 并提供大量能量；在缺氧时，葡萄糖进行无氧酵解，生成乳酸和少量能量的过程会增强。此外，葡萄糖也可进入磷酸戊糖途径等进行代谢，生成其他有用的中间产物。在机体葡萄糖供应充足时，机体可将葡萄糖合成糖原贮存在肝或肌组织之中。在机体葡萄糖供应不足时，可将贮存的糖原再次分解，供机体利用。此外，有些非糖物质如乳酸、丙酮酸等还可经糖异生途径转变成葡萄糖或糖原。

# 第二节 糖的分解代谢

葡萄糖在体内的分解代谢主要有 3 条途径：糖的无氧氧化、有氧氧化和磷酸戊糖途径。

## 一、糖的无氧氧化

在缺氧情况下，机体将葡萄糖分解生成乳酸并产生少量 ATP 的过程称为糖的无氧氧化。因为此过程与酵母中糖生醇的过程相似，故将葡萄糖分解生成丙酮酸的过程称为糖酵解。丙酮酸还原生成乳酸的过程称为乳酸发酵。

### （一）糖的无氧氧化的反应过程

糖的无氧氧化的反应过程共 11 步反应，分为两个阶段：第一阶段是葡萄糖或糖原分解成丙酮酸的过程；第二个阶段是丙酮酸还原成乳酸的过程。

**1. 葡萄糖磷酸化成为葡萄糖-6-磷酸** 葡萄糖进入细胞后首先的反应是磷酸化，磷酸化后的葡萄糖不能自由通过细胞膜而逸出细胞，这是细胞的一种保糖机制。在糖代谢的整个过程中，直至净生成能量之前，中间代谢物都是磷酸化的。葡萄糖磷酸化由己糖激酶催化，消耗 1 分子 ATP，该反应不可逆，是糖的无氧氧化的第一个关键步骤。

葡萄糖　　　　　　　　　　　　　　　　　葡糖-6-磷酸

哺乳类动物体内已发现 4 种己糖激酶同工酶，分别命名为 I、II、III、IV 型。I、II、III 型主要分布于肝外组织中；IV 型酶只存在于肝细胞中，由于对葡萄糖有高度的专一性，又称葡糖激酶，但此酶对葡萄糖的亲和力较弱，只有在血糖浓度较高时才能发挥作用。因此，当餐后血中葡萄糖浓度升高时，肝中葡糖激酶的活性可随血糖浓度增高而增高，有利于葡萄糖进入肝细胞，在肝细胞内转变为肝糖原而储存和利用，维持血糖浓度恒定；当血中葡萄糖浓度正常或偏低时，肝中葡糖激酶活性低，葡萄糖进入肝细胞减少，此时，其他己糖激酶的活性仍较高，有利于肝外组织利用葡萄糖。

**2. 葡糖 - 6 - 磷酸转变为果糖 - 6 - 磷酸**　这是醛糖与酮糖间的异构反应，由磷酸己糖异构酶催化，反应可逆，需要 $Mg^{2+}$ 参与。

葡糖-6-磷酸　　　　　　　　　　　　　　果糖-6-磷酸

**3. 果糖 - 6 - 磷酸转变为果糖 - 1,6 - 双磷酸**　这是第二个磷酸化反应，需 ATP 和 $Mg^{2+}$ 参与，是不可逆的反应。

该反应由磷酸果糖激酶 - 1 催化，将 ATP 中的磷酸基团转移到果糖 - 6 - 磷酸的 $C_1$ 的羟基上，生成果糖 - 1,6 - 双磷酸，消耗了 1 个 ATP 分子。磷酸果糖激酶 - 1 是整个糖酵解过程中活性最低的酶，它是糖酵解过程中的限速酶。该酶的活性受 ATP、柠檬酸的抑制，AMP、ADP、果糖 - 2,6 - 双磷酸是其激活剂。

果糖-6-磷酸　　　　　　　　　　　　　　果糖-1,6-双磷酸

**4. 果糖 - 1,6 - 双磷酸裂解生成 3 - 磷酸甘油醛和磷酸二羟丙酮**　6 个碳的果糖 - 1,6 - 双磷酸在醛缩酶的作用下使 $C_3$ 和 $C_4$ 之间键断裂，生成 2 分子 3 个碳的磷酸丙糖，即 3 - 磷酸甘油醛和磷酸二羟丙酮，该反应可逆。

**5. 磷酸二羟丙酮转变为 3 - 磷酸甘油醛**　磷酸二羟丙酮和 3 - 磷酸甘油醛互为同分异构体，在磷酸丙糖异构酶的催化下可相互转化。3 - 磷酸甘油醛在糖的无氧氧化后续的反应中逐渐消耗，反应偏向于磷酸二羟丙酮转化为 3 - 磷酸甘油醛。因此，1 分子的果糖 - 1,6 - 双磷酸实际上相当于裂解生成了 2 分子的 3 - 磷酸甘油醛。

以上反应为糖的无氧氧化途径中的耗能阶段，共消耗 2 分子 ATP，使 1 分子葡萄糖分解生成了 2 分

子的 3 - 磷酸甘油醛。因此从第 6 步以下的各步反应都有两分子化合物同时进行。

**6. 3 - 磷酸甘油醛氧化为 1,3 - 双磷酸甘油酸** 3 - 磷酸甘油醛在 $NAD^+$ 和磷酸存在下，由 3 - 磷酸甘油醛脱氢酶（GAPDH）催化生成 1,3 - 双磷酸甘油酸，这是糖的无氧氧化中唯一的一步氧化反应。

反应中 3 - 磷酸甘油醛的醛基脱氢氧化成羧基，脱下的氢被 $NAD^+$ 接受还原成 NADH，同时生成的羧基与磷酸形成一个高能酸酐键。在下一步酵解反应中，保存在酸酐化合物中的能量可以使 ADP 转变成 ATP。

**7. 1,3 - 双磷酸甘油酸转变成 3 - 磷酸甘油酸** 该反应由磷酸甘油酸激酶催化，在 $Mg^{2+}$ 参与下，将 1,3 - 双磷酸甘油酸上的高能键转移给 ADP 形成 ATP 和 3 - 磷酸甘油酸。

本反应是糖的无氧氧化过程中第一次生成 ATP 的反应，将底物中所含的高能磷酸键（例如 1,3 - 双磷酸甘油酸）直接转移给 ADP 形成 ATP，这种 ATP 的生成方式称为底物水平磷酸化。本反应为可逆反应。

**8. 3 - 磷酸甘油酸转变为 2 - 磷酸甘油酸** 磷酸甘油酸变位酶催化 3 - 磷酸甘油酸中的磷酸在 $C_3$ 与 $C_2$ 之间相互转换。此步骤为可逆反应，需要 $Mg^{2+}$ 参与。

**9. 2 - 磷酸甘油酸转变为磷酸烯醇丙酮酸** 在烯醇化酶（需要 $Mg^{2+}$）催化下，从 2 - 磷酸甘油酸脱水形成磷酸烯醇丙酮酸，反应是可逆的。此反应引起分子内部的电子重排和能量的重新分布，形成一个高能磷酸键。

2-磷酸甘油酸　　　　　　　　　　　磷酸烯醇丙酮酸

**10. 磷酸烯醇丙酮酸转化成丙酮酸并生成 ATP**　磷酸烯醇丙酮酸在丙酮酸激酶催化下，将高能键转移给 ADP，生成 ATP 和烯醇丙酮酸，是糖的无氧氧化中第二个底物水平磷酸化反应。烯醇丙酮酸不稳定，无需酶的催化便能转化成更稳定的丙酮酸，丙酮酸是糖的无氧氧化中第一个不再被磷酸化的化合物。本反应不可逆。

磷酸烯醇丙酮酸　　　　　　　　　　烯醇丙酮酸　　　　　　　丙酮酸

以上从第 6 步到本步反应，2 分子的三碳糖分别进行两次底物水平磷酸化，共生成 4 分子 ATP，减去前期消耗的 2 分子 ATP，净生成 2 分子 ATP。

**11. 丙酮酸转变成乳酸**　在缺氧条件下，绝大多数细胞中的丙酮酸都可以由乳酸脱氢酶（LDH）催化还原为乳酸，反应所需的氢原子由第 6 步反应生成的 NADH 提供。在无氧条件下，生成的 NADH 在生成乳酸时又被消耗掉，防止了 NADH 的大量堆积，有利于糖的无氧氧化的顺利进行。

丙酮酸　　　　　　　　　　　　乳酸

糖的无氧氧化的过程见图 6-1。

### （二）糖的无氧氧化过程要点

（1）糖的无氧氧化是单糖分解代谢的共同途径。催化糖的无氧氧化的酶都位于细胞质中，因此糖的无氧氧化发生在细胞质中。

（2）糖的无氧氧化生成丙酮酸是通过己糖（消耗 ATP）和丙糖（生成 ATP）两个阶段完成的。在第一个阶段，1 分子的葡萄糖（6 碳）转换为 2 分子的 3-磷酸甘油醛（3 碳），这个阶段需要消耗能量（2 分子 ATP）；在第二个阶段，3-磷酸甘油醛转化为丙酮酸（3 碳），同时生成 NADH 和能量（4 分子 ATP），ATP 是通过底物水平磷酸化合成的。因此 1 分子的葡萄糖经糖的无氧氧化途径净产生 2 分子 ATP。

（3）在无氧条件下，生成的 NADH 在丙酮酸生成乳酸时被消耗，故整个体系中并没有 NADH 的剩余。

（4）糖的无氧氧化途径中存在 3 个不可逆反应，分别由己糖激酶、磷酸果糖激酶-1 和丙酮酸激酶催化，这 3 个酶是调控糖的无氧氧化速度的关键酶，其中磷酸果糖激酶-1 还是限速酶。

### （三）糖的无氧氧化的生理意义

（1）糖的无氧氧化最主要的生理意义在于缺氧时补充能量，这对肌收缩更为重要。肌肉组织中 ATP 的含量较低，肌肉收缩几秒钟便可耗尽。当机体缺氧或剧烈运动时，肌肉局部血流相对不足时，能量主要通过糖的无氧氧化获得。在病理条件下，如呼吸、循环功能障碍、严重贫血或大量失血等因素造成机

图 6-1　糖的无氧氧化

体缺氧时，糖的无氧氧化过程便会加强，以满足机体的能量需要。但糖的无氧氧化生成的乳酸是酸性物质，过多的乳酸有可能会引发酸中毒。

（2）在正常生理状况下，也是个别组织细胞的供能方式。例如成熟的红细胞没有线粒体，不能进行有氧氧化，只能通过糖的无氧氧化获取能量。另外，个别组织细胞代谢比较活跃，如神经细胞、白细胞、骨髓细胞等，即使氧气供应充足，也常由糖的无氧氧化提供部分能量。

## 二、糖的有氧氧化

葡萄糖彻底氧化生成 $CO_2$ 和 $H_2O$，并伴有能量释放的过程，称为糖的有氧氧化。有氧氧化是糖氧化产能的主要方式，体内绝大多数组织细胞都通过此途径获得能量。

### （一）糖的有氧氧化的反应过程

糖的有氧氧化过程分三阶段：第一阶段为葡萄糖生成丙酮酸；第二阶段为丙酮酸氧化脱羧生成乙酰辅酶 A；第三阶段为乙酰辅酶 A 进入三羧酸循环彻底氧化分解，并偶联氧化磷酸化生成水和能量。第一阶段在细胞质中进行，后两个阶段在线粒体中进行。

**1. 葡萄糖在细胞质中分解生成丙酮酸**　该过程与糖的无氧氧化第一阶段反应基本相同，唯一不同的是氧化反应生成的 $NADH + H^+$ 不参与丙酮酸还原成乳酸的反应，而是进入线粒体，经氧化呼吸链传递氢给氧生成水并通过氧化磷酸化的方式生成 ATP。

**2. 丙酮酸氧化脱羧生成乙酰辅酶 A**　在第一阶段生成的 2 分子丙酮酸进入线粒体，在丙酮酸脱氢酶复合体的催化下，与辅酶 A 结合，生成乙酰辅酶 A。乙酰辅酶 A 分子中含有高能硫酯键，性质很活泼，可参加体内的多种代谢反应。

丙酮酸脱氢酶复合体，由3种酶和5种辅助因子组成，见表6-1。

表6-1 丙酮酸脱氢酶复合体的组成

| 酶 | 辅酶 | 所含维生素 |
| --- | --- | --- |
| 丙酮酸脱羧酶（$E_1$） | TPP | 维生素 $B_1$ |
| 二氢硫辛酸乙酰转移酶（$E_2$） | 二氢硫辛酸、辅酶A | 硫辛酸、泛酸 |
| 二氢硫辛酸脱氢酶（$E_3$） | FAD、$NAD^+$ | 维生素 $B_2$、维生素 PP |

**3. 三羧酸循环（tricarboxylic acid cycle，TAC）** 是从乙酰辅酶 A 和草酰乙酸缩合生成含有 3 个羧基的柠檬酸开始，经 4 次脱氢、2 次脱羧最终又生成草酰乙酸而成为循环，故称为三羧酸循环，也称为柠檬酸循环。三羧酸循环是由 Krebs 于 1937 年首先提出，故又称为 Krebs 循环。此循环在线粒体中进行，反应过程如下。 e 微课

（1）三羧酸循环的反应过程

1）柠檬酸的生成　柠檬酸合酶催化乙酰辅酶 A 与草酰乙酸缩合形成柠檬酸，反应所需的能量来自乙酰辅酶 A 的高能硫酯键的水解。本反应不可逆。柠檬酸合酶是三羧酸循环的第一个关键酶。

2）异柠檬酸的生成　在顺乌头酸酶的催化下，柠檬酸先脱水生成顺乌头酸，然后再加水生成异柠檬酸。

3）异柠檬酸氧化脱羧生成 α-酮戊二酸　在异柠檬酸脱氢酶的催化下，异柠檬酸发生氧化脱羧反应，脱下的氢被 $NAD^+$ 接受生成 $NADH + H^+$，碳骨架部分转化为 α-酮戊二酸，该反应不可逆。异柠檬酸脱氢酶是三羧酸循环的第二个关键酶，同时还是限速酶，这是三羧酸循环的主要调控点。

4）α-酮戊二酸氧化脱羧生成琥珀酰辅酶 A　这是柠檬酸循环中的第二次氧化脱羧反应。该反应由 α-酮戊二酸脱氢酶复合体催化，此酶是三羧酸循环的第三个关键酶，催化的反应不可逆。反应脱下的氢被 $NAD^+$ 接受生成 $NADH + H^+$。α-酮戊二酸脱羧时释放较多的自由能，一部分能量以高能硫酯键的形式储存于琥珀酰辅酶 A 内。

α-酮戊二酸　　　　　　　　　　　　　　　　琥珀酰辅酶A

5）琥珀酸的生成　　琥珀酰辅酶 A 是高能化合物，在琥珀酰辅酶 A 合成酶的催化下，其分子中的高能硫酯键水解，释放的能量转移给 GDP，使之磷酸化生成 GTP；琥珀酰辅酶 A 则转变成琥珀酸。GTP 在二磷酸核苷激酶催化下，将高能磷酸键转移给 ADP 生成 ATP。此过程是三羧酸循环中唯一的底物水平磷酸化反应。

琥珀酰辅酶A　　　　　　　　　　　　　　　　琥珀酸

6）琥珀酸脱氢生成延胡索酸　　在琥珀酸脱氢酶催化下，琥珀酸脱氢生成延胡索酸，脱下的氢由 FAD 接受生成 $FADH_2$，该酶是三羧酸循环中唯一与线粒体内膜结合的酶。

琥珀酸　　　　　　　　　　　　　　　　延胡索酸

7）延胡索酸加水生成苹果酸　　该反应是由延胡索酸酶催化的可逆反应。

延胡索酸　　　　　　　　　　　　　　　　苹果酸

8）苹果酸脱氢生成草酰乙酸　　在苹果酸脱氢酶催化下，苹果酸脱氢生成草酰乙酸，脱下的氢被 $NAD^+$ 接受生成 $NADH + H^+$。生成的草酰乙酸可再次与乙酰辅酶 A 结合进入下一轮的三羧酸循环。

苹果酸　　　　　　　　　　　　　　　　草酰乙酸

三羧酸循环过程如图 6 - 2 所示。

（2）三羧酸循环的特点

1）此循环反应在线粒体中进行，反应中有 3 个关键酶催化的反应为单向不可逆反应，故整个循环不可逆，这 3 个关键酶是柠檬酸合酶、异柠檬酸脱氢酶、α - 酮戊二酸脱氢酶复合体，其中，异柠檬酸脱氢酶是限速酶。

图 6-2 三羧酸循环

2）每完成一次循环有 1 次底物水平磷酸化、2 次脱羧、4 次脱氢。2 次脱羧可生成 2 分子 $CO_2$；4 次脱氢反应中，其中有 3 次脱下的氢由 $NAD^+$ 接受生成 3 分子 $NADH + H^+$，1 次脱氢由 FAD 接受生成 1 分子 $FADH_2$。

3）4 次脱氢反应生成的 $NADH + H^+$ 和 $FADH_2$ 可经电子传递链进行氧化磷酸化生成水和 ATP（详见第五章生物氧化）。1 分子 $NADH + H^+$ 经呼吸链传递可生成 2.5 分子 ATP，1 分子 $FADH_2$ 经呼吸链传递可生成 1.5 分子 ATP。因此，1 分子乙酰辅酶 A 进入三羧酸循环氧化分解，经脱氢氧化及电子传递链氧化磷酸化可产生 9 分子 ATP，再加上底物水平磷酸化生成的 GTP，总共可生成 10 分子 ATP。

4）三羧酸循环的中间产物常因参加其他代谢反应而减少，为保证三羧酸循环的进行，故需要不断补充三羧酸循环的中间产物。

（3）三羧酸循环的生理意义

1）三羧酸循环是糖、脂肪、蛋白质三大营养物质共同的产能途径，糖、脂肪、蛋白质三大营养物质均可生成乙酰辅酶 A，通过三羧酸循环产生能量。

2）三羧酸循环是糖、脂肪、蛋白质三大营养物质代谢联系的枢纽。三大营养物质通过三羧酸循环在一定程度上互相转变。例如，饱食时糖可以转变为脂肪。葡萄糖分解成丙酮酸后进入线粒体内氧化脱羧生成乙酰辅酶 A，乙酰辅酶 A 必须再转移到细胞质以合成脂肪酸。

### （二）糖的有氧氧化的生理意义

糖有氧氧化是机体获取能量的主要方式。每摩尔葡萄糖经有氧氧化彻底分解可释放 2840kJ/mol 的能量，其中约 34% 转化生成 30mol 或 32mol ATP（表 6-2）；若从糖原开始进行有氧氧化，则每摩尔葡萄糖单位分解可净生成 31mol 或 33mol ATP。因此糖有氧氧化的正常进行，是机体大多数组织细胞获取能量的主要方式，对维持机体生命活动具有重要意义。

表 6 – 2 葡萄糖有氧氧化时 ATP 的生成与消耗

| 反应过程 | ATP 生成方式 | ATP 数量（mol） |
|---|---|---|
| 葡萄糖→葡糖 – 6 – 磷酸 | | – 1 |
| 果糖 – 6 – 磷酸→果糖 – 1,6 – 双磷酸 | | – 1 |
| 3 – 磷酸甘油醛→1,3 – 双磷酸甘油酸 | NADH（FADH$_2$）氧化磷酸化 | 2.5（1.5）×2 |
| 1,3 – 双磷酸甘油酸→3 – 磷酸甘油酸 | 底物水平磷酸化 | 1 ×2 |
| 磷酸烯醇丙酮酸→丙酮酸 | 底物水平磷酸化 | 1 ×2 |
| 丙酮酸→乙酰辅酶 A | NADH 氧化磷酸化 | 2.5 ×2 |
| 异柠檬酸→α – 酮戊二酸 | NADH 氧化磷酸化 | 2.5 ×2 |
| α – 酮戊二酸→琥珀酰辅酶 A | NADH 氧化磷酸化 | 2.5 ×2 |
| 琥珀酰辅酶 A→琥珀酸 | 底物水平磷酸化 | 1 ×2 |
| 琥珀酸→延胡索酸 | FADH$_2$ 氧化磷酸化 | 1.5 ×2 |
| 苹果酸→草酰乙酸 | NADH 氧化磷酸化 | 2.5 ×2 |
| 合计 | | 30 或 32 |

## 三、磷酸戊糖途径

经 Bernard Leonard Horecker 等人研究发现，葡萄糖的分解还存在另外的途径——磷酸戊糖途径。在某些组织，如肝、骨髓、脂肪组织、乳腺及红细胞中磷酸戊糖途径进行得比较旺盛。机体中有 30% ~ 40% 的葡萄糖经磷酸戊糖途径进行代谢，此途径的意义在于生成核糖磷酸、NADPH 和 $CO_2$，而不是生成 ATP。

### （一）磷酸戊糖途径的反应过程

磷酸戊糖途径代谢反应在细胞质中进行，其过程可分为两个阶段。第一阶段是氧化阶段，葡糖 – 6 – 磷酸经氧化脱羧生成磷酸戊糖和 NADPH；第二阶段是非氧化阶段，是一系列基团转移反应，将磷酸戊糖转变为 3 – 磷酸甘油醛和果糖 – 6 – 磷酸。

1. 第一阶段 主要生成磷酸戊糖、NADPH 及 $CO_2$。首先，葡糖 – 6 – 磷酸由葡糖 – 6 – 磷酸脱氢酶催化脱氢生成葡糖酸 – 6 – 磷酸内酯，脱下的氢被 $NADP^+$ 接受生成 NADPH + $H^+$，本步反应不可逆，需要 $Mg^{2+}$ 参与，葡糖 – 6 – 磷酸脱氢酶是磷酸戊糖途径的关键酶。葡糖 – 6 – 磷酸内酯在内酯酶的作用下转变为葡糖酸 – 6 – 磷酸，后者在葡糖酸 – 6 – 磷酸酸脱氢酶作用下再次脱氢并自发脱羧而转变为核酮糖 – 5 – 磷酸，同时生成 NADPH + $H^+$ 及 $CO_2$。核酮糖 – 5 – 磷酸在异构酶作用下，即转变为核糖 – 5 – 磷酸。在第一阶段葡糖 – 6 – 磷酸生成核糖 – 5 – 磷酸的过程中，同时生成 2 分子 NADPH 及 1 分子 $CO_2$。

2. 第二阶段 包括一系列基团转移，此阶段反应可逆。核酮糖 – 5 – 磷酸经过一系列转酮基和转醛

基反应，经磷酸丁糖、磷酸戊糖及磷酸庚糖等中间产物，然后转变成果糖 - 6 - 磷酸和 3 - 磷酸甘油醛而进入糖酵解途径进一步分解。

磷酸戊糖途径与其他糖代谢途径的关系如图 6 - 3 所示。

图 6 - 3　磷酸戊糖途径与其他糖代谢途径的关系

### （二）磷酸戊糖途径的特点

（1）磷酸戊糖途径反应过程中的脱氢酶是以 $NADP^+$ 为辅酶，而不是 $NAD^+$。

（2）磷酸戊糖途径的关键酶是葡糖 - 6 - 磷酸脱氢酶。

### （三）磷酸戊糖途径的生理意义

**1. 生成核糖 - 5 - 磷酸参与核酸生物合成**　核糖 - 5 - 磷酸是核苷酸合成的原料，不依赖食物摄入，而是通过磷酸戊糖途径生成。磷酸核糖的生成方式有两种：①发生在氧化阶段，由葡糖 - 6 - 磷酸氧化脱羧生成；②发生在基团转移阶段，由 3 - 磷酸甘油醛和果糖 - 6 - 磷酸通过基团转移生成。人体主要通过第一种方式生成磷酸核糖。

**2. 生成 NADPH 作为供氢体参与多种代谢反应**　磷酸戊糖途径生成的 NADPH 主要用于机体一些重要物质的合成，而不是通过电子传递链氧化释出能量。

（1）NADPH 是体内许多合成代谢的供氢体，如从乙酰辅酶 A 合成脂肪酸、胆固醇。

（2）NADPH 参与体内羟化反应，有些羟化反应与生物合成有关，如从鲨烯合成胆固醇、从胆固醇合成胆汁酸等；有些羟化反应则与生物转化有关。

（3）NADPH 还用于维持谷胱甘肽（GSH）的还原状态。还原型谷胱甘肽是体内重要的抗氧化剂，可以保护一些含巯基的蛋白质或酶免受氧化剂的损害，尤其是过氧化物的损害。2 分子还原型谷胱甘肽（GSH）可以为氧化物提供氢，而自身被氧化成氧化型谷胱甘肽（GSSG），后者可在谷胱甘肽还原酶催化作用下被 NADPH 重新还原成还原型谷胱甘肽（GSH）。

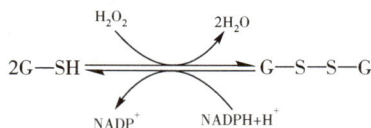

在红细胞中还原型谷胱甘肽更具有重要作用，它可以保护红细胞膜免受氧化。有些人群的红细胞内缺乏葡糖 - 6 - 磷酸脱氢酶，不能经磷酸戊糖途径生成足够的 NADPH，不能保持谷胱甘肽处于还原状

态，造成红细胞膜过氧化，使红细胞膜的脆性增加，红细胞在通过毛细血管时易被挤压、变形、破裂、溶血。这种溶血现象常在食用新鲜蚕豆后出现，故称为蚕豆病。

## 第三节　糖原的合成与分解

糖原是以葡萄糖为单位通过 α-1,4-糖苷键和 α-1,6-糖苷键聚合而成的大分子物质，其结构如图 6-4 所示。糖原是人体内糖的主要储存形式。肝和骨骼肌是储存糖原的主要组织器官。糖原作为葡萄糖储备的生物学意义在于，当机体需要葡萄糖时，它可以迅速被动用，以供急需；但肝糖原和肌糖原的生理意义有很大不同，肌糖原主要为肌肉收缩提供能量，肝糖原则是血糖的重要来源。这对于一些依赖葡萄糖作为能量来源的组织，如脑、红细胞等尤为重要。

糖原储存的主要目的是维持血糖浓度的恒定。当体内的糖和能量充足时，如进餐后，葡萄糖在肝和肌肉中合成糖原储存起来，以防止血糖浓度过高。当血糖浓度下降时，如两餐之间的空腹状态时，肝糖原分解为葡萄糖，释放入血，补充血糖。

图 6-4　糖原的结构

## 一、糖原的合成

### （一）糖原合成的概念与部位

由葡萄糖生成糖原的过程称为糖原合成。肝和肌肉是糖原合成的重要场所，反应在细胞质中进行。

### （二）糖原合成过程

**1. 葡萄糖经磷酸化作用形成葡糖-6-磷酸**　此过程与糖的无氧氧化的第一步反应相同，反应不可逆，并消耗 1 分子 ATP。

葡萄糖　　　　　　　　　　葡糖-6-磷酸

**2. 葡糖-6-磷酸在变位酶作用下转变为葡糖-1-磷酸** 此步反应将磷酸从第6位碳转移至第1位碳，为后续糖原合成做准备。

葡糖-6-磷酸    葡糖磷酸变位酶    葡糖-1-磷酸

**3. 葡糖-1-磷酸与UTP缩合形成尿苷二磷酸葡糖** 在尿苷二磷酸葡糖焦磷酸化酶的催化下，UTP作用于葡糖-1-磷酸生成尿苷二磷酸葡糖（UDPG），UDPG是糖原合成的葡萄糖供体，是糖原合成中葡萄糖的活性形式。

葡糖-1-磷酸    UDPG焦磷酸化酶    UDPG    + PPi

**4. 糖原的合成** 在糖原合酶作用下，UDPG的葡萄糖基转移到糖原分子的羟基上，形成 $\alpha$-1,4-糖苷键，糖原分子增加1个葡萄糖基。上述反应反复进行，可使糖链不断延长。

糖原合酶不能将2个游离的UDPG直接连接，只能在原有糖原的糖链上向后延长。细胞内原有的较小的糖原分子称为糖原引物。研究发现，最初的糖原引物是一种名为糖原引物蛋白的蛋白质，糖原引物蛋白可对其自身进行共价修饰，将UDPG分子的葡萄糖结合到糖原引物蛋白分子的酪氨酸残基上，从而使其糖基化，这个结合上去的葡萄糖分子即成为糖原合成时的引物。

$$UDPG + 糖原（G_n）\xrightarrow{\text{糖原合酶}} 糖原（G_{n+1}）+ UDP$$

**5. 糖原分支的形成** 糖原合酶只能催化 $\alpha$-1,4-糖苷键的形成，因此只能延长直链，不能形成分支。当糖原分子中直链连接达到 $12\sim18$ 个葡萄糖单位时，在分支酶作用下，可将一段糖链（$6\sim7$ 个葡萄糖单位）转移至邻近的糖链上，以 $\alpha$-1,6-糖苷键连接形成分支结构（图6-5）。分支的形成不仅可增加糖原的水溶性，更重要的是还可增加非还原端数目，以便磷酸化酶能迅速分解糖原。

因此在糖原合酶和分支酶的共同作用下，糖原分子不断增大，分支不断增多。

**（三）糖原合成的特点**

糖原合成具有以下特点：①糖原合酶是糖原合成过程的关键酶，其活性受胰岛素的调节，当餐后血糖浓度升高时，胰岛素分泌增加，糖原合成加速；②UDPG是葡萄糖的直接供体；③每增加1个葡萄糖单位，需消耗1分子ATP和1分子UTP（2个高能磷酸键）；④糖原的合成需要小分子糖原作为引物。

## 二、糖原的分解

肝糖原分解成葡萄糖的过程称为糖原的分解，它不是糖原合成的逆反应。具体过程如下。

**1. 糖原分解成葡糖-1-磷酸** 在糖原磷酸化酶催化下，使糖原非还原端末端的 $\alpha$-1,4-糖苷键水解断裂，生成1分子葡糖-1-磷酸及少1个葡萄糖基的糖原分子。糖原磷酸化酶是糖原分解的关键酶。

图 6-5 分支酶的作用

糖原磷酸化酶只催化糖原上的 $\alpha-1,4-$ 糖苷键，当催化至离 $\alpha-1,6-$ 糖苷键 4 个葡萄糖单位时就不能起作用了，此时，由脱支酶将靠近非还原端的 3 个葡萄糖单位转移至另一个分支上，剩下的 1 个葡萄糖单位由脱支酶水解掉（图 6-6）。因此，脱支酶有 $\alpha-1,4-$ 糖苷键的水解活性、$\alpha-1,4-$ 糖苷键的合成活性及 $\alpha-1,6-$ 糖苷键的水解活性。这样在糖原磷酸化酶和脱支酶的协同作用下，糖原分子上的葡萄糖基不断水解，糖原分子逐渐缩小。

图 6-6 脱支酶的作用

**2. 葡糖 -1- 磷酸转变为葡糖 -6- 磷酸** 此过程由葡糖磷酸变位酶催化。

**3. 葡糖 -6- 磷酸水解为葡萄糖** 肝糖原和肌糖原生成葡糖 -6- 磷酸后，此后的代谢途径有所不同。在肝脏中，葡糖 -6- 磷酸在葡糖 -6- 磷酸酶作用下水解成葡萄糖，释放入血液，以补充血糖；而在肌肉中，因缺乏葡糖 -6- 磷酸酶而无法转化成葡萄糖，葡糖 -6- 磷酸进入糖的无氧氧化途径，为肌肉收缩供能。

糖原合成与分解的过程如图 6-7 所示。

图 6 - 7　糖原的合成与分解

## 三、糖原合成与分解的生理意义

糖原合成与分解的生理意义是维持血糖水平的恒定，缓冲间断进食对血糖水平进行影响，使其保持相对稳定。

# 第四节　糖异生

## 一、糖异生的概念与部位

肝糖原的储备有限，正常成人每小时可由肝释放出葡萄糖 210mg/kg，按此计算，如果没有补充，餐后 10~12 小时肝糖原即被耗尽，血糖来源断绝。但事实上，即使禁食 24 小时，血糖仍能保持在正常水平。这是因为除了周围组织减少对葡萄糖的利用外，主要还依赖肝将非糖物质转变成葡萄糖，不断补充血糖。这种由非糖物质转变为葡萄糖或糖原的过程称为糖异生。能进行糖异生的非糖物质主要有乳酸、甘油及生糖氨基酸等。糖异生主要在肝、肾的细胞质和线粒体中进行。正常情况下肾的糖异生能力仅为肝的 1/10，但在长期饥饿时肾的糖异生能力可大大增强。

## 二、糖异生的过程

糖异生基本上是糖的无氧氧化的逆过程，但在糖的无氧氧化中有 3 步不可逆步骤。这些不可逆反应步骤，可通过另外的酶的催化，异生成糖。

**1. 丙酮酸生成磷酸烯醇丙酮酸**　此过程由两个反应组成：第一个反应由丙酮酸羧化酶催化，辅酶为生物素，丙酮酸生成草酰乙酸，反应消耗 1 分子 ATP；第二个反应由磷酸烯醇丙酮酸羧化激酶催化，草酰乙酸生成磷酸烯醇丙酮酸，反应消耗 1 分子 GTP。这两步反应为丙酮酸羧化支路。

由于丙酮酸羧化酶仅存在于线粒体内，故细胞质中的丙酮酸必须进入线粒体，才能羧化生成草酰乙酸。而磷酸烯醇丙酮酸羧化激酶在线粒体和细胞质中都存在，因此草酰乙酸可在线粒体中直接转变为磷酸烯醇丙酮酸再进入细胞质，也可在细胞质中被转变成磷酸烯醇丙酮酸。但是，草酰乙酸不能直接透过线粒体，需借助两种转运方式将其转入细胞质：①经苹果酸脱氢酶作用，将其还原成苹果酸，然后再通过线粒体膜进入细胞质，再由细胞质中苹果酸脱氢酶将苹果酸脱氢，氧化为草酰乙酸而进入糖异生反应途径；②经天冬氨酸氨基转移酶作用，生成天冬氨酸后逸出线粒体，进入细胞质后，经天冬氨酸氨基转移酶催化，再生成草酰乙酸。有实验表明，丙酮酸或能转变成丙酮酸的某些生糖氨基酸作为原料异生成糖时，以苹果酸通过线粒体方式进行糖异生；而乳酸进行糖异生反应时，常在线粒体生成草酰乙酸后，再转变成天冬氨酸进入细胞质。

**2. 果糖 -1,6- 双磷酸转变为果糖 -6- 磷酸**　在果糖二磷酸酶 -1 的催化下，果糖 -1,6- 双磷酸 $C_1$ 位磷酸酯键水解脱去磷酸，生成果糖 -6- 磷酸。

**3. 葡糖 -6- 磷酸转变为葡萄糖**　在葡糖 -6- 磷酸酶催化下，葡糖 -6- 磷酸水解为葡萄糖。此反应与肝糖原分解成葡萄糖的最后一步反应相同。

### 三、糖异生的生理意义

**1. 在饥饿情况下维持血糖浓度的相对恒定**　空腹和饥饿时，机体首先依靠肝糖原分解成葡萄糖来补充血糖，但餐后 10～12 小时后，肝糖原就会被消耗殆尽，这时机体会利用乳酸、甘油等异生成葡萄糖，以维持血糖水平恒定。葡萄糖是人体主要的供能物质，在长期饥饿状况下，葡萄糖几乎全部由糖异生生成。

**2. 有利于乳酸的再利用**　在剧烈运动或某些原因导致缺氧时，肌糖原酵解增强，产生大量乳酸，这些乳酸大部分随血液运输到肝，经糖异生作用异生为葡萄糖，以补充血糖；血糖可再被肌肉摄取利用，如此形成一个循环过程，称为乳酸循环。乳酸循环的意义在于：有利于乳酸再利用的同时，也利于防止因乳酸堆积而导致的乳酸酸中毒。

**3. 协助氨基酸代谢**　有些氨基酸在体内可以转化为丙酮酸、$\alpha$-酮戊二酸和草酰乙酸等，进而通过糖异生作用转变为葡萄糖。实验证明，长期禁食时，糖异生作用增强，可促进组织蛋白的分解，使血中的氨基酸增加。这时，氨基酸是糖异生的主要原料来源，以维持血糖相对恒定。

**4. 有利于维持酸碱平衡**　糖异生作用是利用大量的有机酸生成葡萄糖，使机体酸性物质减少，维持酸碱平衡。另外，长期饥饿时，肾糖异生增强，肾中 $\alpha$-酮戊二酸因进行糖异生而含量减少，促进谷氨酰胺脱氨生成谷氨酸，后者再脱氨基生成 $\alpha$-酮戊二酸，生成的 $NH_3$ 分泌入管腔中，与原尿中 $H^+$ 结合，降低原尿中 $H^+$ 浓度，有利于排氢保钠作用的进行，这对防止酸中毒、维持酸碱平衡有重要作用。

## 第五节　血糖及其调节

血液中的葡萄糖称为血糖。血糖水平相对恒定，正常成人空腹血糖浓度为 3.89～6.11mmol/L。餐后血糖有所上升，但是 2 小时左右便恢复正常，一般不会超过"肾糖阈"（8.89～10.0mmol/L）。血糖水平的相对恒定依赖机体对血糖来源与去路的精细调节，以维持其动态平衡。

### 一、血糖的来源与去路

#### （一）血糖的来源

**1. 消化吸收的葡萄糖**　食物中淀粉的消化吸收是血糖的主要来源。

**2. 肝糖原的分解**　空腹或短期饥饿时，肝糖原分解为葡萄糖，是血糖的主要来源。

**3. 糖异生作用**　长期饥饿时，糖异生作用加强，将体内大量非糖物质异生成葡萄糖，补充血糖。

#### （二）血糖的主要去路

**1. 氧化供能**　是血糖的主要去路。

**2. 合成糖原**　当血糖浓度较高时，葡萄糖在肝、肌肉组织中合成糖原贮存。

**3. 转变为其他物质**　葡萄糖在体内可转化为脂肪、部分氨基酸或是通过磷酸戊糖途径生成磷酸核糖，进而合成核苷酸。

**4. 随尿液排出**　当血糖浓度超过肾糖阈时，便会有一部分葡萄糖无法重吸收而随尿液排出，称为糖尿。这是血糖不正常的去路。

血糖的来源和去路如图 6-8 所示。

图 6 - 8　血糖的来源和去路

## 二、血糖的调节

血糖浓度能维持相对恒定是由于机体在器官、激素、神经水平有一整套高效率的调节机制，精细地控制着血糖的来源与去路，使之达到动态平衡。具体调节机制如下。

**1. 器官水平的调节**　肝脏是调节血糖的主要器官。进餐后血糖升高，肝脏通过加快将血中的葡萄糖转运入肝细胞以及通过促进肝糖原的合成，来降低血糖浓度；饥饿时，肝脏通过促进肝糖原的分解以及促进糖异生，以增高血糖浓度。

**2. 激素的调节**　调节血糖浓度的激素分为降血糖激素和升血糖激素。胰岛素是体内唯一的降血糖激素。升血糖的激素有胰高血糖素、肾上腺素、糖皮质激素等。这两类激素通过调节糖代谢途径中的关键酶的活性来影响糖代谢过程，使血糖的来源与去路保持平衡，维持血糖的相对稳定。常见的激素对血糖的调节作用见表 6 - 3。

表 6 - 3　激素对血糖的影响

| 激素 | 作　用 |
| --- | --- |
| 胰岛素 | 促进肌肉、脂肪细胞摄取葡萄糖 |
|  | 加快葡萄糖的有氧氧化 |
|  | 加速糖原合成，抑制糖原分解 |
|  | 抑制肝内糖异生 |
|  | 促进葡萄糖转变为脂肪，并抑制脂肪动员 |
| 胰高血糖素 | 抑制肝糖原合成，加速肝糖原分解 |
|  | 促进糖异生 |
|  | 促进脂肪动员 |
| 肾上腺素 | 加速糖原分解 |
| 糖皮质激素 | 促进蛋白质分解，加速糖异生 |

**3. 神经系统的调节**　神经系统对血糖的调节是通过调节激素的分泌量，进而影响各代谢途径中酶活性来实现的。交感神经兴奋时，肾上腺素分泌增加，血糖升高；迷走神经兴奋时，胰岛素分泌增多，血糖浓度降低。

**素质提升**

### 中国力量震惊世界

胰岛素是体内唯一降血糖的激素，是治疗糖尿病的一种非常重要的激素药物。

1958 年，英国化学家桑格因完成胰岛素的全部测序工作而获得诺贝尔化学奖，《自然》杂志刊文指出："合成胰岛素将是遥远的事情。"然而，让他们没有想到的是，就在那时，中国正式开启了这个"遥远"的事情——人工合成胰岛素。

从 1958 年开始，中国科学院上海生物化学研究所、中国科学院上海有机化学研究所和北京大学化学系三个单位联合组成一个多人协作组，在前人对胰岛素结构和肽链合成方法研究的基础上，开始探索用化学方法合成胰岛素。

1965 年 9 月 17 日，中国在世界上首次人工合成结晶牛胰岛素，为人类揭开生命奥秘、解决医学难题迈出了重要一步，成为中国攀登世界科技高峰征程上的一座里程碑。

老一辈科学家对"科学强国梦"的执著追求，对科学真理的不懈探索、严谨求实的科学态度，淡泊名利、乐于奉献的精神，犹如一座历史的灯塔永远照耀在我们的心头。

## 三、高血糖与低血糖

正常人体血糖受到上述机制的精细调控，任何环节的功能障碍都可能引起糖代谢异常，临床上糖代谢异常主要表现高血糖和低血糖。

**1. 高血糖** 是指空腹血糖高于 7.0mmol/L。高血糖不一定会出现糖尿，只有当血糖超过 8.89 ~ 10.00mmol/L，高于肾小管对葡萄糖重吸收的最大能力（肾糖阈值）时才会出现尿糖。在某些生理情况下，如情绪激动会引起交感神经系统兴奋，使肾上腺素等分泌增加，导致血糖浓度升高，出现尿糖，称为情感性尿糖；一次性食入大量糖，血糖急剧升高，出现糖尿，称为饮食性尿糖。上述两种暂时性高血糖及尿糖均为生理性高血糖及尿糖，受试者空腹时血糖浓度均在正常水平且无临床症状和意义。

临床上最常见的病理性高血糖症是糖尿病。糖尿病是一种以高血糖和糖尿为主要表现的慢性、复杂的代谢性疾病。

**2. 低血糖** 指空腹血糖浓度低于 2.8mmol/L。脑组织主要以葡萄糖作为能源，对低血糖比较敏感，即使轻度低血糖也能发生头晕、倦怠，还可出现肢体与口周麻木、记忆减退和运动不协调，严重时出现意识丧失、昏迷甚至死亡。引起低血糖的原因很多，较常见的原因：①胰岛 B 细胞增生和肿瘤等病变使胰岛素分泌过多，致血糖来源减少，去路增加，造成血糖降低；②使用胰岛素或降血糖药物过多；③腺垂体或肾上腺皮质功能减退，使对抗胰岛素或肾上腺皮质激素分泌减少，结果同胰岛素分泌过多；④肝严重损害时，不能有效地调节血糖，当糖摄入不足时很易发生低血糖；⑤长期饥饿、剧烈运动或高热患者因代谢率增加，血糖消耗过多。

**目标检测**

答案解析

### 一、选择题

1. 唯一降血糖的激素是（ ）

    A. 肾上腺素         B. 糖皮质激素         C. 胰岛素

    D. 甲状腺激素         E. 胰高血糖素

2. 不能作为糖异生原料的是（ ）
    A. 乳酸             B. 丙酮酸             C. 甘油
    D. 生糖氨基酸          E. 乙酰 CoA

3. 肌糖原无法直接分解为葡萄糖是因为肌肉组织中缺乏（ ）
    A. 葡糖 – 6 – 磷酸脱氢酶             B. 葡糖 – 6 – 磷酸酶
    C. 磷酸果糖激酶                   D. 果糖二磷酸酶 – 1
    E. 丙酮酸激酶

4. 关于糖原合成的说法不正确的是（ ）
    A. 需要引物                     B. 不消耗能量
    C. 活性葡萄糖供体是 UDPG       D. 主要在肝脏和肌肉组织中合成
    E. 是机体储存糖的方式

5. 磷酸戊糖途径可提供（ ）作为供氢体参与多种代谢反应
    A. NADH           B. NADPH         C. $FADH_2$
    D. $NAD^+$           E. $NADP^+$

6. 1 分子乙酰 CoA 彻底氧化分解可提供的 ATP 数目为（ ）
    A. 5                B. 7              C. 20
    D. 10           E. 32

7. 成熟红细胞获得能量的主要方式是（ ）
    A. 无氧氧化          B. 三羧酸循环        C. 糖原分解
    D. 糖异生             E. 有氧氧化

8. 三大营养物质彻底氧化分解的共同途径是（ ）
    A. 乳酸循环          B. 糖酵解途径      C. 糖异生
    D. 三羧酸循环       E. 丙酮酸羧化支路

9. 糖无氧氧化的终产物是（ ）
    A. 丙酮酸           B. 乳酸            C. 草酰乙酸
    D. 二氧化碳和水      E. 乙酰 CoA

## 二、思考题

蚕豆病的生化机制是什么？

（黄象娟）

**书网融合……**

本章小结           微课           题库

# 第七章 脂质代谢

## ◎ 学习目标

1. 通过本章节的学习，重点把握脂肪动员，脂肪酸 β 氧化，酮体的基本概念、基本途径、关键步骤、关键酶。

2. 学会计算脂肪酸氧化过程中能量，能比较血浆脂蛋白用电泳法和超速离心法分类的种类、主要组成成分和功能；能解释糖尿病酮症酸中毒、动脉粥样硬化的代谢病因。

## ≫ 情境导入

**情景描述** 患者，男性，35 岁，IT 主管。5 年内没进行体检。无疾病史和住院史。喜欢食用动物内脏、未服用药物和营养补充剂。家族病史：父亲 61 岁死于心脏病，兄弟 3 次心脏手术，叔叔 2 型糖尿病，母亲高胆固醇和三酰甘油血症。查体：血压 135/90mmHg；身高 182.9cm，体重 97.1kg；腹围 104cm；空腹状态下胆固醇 12.6mmol/L（正常值 2.9 ~ 6.0mmol/L）；HDL – C 0.73mmol/L（正常值 1.03 ~ 2.07mmol/L）；LDL – C 6.27mmol/L（正常值 0 ~ 3.12mmol/L）；血糖 18.11mmol/L（正常值 3.89 ~ 6.11mmol/L）。

**讨论** 1. 对患者健康状况进行整体评价。
2. 请根据患者情况分析其血脂检查结果，并给出膳食合理性建议。

---

脂质是脂肪和类脂的总称，广泛存在于自然界，其特点是不溶于水而易溶于有机溶剂。脂肪也称为三酰甘油（TAG），又称甘油三酯（TG），是由 1 分子甘油与 3 分子脂肪酸组成的酯，广泛分布于动植物组织中，人体中脂肪主要储存在脂肪组织和皮下组织，脂肪的作用主要是储存能量，也可以经氧化为机体提供能量。类脂主要包括磷脂（PL）、糖脂（GL）、胆固醇（Ch）及胆固醇酯（CE）等，是细胞膜结构的重要组分。

体内脂肪酸的来源有 2 个：①机体自身合成，主要是饱和脂肪酸及单不饱和脂肪酸；②食物脂肪供给，特别是某些不饱和脂肪酸，如亚麻酸、亚油酸和花生四烯酸等，这些脂肪酸是机体必需的，但是动物机体自身不能合成，需从食物中摄取，这些脂肪酸称为必需脂肪酸，主要来源于植物油类。

# 第一节 脂质的功能与消化吸收

## 一、脂质的生理功能

### （一）脂肪的生理功能

**1. 储能和供能** 脂肪是体内储存能量和提供能量的重要物质。三酰甘油是疏水性物质，在体内储存时几乎不结合水，占用体积较小，为同质量的糖原所占体积的 1/4，是体内的主要储能形式。人体活动所需要的能量 20% ~ 30% 由三酰甘油提供。1g 三酰甘油在体内氧化分解可产生 38.94kJ（9.3kcal）的热量，比 1g 糖或蛋白质多 1 倍以上。因此，在饥饿或禁食等特殊情况下，三酰甘油成为机体的主要能量来源。在临床上，有些患者由于饮食障碍，需要静脉输入一些营养物质，包括脂肪酸，如脂肪乳剂的应用。

**2. 维持体温与保护内脏** 分布在人体皮下的脂肪不易导热，可防止热量散失而维持体温。机体内脏器官周围分布有大量的脂肪组织，具有固定器官的作用，同时具有软垫作用，能缓冲外界的机械冲击，使内脏器官免受损伤。

### （二）类脂的生理功能

**1. 构成生物膜的结构** 类脂特别是磷脂和胆固醇是细胞膜、核膜、线粒体膜、内质网膜及神经髓鞘膜等生物膜的重要组分。在膜的脂质双分子层结构中，磷脂成分约占60%以上，而胆固醇约占20%，其余为镶嵌在膜中的蛋白质。膜中的磷脂和胆固醇含量若稍有变化，都将导致膜的物理性质发生改变。可见，类脂在维持生物膜的正常结构和功能中起重要作用。

**2. 作为第二信使参与代谢调节** 细胞膜上的磷脂酰肌醇 - 4,5 - 二磷酸（$PIP_2$）被磷脂酶水解生成肌醇三磷酸（$IP_3$）和二酰甘油（DAG，又称甘油二酯），两者均为激素作用的第二信使，起传递信息的作用。

**3. 转变成多种重要的活性物质** 胆固醇在体内可转变生成肾上腺皮质激素、性激素、胆汁酸盐和维生素 $D_3$ 等重要功能物质。

此外，食物中脂质的吸收可伴随着脂溶性维生素的吸收，脂质的吸收障碍会造成脂溶性维生素的吸收障碍，而引起脂溶性维生素的缺乏；食物中的脂质提供人体所需要的必需脂肪酸，主要有亚油酸、亚麻酸和花生四烯酸等多不饱和脂肪酸等。

## 二、脂质的消化吸收

### （一）脂质的消化

食物中脂质主要为三酰甘油，约占90%，此外，还含少量磷脂及胆固醇酯等。小肠上段是脂质消化的主要场所。脂质不溶于水，必须在小肠经胆汁酸盐的作用，乳化分散成细小的微团后，才能被消化酶消化。胆汁酸盐是较强的乳化剂，能降低脂质 - 水界面处的表面张力，使脂肪及胆固醇酯等疏水的脂质乳化成微团，增加消化酶与脂质的接触面积，促进脂质的消化。

消化脂质的酶主要有胰腺分泌入小肠的胰脂肪酶、辅脂酶、磷脂酶 $A_2$ 及胆固醇酯酶。胰脂肪酶催化三酰甘油的1位及3位酯键水解，生成2 - 单酰甘油（单酰甘油又称甘油一酯）及2分子脂肪酸。胰脂肪酶只有吸附在乳化脂肪微团的脂质 - 水界面处，才能作用于微团中的三酰甘油。辅脂酶是胰脂肪酶消化脂肪所必需的一种蛋白质，它能与胰脂肪酶通过氢键结合，同时又可与脂肪通过疏水作用结合，这样就把胰脂肪酶固定在微团的脂质 - 水界面上，并可防止胰脂肪酶在界面处变性，从而促进脂肪的水解。磷脂酶 $A_2$ 催化磷脂2位酯键水解，生成脂肪酸及溶血磷脂。胆固醇酯酶催化胆固醇酯水解生成游离胆固醇及脂肪酸。

除甘油外，脂肪及类脂的消化产物包括单酰甘油、脂肪酸、胆固醇及溶血磷脂等可与胆汁酸盐进一步乳化成更小的混合微团。在此微团中，极性小的胆固醇和脂肪酸等被包埋在核心，胆汁酸盐及磷脂等的疏水基团伸向微团中心，而亲水基团则伸向微团表面。这些微团体积更小，极性更大，易于穿过小肠黏膜上皮细胞表面的水化层屏障，被小肠黏膜上皮细胞吸收。

### （二）脂质的吸收

脂质消化产物的吸收部位主要在十二指肠下段及空肠上段。脂质消化产物的吸收包括两种情况。

**1. 含短链脂肪酸（2～4 碳）及中链脂肪酸（6～10 碳）的三酰甘油的吸收**  经胆汁酸盐乳化后即可被直接吸收，然后在肠黏膜细胞内水解为脂肪酸和甘油，通过门静脉进入血液循环。

**2. 含长链脂肪酸（12～26 碳）的三酰甘油的吸收**  在肠道分解为长链脂肪酸和单酰甘油后，再被吸收入肠黏膜细胞，然后在肠黏膜细胞的滑面内质网上，由脂酰辅酶 A 转移酶催化，重新合成三酰甘油。后者随即与粗面内质网上合成的载脂蛋白、磷脂、胆固醇等结合成乳糜微粒经淋巴进入血液循环。在肠黏膜细胞中由单酰甘油合成三酰甘油的途径称为单酰甘油合成途径。

## 三、脂质的分布

**1. 脂肪的分布**  脂肪主要以三酰甘油的形式存在，多分布于皮下、肠系膜、腹腔大网膜及肾周围，这部分脂肪称为储存脂，脂肪组织则称为脂库。脂肪含量因人而异，成年男性的脂肪含量占体重的 10%～20%，女性稍高。体内脂肪含量因受膳食、运动、营养状况及疾病等多种因素的影响而发生变化，故又称可变脂。

**2. 类脂的分布**  类脂是生物膜的基本成分，约占体重的 5%，主要存在于细胞的各种膜性结构中。类脂在器官组织中的含量比较恒定，一般不受营养状况和机体活动的影响，因此又被称为基本脂或固定脂。不同组织中类脂的含量、种类不同。

# 第二节　三酰甘油的代谢

## 一、三酰甘油的分解代谢  e 微课

### （一）脂肪的动员

脂肪组织中储存的三酰甘油在脂肪酶的催化下逐步水解为游离脂肪酸和甘油，并释放入血，供全身组织细胞氧化分解利用的过程称为脂肪动员。

$$三酰甘油 \xrightarrow[\text{脂肪组织三酰甘油脂肪酶}]{H_2O \quad 脂肪酸} 二酰甘油 \xrightarrow[\text{三酰甘油脂肪酶}]{H_2O \quad 脂肪酸} 单酰甘油 \xrightarrow[\text{单酰甘油脂肪酶}]{H_2O \quad 脂肪酸} 甘油$$

脂肪组织中含有的脂肪酶包括脂肪组织三酰甘油脂肪酶（ATGL）、三酰甘油脂肪酶（HSL）及单酰甘油脂肪酶。其中脂肪组织三酰甘油脂肪酶是三酰甘油水解的关键酶。而三酰甘油脂肪酶的活性受多种激素的调控，故又称为激素敏感性脂肪酶。肾上腺素、去甲肾上腺素、肾上腺皮质激素、甲状腺激素、胰高血糖素和生长素等激素，都通过增加脂肪细胞膜上腺苷酸环化酶的活性，使细胞内 cAMP 水平升高，进而激活蛋白激酶，在蛋白激酶的作用下，使无活性的三酰甘油脂肪酶磷酸化为有活性的三酰甘油脂肪酶，促进脂肪动员，因此将这些激素称为脂解激素。胰岛素既能够抑制腺苷酸环化酶的活性，又能够提高磷酸二酯酶的活性，降低细胞内 cAMP 的水平，从而使三酰甘油脂肪酶的活性下降，减少脂肪的动员，故将胰岛素称为抗脂解激素（图 7－1）。

图 7-1 激素调节脂肪动员作用机制

当机体处于兴奋或饥饿时，肾上腺素分泌增加，三酰甘油的分解随之增加，于是血液中游离脂肪酸的含量升高，脂肪酸在体内通过氧化分解释放大量能量，以满足机体对能量的需求。

脂肪动员生成的甘油，随血液循环运往肝、肾等组织细胞被摄取利用。甘油经甘油激酶催化，消耗 ATP，生成 $\alpha$-磷酸甘油，然后在 $\alpha$-磷酸甘油脱氢酶催化下转变成磷酸二羟丙酮。磷酸二羟丙酮是糖代谢的中间产物，可经糖的有氧氧化生成 $CO_2$、$H_2O$ 和大量 ATP；缺氧时进入糖酵解生成乳酸；或沿糖异生途径转变为葡萄糖或糖原（图 7-2）。甘油激酶主要存在于肝、肾及小肠黏膜细胞，而脂肪组织和肌肉细胞中的甘油激酶活性很低，因此脂肪组织和肌肉不能很好地利用甘油，需要经血液循环运到肝等组织进一步代谢。

图 7-2 甘油的代谢途径

## 脂肪酸 β 氧化的发现

早在 1904 年，Knoop 就用不能被机体分解的苯基标记脂肪酸的末端，制成各种含奇数和偶数碳原子的苯脂肪酸分别饲喂犬，然后检测犬尿液的代谢终产物。他发现若喂标记奇数碳原子的脂肪酸，尿中得到的代谢物都是马尿酸，即苯甲酸（$C_6H_5COOH$）与机体解毒剂甘氨酸的结合产物；若为标记偶数碳原子的脂肪酸，则尿中排出的代谢物均为苯乙尿酸，即苯乙酸（$C_6H_5CH_2COOH$）与甘氨酸的结合产物。据此他提出脂肪酸的氧化是从羧基端的 β 碳原子开始，每次断裂 2 个碳原子的 β 氧化学说。1949 年，E. P. Kennedy 和 A. L. Lehninger 指出此氧化系统存在于线粒体中，1953 年，D. E. Green 及 F. Lynen 各自独立地从线粒体的丙酮粉末中提取出可溶性酶，成功地分离出 β 氧化各个阶段的酶，明确了脂肪酸 β 氧化。这说明了科研是一个循序渐进的过程，需要科学家们的不断努力和积累，同时要具备勇于探索的精神。

### （二）脂肪酸的 β 氧化

脂肪酸是机体氧化供能的重要物质，在氧供给充足的条件下，脂肪酸在体内可彻底氧化生成 $CO_2$ 和 $H_2O$ 并释放大量能量。在体内除脑细胞和成熟红细胞外，大多数组织都能利用脂肪酸氧化供能，但以肝和肌肉组织最为活跃。脂肪酸氧化分解的场所在细胞质和线粒体内。脂肪酸的氧化可分为脂肪酸的活化、脂酰辅酶 A 进入线粒体、脂酰辅酶 A 的 β 氧化过程及乙酰辅酶 A 的氧化等 4 个阶段。

**1. 脂肪酸的活化**  脂肪酸转变为脂酰辅酶 A 的过程称为脂肪酸的活化。该反应在细胞质中的内质网和线粒体外膜上进行。在 ATP、HSCoA、$Mg^{2+}$ 存在条件下，游离脂肪酸由脂酰辅酶 A 合成酶催化生成脂酰辅酶 A。

$$RCOOH + HSCoA + ATP \xrightarrow[Mg^{2+}]{\text{脂酰辅酶A合成酶}} RCO{\sim}SCoA + ATP + PPi$$

脂酰辅酶 A 分子中不仅含有高能硫酯键，而且水溶性强，有利于脂肪酸进一步的分解代谢。由于反应中生成的焦磷酸（PPi）立即被细胞内的焦磷酸酶水解为 2 分子的磷酸（Pi），阻止了逆反应的进行。因此活化 1 分子的脂肪酸需要消耗 2 个高能磷酸键（一般认为相当于消耗 2 分子 ATP）。

**2. 脂酰辅酶 A 进入线粒体**  脂肪酸的活化在细胞质中进行，而催化脂肪酸氧化的酶系则存在于线粒体的基质内，因此活化的脂酰辅酶 A 必须进入线粒体基质才能进一步氧化分解。实验证明，脂酰辅酶 A 不能直接通过线粒体内膜，需要借助特异转运载体肉碱（或称肉毒碱）将脂酰基转运至线粒体基质。肉碱是由赖氨酸转变生成的兼性离子，其化学名称为 L – β – 羟基 – γ – 三甲氨基丁酸。

$$(CH_3)_2\overset{+}{N}-CH_2-CH_2-CH_2-COOH$$
$$|$$
$$OH$$

L – β – 羟基 – γ – 三甲氨基丁酸

线粒体内膜的两侧存在着肉碱脂酰转移酶 I（CAT I）和肉碱脂酰转移酶 II（CAT II）。在位于线粒体外膜的肉碱脂酰转移酶 I 催化下，脂酰辅酶 A 转化为脂酰肉碱，后者再受线粒体内膜内侧的肉碱脂酰转移酶 II 作用，转变为脂酰辅酶 A，并释放肉碱。肉碱在转运载体作用下通过线粒体内膜重新回到细胞质，脂酰辅酶 A 则在线粒体基质中酶的催化下进行 β 氧化（图 7 – 3）。

图 7-3　脂酰辅酶 A 进入线粒体基质示意图

肉碱脂酰转移酶Ⅰ和肉碱脂酰转移酶Ⅱ属于同工酶，其中肉碱脂酰转移酶Ⅰ是脂肪酸 β 氧化的限速酶。在某些生理或病理情况下，如饥饿、高脂低糖膳食或糖尿病等时，体内糖的氧化分解作用降低，需脂肪酸氧化供能，此时肉碱脂酰转移酶Ⅰ活性增高，脂肪酸氧化加快；相反，饱食后，机体脂肪酸的合成增强，肉碱脂酰转移酶Ⅰ的活性降低，脂肪酸的氧化减慢。

**3. 脂酰辅酶 A 的 β 氧化**　脂酰辅酶 A 进入线粒体基质后，在脂肪酸 β 氧化酶系的催化下，从脂酰基的 β 碳原子开始进行脱氢、加水、再脱氢和硫解等 4 步连续酶促反应，每经过一次 β 氧化，生成 1 分子乙酰辅酶 A 和比原来少 2 个碳原子的脂酰辅酶 A。其氧化过程如下。

（1）脱氢　脂酰辅酶 A 在脂酰辅酶 A 脱氢酶的催化下，α、β 碳原子上各脱去 1 个氢原子，生成 $\alpha,\beta$-烯脂酰辅酶 A，脱下的 2H 由 FAD 接受生成 $FADH_2$。后经呼吸链氧化生成 1.5 分子 ATP。

（2）加水　$\alpha,\beta$-烯脂酰辅酶 A 在 $\alpha,\beta$-烯脂酰水化酶的催化下，加 1 分子 $H_2O$ 生成 $\beta$-羟脂酰辅酶 A。

（3）再脱氢　$\beta$-羟脂酰辅酶 A 在 $\beta$-羟脂酰辅酶 A 脱氢酶的催化下，脱去 β 碳原子上的 2H，生成 $\beta$-酮脂酰辅酶 A，脱下的 2H 由 $NAD^+$ 接受，生成 $NADH+H^+$。后者经呼吸链氧化生成 2.5 分子 ATP。

（4）硫解　$\beta$-酮脂酰辅酶 A 在 $\beta$-酮脂酰辅酶 A 硫解酶的催化下，需 1 分子 HSCoA 参加，生成 1 分子乙酰辅酶 A 和比原来少 2 个碳原子的脂酰辅酶 A。

生成的比原来少 2 个碳原子的脂酰辅酶 A 再次进行脱氢、加水、再脱氢和硫解等连续反应，如此反复进行，直至脂酰辅酶 A 全部氧化为乙酰辅酶 A（图 7-4）。

**4. 乙酰辅酶 A 的氧化**　脂肪酸 β 氧化生成的乙酰辅酶 A 主要通过三羧酸循环彻底氧化生成 $CO_2$ 和 $H_2O$，并释放能量，也可以转变为其他中间代谢产物。

脂肪的重要生理功能是氧化供能，脂肪酸氧化分解是体内能量的重要来源。脂肪酸每经过一次 β 氧化可产生 1 分子 $FADH_2$、1 分子 $NADH+H^+$ 及 1 分子乙酰辅酶 A，$FADH_2$ 和 $NADH+H^+$ 进入呼吸链氧化可产生 4 分子 ATP，每分子乙酰辅酶 A 经三羧酸循环彻底氧化可产生 10 分子 ATP。

现以 16 碳的软脂酸为例，计算其彻底氧化所释放的能量。软脂酸氧化分解的总反应式为：

$$CH_3(CH_2)_{14}CO\sim SCoA + 7HSCoA + 7FAD + 7NAD^+ + 7H_2O \longrightarrow 8CH_3CO\sim SCoA + 7FADH_2 + 7NADH + 7H^+$$

1 分子软脂酸需要进行 7 次 β 氧化，生成 7 分子 $FADH_2$、7 分子 $NADH+H^+$ 及 8 分子乙酰辅酶 A。因此 1 分子软脂酸彻底氧化共生成 7×4ATP + 8×10ATP = 108ATP，减去脂肪酸活化时消耗的 2 分子 ATP，净生成 106 分子 ATP。按 1mol ATP 水解释放的自由能为 30.54kJ，则 106mol ATP 生成的自由能为 3237kJ，而 1mol 软脂酸在体外彻底氧化生成 $CO_2$ 和 $H_2O$ 时，释放的自由能为 9790kJ，因此在正常情况下机体对软脂酸氧化的能量利用率为 33%，其余以热能的形式释放，维持体温的恒定。

脂肪酸 β 氧化是体内脂肪酸分解的主要途径，可为机体提供大量能量。此外，脂肪酸 β 氧化也是脂

图 7 - 4　脂肪酸 β 氧化的过程

肪酸的改造过程，因为人体所需脂肪酸碳链的长短不同，通过 β 氧化可将长链脂肪酸改造成长度适宜的脂肪酸，供机体所用。脂肪酸 β 氧化过程中生成的乙酰辅酶 A 是一种十分重要的中间化合物，既可以进入三羧酸循环彻底氧化供能，也可用于合成多种重要化合物，如酮体、胆固醇和类固醇化合物等。

### （三）脂肪酸的其他氧化方式

脂肪酸氧化的方式除 β 氧化外，在机体内还发现有其他氧化方式。

**1. 脂肪酸 α 氧化**　长链脂肪酸在一定条件下氧化成 α - 羟脂肪酸后，再经氧化脱羧作用，生成比原来少 1 个碳原子的脂肪酸，此过程为脂肪酸 α 氧化。

**2. 脂肪酸的 ω 氧化**　在肝脏微粒体中，中、长链脂肪酸（8 ~ 12 碳）末端（称为 ω 位）的甲基在单加氧酶的催化下，氧化生成 ω - 羟脂肪酸，然后进一步氧化成 ω,α - 二羧酸，再进入线粒体进行 β 氧化，最后生成琥珀酰辅酶 A，直接进入三羧酸循环而被氧化。

**3. 不饱和脂肪酸的氧化**　线粒体内不饱和脂肪酸的氧化分解基本类似于饱和脂肪酸的 β 氧化，但不饱和脂肪酸均为顺式结构，而脂肪酸的 β 氧化生成的中间产物中，其双键必须是反式结构氧化反应才能继续进行，所以不饱和脂肪酸的氧化需要异构酶的参与。同时，与饱和脂肪酸相比，不饱和脂肪酸彻底氧化分解生成的 ATP 数较少。

**4. 奇数碳原子脂肪酸的氧化**　体内含有的极少数奇数碳原子组成的脂肪酸，经过 β 氧化除生成乙酰辅酶 A 外，最终生成了丙酰辅酶 A。丙酰辅酶 A 通过羧化反应生成甲基丙二酸单酰辅酶 A，再经异构反应生成琥珀酰辅酶 A，再氧化分解。

### （四）酮体的生成和利用

脂肪酸在肝外如心肌、骨骼肌等组织中经 β 氧化生成的乙酰辅酶 A，能彻底氧化生成 $CO_2$ 和 $H_2O$，但脂肪酸在肝内 β 氧化生成的乙酰辅酶 A 大部分转变为乙酰乙酸、β - 羟丁酸和丙酮，三者统称为酮体。其中 β - 羟丁酸最多，约占酮体总量的 70%；乙酰乙酸约占 30%；丙酮含量极微。这是由于肝细胞内具有活性较强的合成酮体的酶系，尤其是 $\beta$ - 羟基 - $\beta$ - 甲基戊二酸单酰辅酶 A 合酶（HMG - CoA 合酶）活性非常强，而又因缺乏氧化利用酮体的酶系，因此，肝是合成酮体的器官。但是，肝缺乏氧化酮体的酶类，必须被运往肝外组织分解利用。

**1. 酮体的生成** 酮体生成的部位是在肝细胞的线粒体内，合成的原料为脂肪酸 $\beta$ 氧化生成的乙酰辅酶 A，合成过程的限速酶为 HMG - CoA 合酶。其生成过程如图 7 - 5 所示。

图 7 - 5 肝中酮体的生成

（1）在乙酰乙酰辅酶 A 硫解酶的催化下，2 分子乙酰辅酶 A 缩合生成乙酰乙酰辅酶 A，同时释放出 1 分子 HSCoA。

（2）在 $\beta$ - 羟基 - $\beta$ - 甲基戊二酸单酰辅酶 A 合酶（HMG - CoA 合酶）催化下，乙酰乙酰辅酶 A 再与 1 分子乙酰辅酶 A 缩合生成羟甲基戊二酸单酰辅酶 A（HMG - CoA），并释放出 1 分子 HSCoA。

（3）在 HMG - CoA 裂解酶的催化下，$\beta$ - 羟基 - $\beta$ - 甲基戊二酸单酰辅酶 A 裂解生成乙酰乙酸和乙酰辅酶 A。乙酰乙酸在 $\beta$ - 羟丁酸脱氢酶的催化下，被还原成 $\beta$ - 羟丁酸，由 NADH + H⁺ 提供氢。极少数乙酰乙酸可在酶的催化下脱羧而生成丙酮。

**2. 酮体的利用** 酮体利用的酶类主要有乙酰乙酸硫激酶、琥珀酰辅酶 A 转硫酶、乙酰乙酰辅酶 A 硫解酶及 $\beta$ - 羟丁酸脱氢酶等。在脑、心、肾和骨骼肌等肝外组织细胞线粒体中，氧化利用酮体的酶类活性很强，能够将酮体氧化分解成 $CO_2$ 和 $H_2O$，同时释放大量能量供这些组织利用。而肝细胞中没有琥珀酰辅酶 A 转硫酶和乙酰乙酸硫激酶，所以肝细胞不能利用酮体。酮体氧化利用的特点是肝内生成，肝外利用。

（1）乙酰乙酸的活化 有 2 条途径：①在 ATP 和 HSCoA 参与下，乙酰乙酸经乙酰乙酸硫激酶催化，直接活化生成乙酰乙酰辅酶 A；②在琥珀酰辅酶 A 转硫酶的作用下，乙酰乙酸与琥珀酰辅酶 A 进行高能硫酯键的交换，生成乙酰乙酰辅酶 A 和琥珀酸。催化乙酰乙酸活化的两个酶都分布于脑、心、肾和骨骼肌等肝外组织细胞的线粒体中。

（2）乙酰辅酶 A 的生成 乙酰乙酰辅酶 A 在乙酰乙酰辅酶 A 硫解酶的催化下，生成 2 分子乙酰辅酶 A，然后进入三羧酸循环彻底氧化（图 7 - 6）。

（3）丙酮的呼出 丙酮生成量少、挥发性强，主要通过肺部的呼吸作用排出体外。部分丙酮也可在多种酶催化下转变成丙酮酸或乳酸，或异生成糖或彻底氧化。

**3. 酮体生成的生理意义** 酮体是脂肪酸在肝内代谢的正常中间产物，是肝脏向肝外组织输出脂质能源的一种形式。酮体易溶于水，分子小，能够通过血 - 脑屏障和肌肉毛细血管壁，所以成为脑、心、

$$\text{HSCoA + ATP} \xrightarrow{\text{乙酰乙酸硫激酶}} \text{AMP + PPi}$$

图 7-6 酮体的氧化

肾及骨骼肌的重要能源。脑组织不能利用脂肪酸，但在血糖水平低时却能利用酮体，因此在长期饥饿或糖供应不足时，酮体可以替代葡萄糖成为脑组织的主要能量来源。

正常情况下，血中酮体含量很少，仅 $0.03 \sim 0.5 mmol/L$。但是当机体处于长期饥饿、高脂低糖饮食及糖尿病时，肝中三酰甘油的分解氧化加强，脂肪酸氧化产生大量的乙酰辅酶 A，由于糖异生作用消耗了大量的三羧酸循环的中间产物草酰乙酸，从而导致三羧酸循环减弱，乙酰辅酶 A 不能彻底氧化供能，结果生成大量酮体。肝外组织利用酮体的量与动脉血中酮体浓度成正比，血中酮体浓度达 $7 mmol/L$ 时，肝外组织的利用能力达到饱和。当肝内酮体的生成量超过肝外组织的利用能力时，可使血中酮体升高，称酮血症，如果尿中出现酮体称酮尿症。由于乙酰乙酸和 $\beta$-羟丁酸是酸性物质，在体内大量蓄积时，可导致酮症酸中毒，严重时可危及生命。

**4. 酮体生成的调节**

（1）饱食和饥饿的影响    饱食状况下胰岛素分泌增强，胰岛素是一个增加血糖去路，促进糖原、脂肪、蛋白质合成的激素，可对这些代谢途径中关键酶的含量和活性调节（诸如增加丙酮酸脱氢酶、糖原合酶、软脂酸和三酰甘油合成酶系的活性），机体代谢以葡萄糖分解供能、糖原和脂肪合成为主，脂肪动员受抑制，血中游离脂肪酸浓度降低，肉碱脂酰转移酶Ⅰ活性减弱，肝内 $\beta$ 氧化减弱，故酮体生成减少。而饥饿状况下胰岛素分泌下降，胰高血糖素分泌增加，作用正好与上述过程相反。机体以脂肪酸氧化分解供能为主，脂肪动员增强，血中游离脂肪酸浓度升高，肉碱脂酰转移酶Ⅰ活性增强，肝内 $\beta$ 氧化增强，故酮体生成增多。

（2）丙二酸单酰辅酶 A 对生酮作用的调节    糖代谢旺盛时，产生的乙酰辅酶 A 和柠檬酸通过别构激活乙酰辅酶 A 羧化酶，促进丙二酸单酰辅酶 A 的生物合成。后者竞争性抑制肉碱脂酰转移酶Ⅰ，阻止长链脂酰辅酶 A 进入线粒体进行 $\beta$ 氧化，故酮体生成减少。

## 二、三酰甘油的合成代谢

机体通过合成三酰甘油储存能源，以供饥饿或禁食时的能量需要。三酰甘油合成的主要场所是肝和脂肪组织，其次是小肠黏膜。脂酰辅酶 A 和 $\alpha$-磷酸甘油是合成三酰甘油的主要原料。

### （一）脂肪酸的合成

**1. 脂肪酸的合成部位**    肝、肾、脑、乳腺及脂肪组织等均可合成脂肪酸，而肝是合成脂肪酸的主要场所。脂肪酸的合成在细胞质中进行。

**2. 脂肪酸的合成原料**    乙酰辅酶 A 是合成脂肪酸的主要原料，由磷酸戊糖途径提供 $NADPH + H^+$ 作为供氢体，此外，还需要 $CO_2$、$Mg^{2+}$、生物素和 ATP 的参与。

乙酰辅酶 A 主要来自葡萄糖有氧氧化的第二阶段，某些氨基酸的分解代谢也可提供部分乙酰辅酶

A。乙酰辅酶 A 都是在线粒体中生成的，而参与脂肪酸合成的酶系却存在于细胞质中，线粒体内的乙酰辅酶 A 必须转运到细胞质才能进行脂肪酸的合成。实验证明，乙酰辅酶 A 不能自由穿过线粒体膜，但可通过柠檬酸 – 丙酮酸循环将线粒体内的乙酰辅酶 A 转运到细胞质。线粒体内的乙酰辅酶 A 与草酰乙酸缩合生成柠檬酸，然后柠檬酸通过线粒体内膜上特异载体的转运进入细胞质，再由细胞质中的柠檬酸裂解酶催化生成草酰乙酸和乙酰辅酶 A。乙酰辅酶 A 用于脂肪酸的合成，而草酰乙酸则在苹果酸脱氢酶的作用下还原成苹果酸，再经线粒体内膜上的载体转运入线粒体内。苹果酸也可经苹果酸酶的作用分解为丙酮酸，再经载体转运进入线粒体。进入线粒体的苹果酸和丙酮酸最终均可转变成草酰乙酸，再参与乙酰辅酶 A 的转运（图 7 – 7）。

图 7 – 7　柠檬酸 – 丙酮酸循环

### 3. 脂肪酸的合成过程

（1）丙二酸单酰辅酶 A 的合成　乙酰辅酶 A 进入细胞质后，先经乙酰辅酶 A 羧化酶的催化生成丙二酸单酰辅酶 A，再参与脂肪酸的生物合成。反应由碳酸氢盐提供 $CO_2$，ATP 提供羧化过程所需的能量。其反应式如下：

$$CH_3CO \sim SCoA + HCO_3^- + ATP \xrightarrow[\text{生物素、Mg}^{2+}]{\text{乙酰辅酶 A 羧化酶}} HOOCCH_2CO \sim SCoA + ADP + Pi$$

乙酰辅酶 A 羧化酶是以生物素为辅基的别构酶，是脂肪酸生物合成的限速酶。该酶在细胞内以两种形式存在：一种是无活性的单体，分子量约为 4 万；另一种是有活性的多聚体，分子量为 60 万 ~ 80 万，通常由 10 ~ 20 个单体构成，呈线状排列，催化活性增加 10 ~ 20 倍。柠檬酸和异柠檬酸是此酶的别构激活剂，使其由无活性的单体聚合成有活性的多聚体；而软脂酰辅酶 A 和其他长链脂酰辅酶 A 为此酶的别构抑制剂，使酶由有活性的多聚体解聚成无活性的单体。

乙酰辅酶 A 羧化酶除受别构调节外，也受磷酸化和去磷酸化的共价修饰调节。此酶可被一种依赖于 AMP 的蛋白激酶磷酸化而失活。胰高血糖素能激活这种蛋白激酶，从而抑制乙酰辅酶 A 羧化酶的活性；胰岛素则能通过蛋白质磷酸酶的作用使磷酸化的乙酰辅酶 A 羧化酶脱去磷酸而恢复活性，促进脂肪酸的合成。

（2）软脂酸的合成　软脂酸是 16 碳的饱和脂肪酸，即 1 分子乙酰辅酶 A 和 7 分子丙二酸单酰辅酶 A 在脂肪酸合酶系的催化下，由 $NADPH + H^+$ 提供氢合成。其总反应式为：

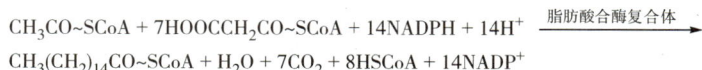

$$CH_3CO \sim SCoA + 7HOOCCH_2CO \sim SCoA + 14NADPH + 14H^+ \xrightarrow{\text{脂肪酸合酶复合体}}$$
$$CH_3(CH_2)_{14}CO \sim SCoA + H_2O + 7CO_2 + 8HSCoA + 14NADP^+$$

在大肠埃希菌中，脂肪酸合酶复合体是一种多酶复合物，由七种酶和酰基载体蛋白（ACP）组成，各种中间代谢产物均以酰基载体蛋白为核心合成脂肪酸。

脂肪酸合酶复合体中的ACP均以4′-磷酸泛酰氨基乙硫醇为辅基，辅基的4′-磷酸与ACP的丝氨酸残基通过酯键相连接；辅基的末端巯基为脂酰基携带基团，可与脂酰基结合形成硫酯键。

在哺乳动物中，脂肪酸合酶系属于多功能酶，催化脂肪酸合成的7种酶活性和酰基载体蛋白按一定顺序排列在多肽链上，更好地提高了脂肪酸的合成效率。软脂酸的合成过程是一个连续的酶促反应，每次增加2个碳原子，都要重复进行缩合、加氢、脱水和再加氢的过程。经过7次循环后，生成16碳的软脂酸ACP，最后经硫酯酶水解释放软脂酸。

**4. 脂肪酸的加工改造** 组成人体的脂肪酸，其碳链长短不一，而脂肪酸合酶系催化的产物是16碳的软脂酸。根据机体的需要，在细胞质中合成的软脂酸必须被进一步改造和加工，使之成为碳链长短不等、饱和度不同的多种脂肪酸。

（1）碳链长度的加工改造 碳链的延长分别在滑面内质网和线粒体中由脂肪酸延长酶系催化完成，但2个碳链延长体系在二碳单位供体、脂酰基载体以及碳链延长过程等诸多方面各不相同。内质网碳链延长体系中的碳链延长酶系以软脂酸为母体、丙二酸单酰辅酶A为二碳单位供体、HSCoA为酰基载体、$NADPH + H^+$为供氢体，经过脱羧缩合—加氢还原—脱水成烯—再加氢还原等步骤，使软脂酸的碳链延长，其过程与细胞质中脂肪酸合成过程基本相同。除脑组织外，内质网碳链延长系统一般以合成18碳的硬脂酸为主。脑组织因含有其他酶，可将碳链最多延长至24碳，以供脑中脂质代谢需要。线粒体碳链延长体系中，软脂酸以乙酰辅酶A为二碳单位供体、$NADPH + H^+$为供氢体，经过与乙酰辅酶A缩合—加氢—脱水—再加氢等步骤，使软脂酸的碳链逐步延长，其过程类似于脂肪酸β氧化的逆反应，仅烯脂酰辅酶A还原酶的辅酶为$NADPH + H^+$与β氧化过程不同。线粒体碳链延长体系一般可将脂肪酸延长至24或26碳，但仍以18碳的硬脂酸最多。

（2）脂肪酸碳链的缩短 在线粒体由β氧化酶系催化完成，每经过一次β氧化循环就可以减少2个碳原子。

体内合成的脂肪酸先要经过活化生成脂酰辅酶A后，才可参与三酰甘油的合成。

（3）脂肪酸饱和度的加工改造 人和动物组织中的不饱和脂肪酸主要有软油酸（16:1，$\Delta^9$）、油酸（18:1，$\Delta^9$）、亚油酸（18:2，$\Delta^{9,12}$）、亚麻酸（18:3，$\Delta^{9,12,15}$）及花生四烯酸（20:4，$\Delta^{5,8,11,14}$）等。最普通的单不饱和脂肪酸是软油酸和油酸，它们分别由软脂酸和硬脂酸活化后经$\Delta^9$去饱和酶催化脱氢而成。去饱和酶分布于滑面内质网，属混合功能氧化酶。人和动物体内质网上镶嵌有$\Delta^4$、$\Delta^5$、$\Delta^8$及$\Delta^9$去饱和酶，缺乏$\Delta^9$以上的去饱和酶。因此人体能够合成软油酸、油酸等单不饱和脂肪酸，而亚油酸、亚麻酸及花生四烯酸等多不饱和脂肪酸必须从食物中摄取。植物组织中含有$\Delta^{10}$、$\Delta^{12}$、$\Delta^{15}$去饱和酶，能够合成上述多不饱和脂肪酸。

**5. 脂肪酸合成的调节**

（1）代谢物的调节作用 进食高脂肪食物以后，或饥饿时脂肪动员加强时，肝细胞内脂酰辅酶A增多，可别构抑制乙酰辅酶A羧化酶，从而抑制体内脂肪酸的合成；进食糖类，糖代谢加强，NADPH及乙酰辅酶A供应增多，有利于脂肪酸的合成，同时糖代谢加强使细胞内ATP增多，可抑制异柠檬酸脱氢酶，造成异柠檬酸及柠檬酸堆积，透出线粒体，可别构激活乙酰辅酶A羧化酶，使脂肪酸合成增加。此外，大量进食糖类也能增强各种与脂肪合成有关的酶活性，从而使脂肪合成增加。

（2）激素的调节作用 胰岛素是调节脂肪合成的主要激素。它能诱导乙酰辅酶A羧化酶、脂肪酸合酶，乃至ATP-柠檬酸裂解酶等的合成，从而促进脂肪酸合成。同时，由于胰岛素还能促进脂肪酸合成磷脂酸，因此也能增加脂肪的合成。胰岛素能增强脂肪组织的脂蛋白脂酶活性，促使脂肪酸进入脂肪组织，从而加速脂肪合成而贮存，故易导致肥胖。

胰高血糖素通过增加蛋白激酶A活性，使乙酰辅酶A羧化酶磷酸化而降低其活性，故能抑制脂肪酸的合成，此外，也抑制三酰甘油的合成，甚至减少肝脂肪向血中释放。肾上腺素、生长素也能抑制乙酰辅酶A羧化酶，从而影响脂肪酸合成。

### （二）α-磷酸甘油的生成

体内合成脂肪酸的α-磷酸甘油来自2条途径：①糖酵解产生的中间代谢产物磷酸二羟丙酮，它可在α-磷酸甘油脱氢酶的催化下，以$NADH + H^+$为辅酶，还原成α-磷酸甘油。该反应广泛存在，是α-磷酸甘油的主要来源；②甘油在甘油激酶的催化下，消耗ATP生成的α-磷酸甘油（图7-8）。

图7-8　α-磷酸甘油的来源

### （三）三酰甘油的合成

三酰甘油是以α-磷酸甘油和脂酰辅酶A为原料合成。肝细胞和脂肪细胞的细胞质是合成三酰甘油的主要部位，其次是小肠黏膜。三酰甘油合成有两条基本途径。

**1. 单酰甘油途径**　小肠黏膜上皮细胞主要以此途径合成三酰甘油。该途径主要利用消化吸收的单酰甘油为起始物，再加上2分子脂酰辅酶A，合成三酰甘油（图7-9）。

图7-9　单酰甘油途径合成三酰甘油

**2. 二酰甘油途径**　肝细胞和脂肪细胞主要由此途径合成三酰甘油。在组织细胞内质网中，1分子α-磷酸甘油与1分子脂酰辅酶A在α-磷酸甘油脂酰转移酶的催化下，生成1分子的溶血磷脂酸，后者再与另一分子脂酰辅酶A反应，生成1分子的磷脂酸，磷脂酸经磷脂酸磷酸酶水解生成二酰甘油，然后二酰甘油与1分子脂酰辅酶A在二酰甘油脂酰转移酶的作用下，生成三酰甘油（图7-10）。α-磷酸甘油脂酰转移酶是三酰甘油合成的限速酶。细胞内磷脂酸的含量极微，但它是机体合成三酰甘油和磷脂的重要中间产物。

当机体细胞中糖代谢加强时，α-磷酸甘油的生成量增多，有利于三酰甘油的合成。一般情况下，肝合成的三酰甘油主要以极低密度脂蛋白的形式被转运到肝外，脂肪组织合成的三酰甘油主要储存在该组织中，而小肠黏膜合成的三酰甘油被机体直接吸收。

## 三、不饱和脂肪酸的衍生物

前列腺素（PG）、血栓素（TX）和白三烯（LT）均由必需脂肪酸花生四烯酸转变生成，其化学本

图 7-10　二酰甘油途径合成三酰甘油

质都是二十碳不饱和脂肪酸的衍生物，是体内一类重要的生物活性物质。这类物质几乎参与所有细胞的代谢活动，可以不经过血液循环运输而直接作用于局部，发挥短暂作用后就迅速被降解，而且与机体的炎症、免疫、过敏、凝血及心血管疾病等重要病理过程有关。

### （一）前列腺素、血栓素及白三烯的合成

**1. 前列腺素及血栓素的合成**　除红细胞外，全身各组织均有合成 PG 的酶系，血小板尚有血栓噁烷合成酶。细胞膜中的磷脂含有丰富的花生四烯酸。在各种刺激因素如血管紧张素 Ⅱ、缓激肽、肾上腺素、凝血酶及某些抗原－抗体复合物等作用下，细胞膜中磷脂酶 $A_2$ 被激活，使磷脂水解生成花生四烯酸，然后在一系列酶作用下合成 PG、TX 的各种中间产物和衍生物，如 $PGG_2$、$PGH_2$、$PGD_2$、$PGE_2$、$PGF_2$、$PGI_2$、$TXA_2$ 和 $TXB_2$。

**2. 白三烯的合成**　花生四烯酸在脂氧合酶作用下，加入 1 分子氧生成 5 - 氢过氧化二十碳四烯酸，然后经脱水酶作用脱去 1 分子水生成白三烯（$LTA_4$）。$LTA_4$ 在酶催化作用下转变生成 $C_6$ 上均连接一个硫原子并具有重要生物活性的化合物，如 $LTB_4$、$LTC_4$、$LTD_4$、$LTE_4$ 及 $LTF_4$ 等。

### （二）前列腺素、血栓素和白三烯的生理功能

PG、TX 及 LT 可在体内合成，在细胞内含量很低，但具有很强的生理活性。

**1. 前列腺素**　主要有以下功能：①$PGE_2$ 能使局部血管扩张，毛细血管通透性增加，引起红、肿、痛、热等炎症表现；②$PGE_2$ 可使支气管平滑肌松弛，而 $PGF_{2\alpha}$ 对支气管平滑肌有收缩作用；③$PGE_2$ 和 $PGA_2$ 也使动脉平滑肌舒张，使血压降低；④$PGE_2$ 和 $PGI_2$ 抑制胃酸分泌，促进胃肠平滑肌蠕动；⑤$PGE_2$ 和 $PGF_{2\alpha}$ 使卵巢平滑肌收缩，引起排卵，而且子宫释放的 $PGF_{2\alpha}$ 能加强子宫收缩，促进分娩；⑥ $PGI_2$ 还有舒张血管和阻止血小板凝集的作用。

**2. 血栓素**　主要有以下功能：①血小板产生的 $TXA_2$ 可引起血小板聚集，血管收缩，加速凝血和血栓的形成；②血管内皮细胞释放的 $PGI_2$ 有很强的舒血管及抗血小板凝集、抑制凝血及血栓形成的作用。冠心病和心肌梗死所形成的血栓可能与 $TXA_2$ 产生过多有关。

**3. 白三烯**　主要有以下功能：①由肥大细胞释放的 $LTC_4$、$LTD_4$ 及 $LTE_4$ 是一类能引起过敏反应的慢反应物质，作用缓慢而持久，不仅能引起支气管平滑肌的剧烈收缩，还能引起胃肠道及子宫平滑肌收缩；②LT 能促进白细胞的游走及趋化作用，刺激腺苷酸环化酶，诱发多形核白细胞脱颗粒，使溶酶体释放水解酶类，促进炎症及过敏反应的发展。

## 第三节　磷脂的代谢

### 一、磷脂的分类

磷脂是一类含磷酸的类脂，按其含有的醇的种类不同可分为甘油磷脂和鞘磷脂两大类。以甘油为骨架构成的磷脂称为甘油磷脂，以鞘氨醇为骨架构成的磷脂称为鞘磷脂。

甘油磷脂在体内的含量高、分布广泛，是由甘油、磷酸、脂肪酸和含氮化合物组成。

$$
\begin{array}{c}
O \\
\parallel \\
CH_2-C-R_1 \\
O \\
\parallel \\
R_2-C-O-CH \quad\quad O \\
\parallel \\
CH_2-O-P-O-\boxed{X} \\
\mid \\
OH
\end{array}
$$

甘油磷脂

三酰甘油合成过程的中间产物磷脂酸是最简单的甘油磷脂。若在磷脂酸分子的磷酸基团上结合 1 分子含氮化合物，则可生成各种不同的甘油磷脂。如果含氮化合物取代基团为胆碱、乙醇胺、丝氨酸或肌醇，生成的甘油磷脂则分别为磷脂酰胆碱（卵磷脂）、磷脂酰乙醇胺（脑磷脂）、磷脂酰丝氨酸或磷脂酰肌醇（表 7-1）。

表 7-1　机体中几类重要的甘油磷脂

| X—OH | X 取代基 | 甘油磷脂的名称 |
|---|---|---|
| 水 | —H | 磷脂酸 |
| 胆碱 | $-CH_2CH_2N^+(CH_3)_3$ | 磷脂酰胆碱（卵磷脂） |
| 乙醇胺 | $-CH_2CH_2N^+H_3$ | 磷脂酰乙醇胺（脑磷脂） |
| 丝醇酸 | $-CH_2CHNH_2COOH$ | 磷脂酰丝氨酸 |
| 甘油 | $-CH_2CHOHCH_2OH$ | 磷脂酰甘油 |
| 磷脂酰甘油 | $-CH_2CHOHCH_2O-\overset{\overset{O}{\parallel}}{P}\underset{\underset{OH}{\mid}}{}-OCH_2\overset{HCOCOR_2}{\overset{CH_2OCOR_1}{}}$ | 二磷脂酰甘油（心磷脂） |
| 肌醇 | （肌醇环结构） | 磷脂酰肌醇 |

甘油磷脂分子中既有疏水基团，又含有亲水基团。甘油磷脂的 $C_1$ 和 $C_2$ 位的脂酰基为疏水基团，$C_3$ 位上的磷酰含氮碱或羟基为亲水基团，故它能与极性或非极性物质结合。甘油磷脂是构成生物膜和合成血浆脂蛋白的重要物质，并能促进脂质的消化吸收。

人体含量最多的鞘磷脂是神经鞘磷脂，它由鞘氨醇、脂肪酸及磷酸胆碱组成。神经鞘磷脂是以鞘氨醇为骨架，其氨基通过酰胺键与脂肪酸相连接，其末端羟基与磷脂酰胆碱通过磷酸酯键相连形成。神经鞘磷脂是神经髓鞘的主要成分，也是构成生物膜的重要磷脂。

神经鞘磷脂

## 二、甘油磷脂的代谢

### （一）甘油磷脂的分解代谢

体内甘油磷脂的分解由磷脂酶催化完成。在磷脂酶的催化下，甘油磷脂逐步水解生成甘油、脂肪酸、磷酸及多种含氮化合物。根据磷脂酶作用的部位不同，可将磷脂酶分为 6 种，即磷脂酶 $A_1$、磷脂酶 $A_2$、磷脂酶 $B_1$、磷脂酶 $B_2$、磷脂酶 C、磷脂酶 D（图 7-11）。

图 7-11　磷脂酶对甘油磷脂的水解

**1. 磷脂酶 $A_1$** 广泛分布于动物细胞溶酶体中，蛇毒及某些微生物中亦有。特异性水解甘油磷脂分子中 $C_1$ 位酯键，产物一般为饱和脂肪酸和溶血磷脂2。

**2. 磷脂酶 $A_2$** 广泛分布于动物细胞膜及线粒体膜上，以 $Ca^{2+}$ 为激活剂，特异性水解甘油磷脂分子中 $C_2$ 位上的酯键，产物一般为多不饱和脂肪酸及溶血磷脂1。

**3. 磷脂酶 $B_1$** 又称溶血磷脂酶1，催化溶血磷脂1分子中 $C_1$ 位上的酯键水解，产物为脂肪酸、甘油磷酸胆碱或甘油磷酸乙醇胺。

**4. 磷脂酶 $B_2$** 又称溶血磷脂酶2，催化溶血磷脂2分子中 $C_2$ 位上的酯键水解，产物与磷脂酶 $B_1$ 的水解产物类似。

**5. 磷脂酶 C** 存在于细胞膜及某些细菌中，催化甘油磷脂分子中 $C_3$ 位上磷酸酯键水解，产物为磷酸胆碱或磷酸乙醇胺及作用物分子中的其他组分。

**6. 磷脂酶 D** 主要分布于植物及动物脑组织细胞中，催化磷脂分子中磷酸与取代基团（如胆碱、乙醇胺等）间的酯键断裂，释放出取代基团。

磷脂酶 $A_1$ 和磷脂酶 $A_2$ 水解甘油磷脂产生的溶血磷脂是一类较强的表面活性物质，能使红细胞膜或其他细胞膜破裂，引起溶血或细胞坏死。毒蛇体内含有磷脂酶 $A_1$，机体被毒蛇咬伤后会引起溶血。临床上急性胰腺炎的发病机制是由于磷脂酶 $A_2$ 原的激活而使胰腺细胞膜被损伤破坏所致。磷脂酶 C 能水解溶血磷脂 $C_1$ 位或溶血磷脂 $C_2$ 位上的酯键，使其失去溶解细胞膜的作用。

### （二）甘油磷脂的合成代谢

**1. 合成部位** 人体各组织细胞的内质网中均含有合成磷脂的酶系，因此都能合成甘油磷脂，但以肝、肾及肠等组织最为活跃。

**2. 合成原料** 合成甘油磷脂的原料有甘油、脂肪酸、磷酸盐、丝氨酸、乙醇胺、胆碱及肌醇等物质。甘油和脂肪酸主要来自糖代谢；多不饱和脂肪酸主要从植物油中摄取；胆碱和乙醇胺既可从食物中获取，也可由丝氨酸在体内转变而来。甘油磷脂的合成还需 ATP 供能，CTP 作为合成 CDP - 乙醇胺、CDP - 胆碱及 CDP - 二酰甘油等活化中间物的载体。

胆碱和乙醇胺分别在 ATP 的参与下生成磷酸乙醇胺和磷酸胆碱，然后再分别与 CTP 作用，生成胞苷二磷酸胆碱（CDP - 胆碱）和胞苷二磷酸乙醇胺（CDP - 乙醇胺）（图 7 - 12）。

**图 7 - 12 CDP - 胆碱和 CDP - 乙醇胺生成**

**3. 合成过程** 现以磷脂酰胆碱和磷脂酰乙醇胺为例介绍其合成过程。

（1）二酰甘油合成途径 磷脂酰胆碱及磷脂酰乙醇胺主要通过此途径合成。这两类磷脂在体内含量最多，占组织及血液中磷脂的 75% 以上。胆碱及乙醇胺由活化的 CDP - 胆碱及 CDP - 乙醇胺提供。在位于内质网膜上的磷酸胆碱脂酰转移酶或磷酸乙醇胺脂酰转移酶的催化下，CDP - 胆碱和 CDP - 乙醇胺分别与二酰甘油反应，生成磷脂酰胆碱（卵磷脂）和磷脂酰乙醇胺（脑磷脂）。另外，磷脂酰胆碱亦可由磷脂酰乙醇胺从 S - 腺苷甲硫氨酸获得甲基生成，通过这种方式合成的占人肝的 10% ~ 15%。磷脂酰丝氨酸可由磷脂酰乙醇胺羧化或其乙醇胺与丝氨酸交换生成（图 7 - 13）。

（2）CDP - 二酰甘油合成途径 磷脂酰肌醇、磷脂酰丝氨酸及二磷脂酰甘油（心磷脂）由此途径合成。由葡萄糖生成磷脂酸与上述途径相同。不同的是磷脂酸不被磷酸酶水解，本身即为合成这类磷脂

图 7 – 13　磷脂酰胆碱和磷脂酰乙醇胺的合成

的前体。然后，磷脂酸由 CTP 提供能量，在磷脂酰胞苷转移酶的催化下，生成活化的 CDP – 二酰甘油。CDP – 二酰甘油是合成这类磷脂的直接前体和重要中间物，在相应合成酶的催化下，与丝氨酸、肌醇或磷脂酰甘油缩合，即生成磷脂酰丝氨酸、磷脂酰肌醇及二磷脂酰甘油（心磷脂）（图 7 – 14）。

图 7 – 14　磷脂酰肌醇、磷脂酰丝氨酸及二磷脂酰甘油的合成

　　甘油磷脂的合成在内质网膜外侧面进行。现已发现，在细胞质中存在一类能促进磷脂在细胞内膜之间交换的蛋白质，即磷脂交换蛋白。磷脂交换蛋白分子量为 16000 ~ 30000，等电点大多在 5.0 左右。不同的磷脂交换蛋白催化不同种类磷脂在膜之间进行交换。合成的磷脂即可通过这类蛋白质的作用转移至不同细胞器膜上，从而更新其磷脂。例如在内质网合成的心磷脂可通过这种方式转至线粒体内膜，而构成线粒体内膜特征性磷脂。

　　Ⅱ型肺泡上皮细胞可合成一种特殊的磷脂酰胆碱，其 1 位和 2 位均为软脂酰基，故称为二软脂酰胆碱。它是较强的表面活性剂，能保持肺泡的表面张力，有利于肺泡的伸张，能防止肺泡排出空气后的折叠塌陷。如果新生儿肺泡上皮细胞合成障碍，则会引起肺不张。

## 第四节　胆固醇的代谢

胆固醇具有环戊烷多氢菲的基本结构，是人体重要的脂质物质之一。它既是生物膜及血浆脂蛋白的重要成分，又能转变成重要的生理活性物质。胆固醇分布于全身各组织中，正常人体含胆固醇 140g 左右，但其分布不均匀，肾上腺含胆固醇特别高，这与皮质激素的合成有关。脑和神经组织的胆固醇含量也很高，其量约占全身胆固醇总量的 1/4。肝、肾、肠等内脏及皮肤、脂肪组织亦含有较多的胆固醇，其中以肝脏的含量最高，肌肉组织中胆固醇的含量较低。

正常成年人每天膳食中含胆固醇 300 ~ 500mg，主要来自动物内脏、蛋黄、奶油及肉类。食物中的胆固醇被吸收后，在人体内主要以游离胆固醇及胆固醇酯的形式存在。胆固醇结构式如下：

游离胆固醇　　　　　　　　　　　　胆固醇酯

### 一、胆固醇的合成

#### （一）胆固醇合成的部位和原料

**1. 合成部位**　成年人除脑组织及成熟红细胞外，其他组织均可合成胆固醇。肝脏是胆固醇合成的主要场所，其合成量占总量的 70% ~ 80%，其次为小肠，可占总量的 10%。合成胆固醇的酶系分布在细胞的细胞质及内质网上。

**2. 合成原料**　胆固醇合成的原料是乙酰辅酶 A，还需要 $NADPH + H^+$ 供氢和 ATP 供能。每合成 1 分子胆固醇需要 18 分子乙酰辅酶 A，36 分子 ATP 及 16 分子 $NADPH + H^+$。乙酰辅酶 A 和 ATP 主要来自糖的有氧氧化，而 $NADPH + H^+$ 则来自磷酸戊糖途径。因此，高糖饮食可使血浆中的胆固醇含量升高。

#### （二）胆固醇合成的基本过程

**1. 甲基二羟戊酸（MVA）的生成**　在细胞质中，首先由 2 分子乙酰辅酶 A 在乙酰乙酰辅酶 A 硫解酶的催化下缩合成乙酰乙酰辅酶 A，然后再与 1 分子乙酰辅酶 A 缩合生成 HMG - CoA，反应由 HMG - CoA 合酶催化。HMG - CoA 在线粒体中裂解生成酮体；在细胞质中被还原生成甲基二羟戊酸，反应由 HMG - CoA 还原酶催化，由 $NADPH + H^+$ 供氢。HMG - CoA 还原酶是胆固醇生物合成的限速酶。

**2. 鲨烯的合成**　MVA 在一系列酶的催化下，由 ATP 提供能量，先磷酸化、再脱羧基、脱羟基生成活泼的 5 碳焦磷酸化合物，然后 3 分子 5 碳焦磷酸化合物缩合成 15 碳的焦磷酸法尼酯（FPP），2 分子焦磷酸法尼酯再缩合、还原成 30 碳的多烯烃化合物——鲨烯。

**3. 胆固醇的合成** 鲨烯经单加氧酶、环化酶等催化，先环化成羊毛固醇，再经氧化、脱羧和还原反应，脱去 3 分子 $CO_2$，生成 27 碳的胆固醇（图 7 - 15）。

图 7 - 15 胆固醇的合成过程

### （三）胆固醇合成的调节

HMG - CoA 还原酶是胆固醇合成过程的限速酶。各种因素对胆固醇合成的调节，主要是通过影响 HMG - CoA 还原酶的活性实现的。

**1. 胆固醇的反馈调节** 这种反馈调节主要存在于肝脏。机体摄入高含量的外源性胆固醇，可反馈性地降低肝脏中 HMG - CoA 还原酶的活性，使内源性胆固醇的合成减少。但小肠黏膜缺乏这种反馈机制，尽管大量进食胆固醇，仍有 60% 的胆固醇在体内合成；如果长期不进食胆固醇，血浆胆固醇浓度也只能降低 10% ~25%，可见仅靠限制食物中胆固醇的含量，并不能使血清胆固醇的含量大幅度降低。

**2. 激素的调节** 胰岛素、甲状腺素、胰高血糖素及糖皮质激素等均可影响胆固醇的合成。胰岛素能诱导 HMG - CoA 还原酶的合成，从而增加胆固醇的合成。胰高血糖素和糖皮质激素能抑制 HMG - CoA 还原酶的活性，使胆固醇的合成减少。甲状腺素一方面可提高 HMG - CoA 还原酶的活性，增加胆固醇的合成；另一方面还可促进胆固醇向胆汁酸转化，且后一作用较强，所以甲状腺素功能亢进患者血清胆固醇常降低。

**3. 饥饿与饱食** 饥饿可抑制胆固醇的合成。饥饿不仅使 HMG - CoA 还原酶的合成减少，活性降低，也可引起胆固醇合成原料（如乙酰辅酶 A 与 NADPH + $H^+$）不足，从而减少胆固醇的合成；相反，机体长期过多摄入糖或脂肪后，HMG - CoA 还原酶的活性升高，胆固醇的合成增加。

**4. 药物作用** 某些药物，如洛伐他汀或辛伐他汀等，因其结构与 HMG - CoA 相似，故能竞争性抑制 HMG - CoA 还原酶的活性，减少体内胆固醇的合成。还有一类阴离子交换树脂药物，如考来烯胺，可通过干扰肠道胆汁酸盐的重吸收，促使机体更多的胆固醇转变生成胆汁酸盐，从而降低血清中胆固醇的浓度。

### （四）胆固醇的酯化

细胞内和血浆中的游离胆固醇都可以被酯化成胆固醇酯，但不同的部位催化胆固醇酯化的酶及其反应过程不同。

**1. 细胞内胆固醇的酯化**　细胞内的游离胆固醇可在脂酰辅酶 A 胆固醇脂酰转移酶（ACAT）的催化下，接受脂酰辅酶 A 的脂酰基形成胆固醇酯和辅酶 A。

$$胆固醇 + 脂酰辅酶A \xrightarrow{ACAT} 胆固醇酯 + HSCoA$$

**2. 血浆内胆固醇的酯化**　血浆中，在卵磷脂－胆固醇脂酰转移酶（LCAT）的催化下，卵磷脂（磷脂酰胆碱）第 2 位碳原子的脂酰基，转移至胆固醇 3 位羟基上，生成胆固醇酯和溶血卵磷脂。LCAT 是由肝实质细胞合成，肝实质细胞有病变或损害时，可使 LCAT 活性降低，引起血浆胆固醇酯含量下降。

$$胆固醇 + 卵磷脂 \xrightarrow{LCAT} 胆固醇酯 + 溶血卵磷脂$$

## 二、胆固醇在体内的转化与排泄

### （一）胆固醇在体内的转化

胆固醇在体内既不能彻底氧化生成 $CO_2$ 和 $H_2O$，也不能作为能源物质提供能量，但胆固醇可通过对其基本结构环戊烷多氢菲的侧链氧化、还原或降解转变为其他具有环戊烷多氢菲为骨架的生理活性物质。

**1. 转变成胆汁酸**　胆固醇在肝脏中转变成胆汁酸，是胆固醇代谢的主要去路，是肝脏清除体内胆固醇的主要方式。正常人每天合成的胆固醇约有 40% 在肝中转变为胆汁酸，随胆汁进入肠道。胆汁酸分子中既有亲水基团，又有疏水基团，能够在肠道中与脂质消化产物形成微团，使脂质物质乳化，促进脂质的消化与吸收。

**2. 转变成类固醇激素**　胆固醇是肾上腺皮质、睾丸、卵巢等内分泌腺合成类固醇激素的原料。胆固醇在肾上腺皮质的球状带、束状带及网状带细胞内可以合成醛固酮、皮质醇和雄激素，在睾丸间质细胞合成睾酮，在卵巢的卵泡内膜细胞及黄体中合成雌二醇及黄体酮。

**3. 转变为维生素 $D_3$**　在人体皮肤、肝和小肠黏膜中，胆固醇可被脱氢氧化为 7－脱氢胆固醇，随血液运至皮下，经紫外线照射后转变为维生素 $D_3$。

### （二）胆固醇的排泄

体内大部分胆固醇在肝中转变为胆汁酸，随胆汁排出，这是胆固醇排泄的主要途径。还有一部分胆固醇直接随胆汁进入肠道，其中一部分被肠黏膜重吸收，另一部分被肠道细菌还原为粪固醇，随粪便排出体外。

# 第五节　血脂和血浆脂蛋白

## 一、血脂

血脂是血浆所含脂质的统称。它的组成包括三酰甘油、磷脂、胆固醇和胆固醇酯以及游离脂肪酸等。血脂的来源可分为外源性和内源性两种，外源性脂质是从食物摄取的脂质经消化吸收进入血液的脂质，内源性脂质指由体内合成或脂库中三酰甘油动员后释放入血的脂质。血脂含量仅占全身脂质总量的极少部分，并且不如血糖恒定，受膳食、年龄、性别、职业以及代谢等的影响，波动范围很大。空腹时血脂相对稳定，临床测定应在禁食后 12～14 小时取血。血脂含量的测定可作为高脂血症、动脉粥样硬化及冠心病等病症的辅助诊断指标。正常成年人空腹 12～14 小时血脂的组成及含量见表 7－2。

表7-2 正常成人空腹血脂的组成及含量

| 脂质物质 | 血浆含量（mmol/L） |
| --- | --- |
| 三酰甘油 | 0.11~1.69 |
| 总胆固醇 | 2.59~6.47 |
| 胆固醇酯 | 1.81~5.17 |
| 游离胆固醇 | 1.03~1.81 |
| 总磷脂 | 48.44~80.73 |
| 游离脂肪酸 | 0.50~0.70 |

## 二、血浆脂蛋白

脂质不溶于水，因此在血浆中不能游离存在，而要与血浆中水溶性很强的蛋白质结合形成脂蛋白，才能实现脂质在血浆中的运输。

### （一）血浆脂蛋白的分类

各种脂蛋白因所含脂质及蛋白质种类和含量不同，其密度、颗粒大小、表面电荷、电泳行为及免疫性均有不同。一般用电泳法及超速离心法将血浆脂蛋白分类。

**1. 电泳分类法**　主要根据不同脂蛋白的载脂蛋白部分所带电荷不同、脂蛋白的分子大小不同而分离。不同的脂蛋白在电场中具有不同的电泳迁移率，按其电泳迁移率的大小，可将脂蛋白分为 $\alpha$ – 脂蛋白、前 $\beta$ – 脂蛋白、$\beta$ – 脂蛋白及乳糜微粒 4 类。分离血浆脂蛋白常用的电泳方法为醋酸纤维素薄膜电泳和琼脂糖凝胶电泳或聚丙烯酰胺凝胶电泳。$\alpha$ – 脂蛋白泳动最快，相当于 $\alpha_1$ – 球蛋白的位置；前 $\beta$ 位于 $\beta$ – 脂蛋白之前，相当于 $\alpha_2$ – 球蛋白的位置；$\beta$ – 脂蛋白相当于 $\beta$ – 球蛋白的位置；乳糜微粒（CM）则留在原点不动（图7-16）。

图7-16　血浆蛋白质电泳与血浆脂蛋白电泳结果的比较

**2. 密度分类法**　又称为超速离心法。由于各种脂蛋白含脂质及蛋白质量各不相同，因而其分子密度亦各不相同。血浆在一定的盐溶液中进行超速离心时，各种脂蛋白因密度不同而漂浮或沉降，据此，根据密度的大小将脂蛋白分为 4 类，密度由小到大依次为乳糜微粒（CM）、极低密度脂蛋白（VLDL）、低密度脂蛋白（LDL）和高密度脂蛋白（HDL）。

除上述 4 类脂蛋白外，还有中密度脂蛋白（IDL），它是 VLDL 在血浆中三酰甘油降解代谢产生的，其组成及密度介于 VLDL 及 LDL 之间。

### （二）血浆脂蛋白的组成

血浆脂蛋白主要由蛋白质和脂质两大部分组成。脂质主要包括三酰甘油、磷脂、胆固醇及其酯。各类脂蛋白中所含的蛋白质的种类和数量不同，各种脂质的组成比例及含量也不相同。乳糜微粒颗粒最大，含三酰甘油最多，达80%～95%，蛋白质最少，约占1%，故密度最小，血浆静置即可漂浮。VLDL 中三酰甘油为主要成分，含量达50%～70%，但蛋白质、磷脂及总胆固醇含量均高于 CM，故密度较 CM 大。LDL 含总胆固醇最多，达40%～50%，其蛋白质含量20%～25%。HDL 含蛋白质最多而含三酰甘油最少，颗粒最小，密度最大（表7-3）。

表7-3　各种血浆脂蛋白的组成、性质和功能

| 分类 | 密度法 | CM | VLDL | LDL | HDL |
|---|---|---|---|---|---|
| | 电泳法 | CM | 前β-脂蛋白 | β-脂蛋白 | α-脂蛋白 |
| 组成（%） | 蛋白质 | 0.5~2 | 5~10 | 20~25 | 50 |
| | 三酰甘油 | 80~95 | 50~70 | 10 | 5 |
| | 磷脂 | 5~7 | 15 | 20 | 25 |
| 性质 | 总胆固醇 | 4~5 | 15~19 | 40~50 | 20~23 |
| | 密度 | <0.95 | 0.95~1.006 | 1.006~1.063 | 1.063~1.210 |
| | 颗粒直径（mm） | 80~500 | 20~80 | 20~25 | 7.5~10 |
| | 电泳位置 | 原点 | α₂-球蛋白 | β-球蛋白 | α₁-球蛋白 |
| 合成部位 | | 小肠 | 肝 | 血浆 | 肝、小肠 |
| 功能 | | 转运外源性三酰甘油 | 转运内源性三酰甘油 | 转运内源性胆固醇到肝外组织 | 逆向转运胆固醇到肝内组织 |

### （三）血浆脂蛋白的结构

各种血浆脂蛋白具有大致相似的基本结构。疏水性较强的三酰甘油和胆固醇酯均位于脂蛋白的内核，而既有极性基团又有非极性基团的蛋白质部分、磷脂及游离胆固醇则以单分子层借其非极性的疏水基团与内核的疏水键相连，覆盖于脂蛋白表面，而其极性基团朝外，呈球形，所以脂蛋白具亲水性，能溶于血浆中。CM及VLDL主要以三酰甘油为内核，LDL及HDL则主要以胆固醇酯为内核（图7-17）。

图7-17　血浆脂蛋白的结构

## 三、载脂蛋白

血浆脂蛋白中的蛋白质部分称载脂蛋白（Apo）。目前已从人血浆中分离出20多种载脂蛋白，主要有ApoA、ApoB、ApoC、ApoD及ApoE等5类。某些载脂蛋白又分为若干亚类，如ApoA分为ApoAⅠ、ApoAⅡ、ApoAⅣ及ApoAⅤ；ApoB又分为ApoB100及ApoB48；ApoC又分为ApoCⅠ、ApoCⅡ、ApoCⅢ及ApoCⅣ。不同脂蛋白含不同的载脂蛋白。如HDL主要含ApoAⅠ及ApoAⅡ；LDL几乎只含ApoB100；VLDL主要含ApoB100和ApoCⅡ，还含有ApoCⅠ、ApoCⅢ及ApoE；CM主要含ApoB48。人的主要载脂蛋白的基因结构、染色体定位、氨基酸序列均已确定。1986年，通过cDNA序列分析确定了ApoB100的氨基酸组成及序列，证明ApoB100是由4356个氨基酸残基构成的单链多肽，是目前发现一级结构最

长的蛋白质。

近年来的研究证明，载脂蛋白不仅在结合和转运脂质及稳定脂蛋白的结构上发挥重要作用，还调节脂蛋白代谢关键酶活性，参与脂蛋白受体的识别，在脂蛋白代谢上发挥着极为重要的作用。

## 四、血浆脂蛋白代谢

### （一）参与脂蛋白代谢的主要酶类

**1. 脂蛋白脂肪酶（LPL）** 其功能是催化 CM 和 VLDL 核心的三酰甘油分解为脂肪酸和甘油，使脂蛋白逐渐变为直径较小的残粒。LPL 的活性需要 ApoC Ⅱ 来激活。

**2. 肝脂肪酶（HL）** 其功能是催化小颗粒脂蛋白（如 VLDL 残粒、CM 残粒及 HDL）中三酰甘油的分解。此酶的活性不需要 ApoC Ⅱ 来激活。

**3. 卵磷脂 – 胆固醇脂酰转移酶（LCAT）** 其功能是催化胆固醇形成胆固醇酯，ApoA Ⅰ 是此酶的激活剂。

### （二）参与脂蛋白代谢的受体

血浆脂蛋白受体位于细胞膜上，与相应的脂蛋白配体有高度的亲和力，从而介导细胞对脂蛋白的摄取与代谢。

**1. VLDL 受体** 又称 ApoE 受体，主要识别含 ApoE 丰富的脂蛋白（如 CM 残粒和 VLDL 残粒），是清除血液中 CM 残粒和 VLDL 残粒的主要受体。此受体位于肝细胞膜上，CM 残粒和 VLDL 残粒与受体结合并被摄取进入细胞内降解。

**2. LDL 受体** ApoB、ApoE 受体，能识别并结合含 ApoB100、ApoE 的脂蛋白，如 LDL 和 IDL。此受体广泛分布于肝、动脉壁平滑肌等各组织的细胞膜表面。

**3. HDL 受体** 能特异识别并结合 HDL。此受体广泛分布于全身各组织的细胞膜上。

**4. 清道夫受体** 介导清除血液中修饰的 LDL（如氧化修饰 LDL，即 ox – LDL）。此受体主要存在于巨噬细胞及血管内皮细胞表面。

### （三）常见的血浆脂蛋白代谢

**1. 乳糜微粒（CM）** 由小肠黏膜上皮细胞合成，是运输外源性三酰甘油的主要形式。食物中的脂肪经消化吸收后，进入小肠黏膜细胞，小肠黏膜细胞利用食物中摄取的三酰甘油、磷脂、胆固醇及 ApoB48、ApoA 等形成新生的 CM。新生 CM 经淋巴管流入血液，接受 ApoC 及 ApoE 并脱去部分 ApoA，形成成熟的 CM。其中所含的 ApoC Ⅱ 可激活心肌、骨骼肌及脂肪等组织毛细血管内皮细胞表面的脂蛋白脂肪酶（LPL）。在 LPL 的作用下，CM 中的三酰甘油逐步被水解，生成的脂肪酸被机体组织摄取利用，同时脱去其表面的 ApoC 和剩余的 ApoA，形成富含磷脂、胆固醇酯及 ApoB48 和 ApoE 的残余颗粒。残余颗粒表面因含有 ApoE，故能识别肝细胞膜表面的 ApoE 受体并与之结合，最终被肝细胞摄取利用（图 7 – 18）。正常人 CM 在血浆中代谢迅速，半寿期仅为 5～15 分钟，因此空腹 12～14 小时后血浆中不含 CM。

**2. 极低密度脂蛋白（VLDL）** 主要由肝细胞合成，小肠黏膜也有少量合成，是运输内源性三酰甘油的主要形式。肝细胞主要利用葡萄糖为原料合成三酰甘油，也可利用食物及脂肪组织动员的脂肪酸合成三酰甘油。合成的三酰甘油与磷脂、胆固醇及 ApoB100 等形成新生 VLDL。新生 VLDL 进入血液循环后，接受 ApoE 和 ApoC，转变为成熟 VLDL。ApoC 中的 ApoC Ⅱ 能激活肝外组织毛细血管壁内皮细胞上的 LPL。在 LPL 的作用下，VLDL 中的三酰甘油逐渐被降解，同时脱去 ApoC。随着 VLDL 本身颗粒逐渐变小，密度逐渐增高以及 ApoB100 和 ApoE 含量的相对增加，VLDL 转变为中间密度脂蛋白（IDL）。

图 7 - 18　乳糜微粒代谢

IDL 中三酰甘油与胆固醇的含量大致相等，载脂蛋白主要是 ApoB100 和 ApoE。一部分 IDL 与肝细胞膜上的 ApoE 受体结合后被肝细胞摄取利用；另一部分 IDL 转变为 LDL，其过程为 IDL 中的三酰甘油被 LPL 与肝脂肪酶进一步水解，同时脱去其表面的 ApoE，转变为以胆固醇酯为主要组分的 LDL（图 7 - 19）。VLDL 在血浆中的半寿期为 6 ~ 12 小时。

图 7 - 19　极低密度脂蛋白代谢

**3. 低密度脂蛋白（LDL）**　由 VLDL 在血浆中转变而来，是转运肝合成的内源性胆固醇的主要形式。正常人空腹时的血浆脂蛋白主要是 LDL，可占到血浆脂蛋白总量的 2/3。LDL 在体内的代谢途径有两条：①LDL 受体途径；②清道夫受体途径。其中以 LDL 受体途径为主，大约 2/3 的 LDL 由 LDL 受体途径降解。LDL 在血浆中的半寿期为 2 ~ 4 天。

LDL 受体广泛分布于肝、动脉壁细胞等全身各组织的细胞膜表面，能特异识别并结合含 ApoE 或 ApoB100 的脂蛋白。当血浆中的 LDL 与 LDL 受体结合后，受体聚集成簇，内吞入细胞并与溶酶体融合。

在溶酶体中蛋白水解酶的作用下，LDL 中的 ApoB100 水解为氨基酸，其中的胆固醇酯被胆固醇酯酶水解为游离胆固醇及脂肪酸供细胞利用（图 7 - 20）。

单核吞噬细胞系统中的巨噬细胞和血管内皮细胞表面具有清道夫受体（SR），可与修饰的 LDL 结合，摄取并清除血浆中修饰的 LDL。

图 7 - 20  低密度脂蛋白代谢

**4. 高密度脂蛋白（HDL）**　　主要由肝细胞合成，小肠黏膜细胞亦有少量合成，此外，CM 及 VLDL 分解代谢过程中脱落的组分也可合成新生的 HDL。HDL 是机体从外周组织向肝逆向转运胆固醇的主要形式。新生 HDL 是机体从外周组织向肝逆转运胆固醇的主要形式。新生的 HDL 颗粒呈圆盘状，所含的载脂蛋白主要为 ApoA 和 ApoC，仅含少量胆固醇。新生的 HDL 进入血液循环后，在血浆中的卵磷脂胆固醇脂酰转移酶（LCAT）的催化下，HDL 表面卵磷脂的 2 位脂酰基转移至血浆中胆固醇的 3 位羟基上，生成溶血卵磷脂和胆固醇酯。在 LCAT 的作用下，生成的胆固醇酯被转移到 HDL 的内核。LCAT 由肝实质细胞合成，分泌入血，在血浆中发挥作用，HDL 表面的 ApoA I 是 LCAT 的激活剂。随着内核胆固醇酯的不断增多，核心逐步膨胀，盘状的 HDL 转变成球状的 HDL，并脱去其表面的 ApoC 和 ApoE，转变为成熟的 HDL（图 7 - 21）。

图 7 - 21  高密度脂蛋白代谢

HDL 主要在肝降解。成熟的 HDL 与肝细胞膜上的 HDL 受体结合，然后被肝细胞摄取，其中的胆固醇可用于合成胆汁酸或直接通过胆汁排出体外。由于 HDL 具有清除周围组织中的胆固醇及保护血管内膜不受 LDL

损害的作用，因此 HDL 有抗动脉硬化、降低心肌梗死风险的作用。HDL 在血浆中的半寿期为 3～5 天。

## 五、常见的血浆脂蛋白代谢异常

### （一）高脂蛋白血症

由于脂质在血浆中主要以脂蛋白形式存在，因此高脂血症实际上就是高脂蛋白血症。高脂血症是指人血浆中脂质浓度高于正常范围的上限。临床上一般以成人空腹 12～14 小时血中三酰甘油（TAG）浓度超过 2.26mmol/L（200mg/dl），总胆固醇（TC）浓度超过 6.21mmol/L（240mg/dl），儿童总胆固醇浓度超过 4.14mmol/L（160mg/dl）为高脂血症的标准。1970 年，世界卫生组织建议，将高脂蛋白血症分为 6 型，各型高脂蛋白血症的血脂与脂蛋白的变化见表 7-4。

表 7-4 高脂蛋白血症的类型及特点

| 分型 | 血浆脂蛋白变化 | 血脂变化 | |
|---|---|---|---|
| Ⅰ | 乳糜微粒增高 | 三酰甘油↑↑↑ | 总胆固醇↑ |
| Ⅱa | 低密度脂蛋白增加 | 总胆固醇↑↑ | |
| Ⅱb | 低密度及极低密度脂蛋白同时增加 | 总胆固醇↑↑ | 三酰甘油↑↑ |
| Ⅲ | 中密度脂蛋白增加 | 总胆固醇↑↑ | 三酰甘油↑↑ |
| Ⅳ | 极低密度脂蛋白增加 | 三酰甘油↑↑ | |
| Ⅴ | 极低密度脂蛋白及乳糜微粒同时增加 | 三酰甘油↑↑↑ | 总胆固醇↑ |

高脂血症又可分为原发性和继发性两大类。原发性高脂血症可能与脂蛋白代谢的酶、脂蛋白受体或载脂蛋白的先天缺陷有关。继发性高脂血症常继发于控制不良的糖尿病、肝病、肾病及甲状腺功能减退。另外，过量摄入糖、肥胖、酗酒或长期服用某些药物，也可诱发高脂蛋白血症。

高血脂是许多心脑血管疾病的独立危险因素。高血脂的发生与患者的生活饮食习惯有很大的关系，进行正确合理的日常护理对控制高脂血症患者的血脂有很重要的作用。高血脂患者在日常生活中要注意做到以下事项。

**1. 低脂饮食** 应多吃含蛋白质及不饱和脂肪酸多、含胆固醇及饱和脂肪酸少的食物，如瘦肉、鱼（带鱼除外）、虾、豆制品、水果及蔬菜等；少吃富含饱和脂肪酸及含胆固醇多的食物，如奶制品、蛋黄、带鱼、脑、肝、肾及肠等动物内脏。另外，应防止进食过多的糖类，包括糖果及甜食。

**2. 控制总摄入热能** 总脂一般仅占摄入总热能的 30%；蛋白质应占摄入总热能的 10%～20%。糖类占摄入总热能的 50%～60%。每天进食的胆固醇应 <300mg；严重的高胆固醇血症患者，每天进食的胆固醇应 <200mg。每天进食主要来自豆类、谷类、水果及蔬菜的纤维素应≥35g。

**3. 合理减肥** 原则上保持理想体重，也就是保持体质指数在 20～25。

体质指数＝体重（kg）/身高$^2$（m$^2$）。体质指数 >27 即超重，应减少摄入总热能。降低体重的速度，以每周减轻 0.5～1kg 为宜。

**4. 改善生活方式** 戒烟，避免过度饮酒。根据年龄、性别等不同特点，适当增加体力或文体活动，消除过度的精神紧张。

### （二）动脉粥样硬化

动脉粥样硬化主要是动脉内壁膜损伤，血管壁纤维化增厚，管腔变狭窄的一种病理改变。凡能增加动脉壁胆固醇内流和沉积的脂蛋白，如 LDL、VLDL 等，能引起动脉粥样硬化，称为致动脉粥样硬化的脂蛋白；凡能促进胆固醇从血管壁外运的脂蛋白，如 HDL，称为抗动脉硬化的脂蛋白。

血浆胆固醇水平升高，易引起脂质浸润，不仅损伤动脉血管壁内皮细胞，而且促进胆固醇在血管壁的沉积，形成泡沫细胞，使通过动脉的血流量减少，导致组织器官发生缺血性损伤，并出现相应的临床症状，如冠状动脉硬化，会导致患者心绞痛、心肌梗死，而脑血管粥样硬化，就会导致脑溢血或脑血栓等。

### （三）肥胖症

全身性的脂肪堆积过多，导致体内发生一系列病理生理变化，称为肥胖症。目前国际上用体质指数（BMI）作为肥胖度的衡量标准。我国规定 BMI 在 24 ~ 26.9 为轻度肥胖；27 ~ 29.9 为中度肥胖；大于30 为重度肥胖。成年人肥胖表现为脂肪细胞体积增大，但数目一般不增多；生长发育期儿童肥胖则表现为脂肪细胞体积增大，数目也增多。

引起肥胖的因素很多，除了遗传因素和内分泌失调之外，常见的原因是热量摄入过多，同时体力活动过少，从而使食物中的糖、脂肪酸、甘油、氨基酸等大量转化成三酰甘油，储存于脂肪组织中。

肥胖症患者常伴有高血糖、高血脂、高血压、高胰岛素血症，并会发生一系列内分泌和代谢改变。肥胖症的防治原则主要是控制饮食和增加活动量。

### （四）低脂蛋白血症

高脂蛋白血症由于与心血管疾病密切相关，一直是人们研究的热点，然而较为少见的低脂蛋白血症近年来也得到了研究者的关注。引起低脂蛋白血症的原因有脂蛋白的合成减少和脂蛋白分解旺盛。目前认为前者是低脂蛋白血症的主要原因。

血清总胆固醇浓度在 3.3mmol/L 以下或三酰甘油在 0.45mmol/L 以下者，属于低脂蛋白血症。总胆固醇和三酰甘油浓度同时降低者多见，血浆脂蛋白中多见 HDL、LDL 和 VLDL 均降低。

低脂蛋白血症也分原发性和继发性两种。原发性低脂蛋白血症产生的原因常有 ApoA Ⅰ 缺乏和变异、卵磷脂 - 胆固醇脂酰转移酶（LCAT）缺乏。继发性低脂蛋白血症多见于内分泌疾病（如甲状腺功能亢进等）、各种低营养、吸收障碍、恶性肿瘤等患者。

### （五）脂肪肝

脂肪肝是各种原因引起的肝细胞内脂肪的堆积。正常情况下，肝中脂质的含量约占肝重的5%，其中磷脂约占3%，三酰甘油约占2%。如果肝中聚集过多的三酰甘油，其含量超过肝重的5%时，为轻度脂肪肝；超过10%时，为中度脂肪肝；超过25%时，为重度脂肪肝。

磷脂酰胆碱（卵磷脂）是人体内含量最多的磷脂，如果胆碱的供给或合成不足，会使肝中磷脂酰胆碱的合成减少，导致极低密度脂蛋白的形成发生障碍，肝细胞内的三酰甘油因不能运出而致含量升高，同时二酰甘油转变成磷脂酰胆碱的量减少，而转变成三酰甘油的量增多，于是肝内的三酰甘油来源增多而去路减少，从而引起三酰甘油在肝细胞内的堆积，形成脂肪肝。

## 目标检测

答案解析

### 一、选择题

1. 下列激素中，属于抗脂解激素的是（　）

　　A. 胰高血糖素　　　　　B. 肾上腺素　　　　　C. ACTH

　　D. 胰岛素　　　　　　　E. 促甲状腺素

2. 下列脂肪酸中属于必需脂肪酸的是（　）

　　A. 软脂酸　　　　　　　B. 硬脂酸　　　　　　C. 油酸

D. 亚油酸　　　　　　　　E. 棕榈酸

3. 脂肪酸 β 氧化的限速酶是 （　）
　　A. 脂酰 CoA 合成酶　　　B. 脂酰 CoA 脱氢酶　　　C. 肉碱脂酰转移酶 Ⅰ
　　D. 肉碱脂酰转移酶 Ⅱ　　E. 以上都不是

4. 脂肪酸进行 β 氧化的酶促反应顺序为 （　）
　　A. 脱氢、脱水、再脱氢、硫解　　　　　B. 脱氢、加水、再脱氢、硫解
　　C. 脱氢、再脱氢、加水、硫解　　　　　D. 硫解、脱氢、加水、再脱氢
　　E. 缩合、还原、脱水、再还原

5. 酮体是指 （　）
　　A. 乙酰乙酸、$\beta$-羟丁酸、丙酮酸　　　　B. 乙酰辅酶 A、$\beta$-羟丁酸、丙酮
　　C. 乙酰乙酸、氨基丁酸、丙酮酸　　　　D. 乙酰辅酶 A、$\beta$-羟丁酸、丙酮酸
　　E. 乙酰乙酸、$\beta$-羟丁酸、丙酮

6. 胆固醇不能转化为 （　）
　　A. 胆红素　　　　　　　　B. 胆汁酸　　　　　　　C. 维生素 $D_3$
　　D. 睾酮　　　　　　　　　E. 雌二醇

7. 血浆脂蛋白中转运外源性甘油三酯的是 （　）
　　A. CM　　　　　　　　　　B. VLDL　　　　　　　C. LDL
　　D. HDL　　　　　　　　　E. IDL

8. 血浆脂蛋白中转运内源性甘油三酯的是 （　）
　　A. CM　　　　　　　　　　B. VLDL　　　　　　　C. LDL
　　D. HDL　　　　　　　　　E. IDL

## 二、思考题

1. 胆固醇在体内可转化成哪些生理活性物质？
2. 超速离心法可将血浆脂蛋白分为哪几种？各有何功能？

（常陆林）

书网融合……

本章小结　　　微课　　　题库

# 第八章　蛋白质分解代谢

PPT

■ 学习目标

　　1. 通过本章学习，重点把握蛋白质营养价值、氨基酸代谢概况、氨基酸的脱氨基作用、体内氨的来源和去路、鸟氨酸循环、一碳单位的代谢。

　　2. 学会将相关知识应用于护理实际工作，理解肝性脑病的生化机制；具有运用氨基酸只是解决临床护理实际工作的能力。

## ▶▶ 情景导入

　　**情景描述**　患者，男性，46 岁，有丙型肝炎史，肝硬化。因呕吐、嗜睡、神志不清被送入医院，经检查，巩膜黄染，颈部出现蜘蛛痣，扑翼样震颤，血氨显著升高。诊断为肝性脑病。

　　**讨论**　1. 体内氨有哪些来源？机体如何解毒？

　　　　　2. 患者为什么会出现肝性脑病？试分析肝性脑病的生化机制。

　　　　　3. 试分析如何避免高血氨的发生？

　　蛋白质是生命活动的物质基础，氨基酸是蛋白质的基本组成单位。体内的蛋白质处于不断的代谢之中，正常成人平均每天有 1% ～2% 的蛋白质降解，降解产生的氨基酸有 75% ～80% 又被再利用合成蛋白质。因此，蛋白质的分解首先是水解为氨基酸，再进一步代谢，所以氨基酸代谢是蛋白质分解代谢的核心内容。为适应体内蛋白质合成的需要，通过食物摄入或体内合成的方式，在质与量上保证各种氨基酸的供应。此外，氨基酸也可进入分解途径，转变成一些生理活性物质、某些含氮化合物或作为体内能量的来源。因此，蛋白质的分解代谢就是氨基酸的分解代谢。

# 第一节　蛋白质的营养作用

## 一、蛋白质的生理功能

### （一）维持组织的生长、发育、更新和修补

　　蛋白质是细胞的主要组成成分。儿童的生长发育、成人的组织更新，以及组织细胞损伤的修补等，都需要蛋白质的供给和补充。

### （二）参与机体重要的生理活动

　　**1. 催化和调控作用**　新陈代谢是生命的主要特征，代谢过程中的所有化学变化几乎都是在酶的催化下进行的。蛋白质参与生物体内正常生命活动的精细维持及有效调节，也参与基因表达调控，如组蛋白、非组蛋白、阻遏蛋白、激活蛋白、多种生长因子和蛋白质类激素等。这种调节可使多种代谢途径互相配合、互相制约。

**2. 协调机体运动**　人体生理功能离不开肌肉收缩，即血液循环、呼吸、消化、排泄和生殖等功能都与肌肉收缩有关。肌肉收缩的物质基础是肌动蛋白、肌球蛋白、原肌球蛋白和肌原蛋白等。

**3. 运输和储存作用**　蛋白质在体内物质的运输和储存中起着重要作用，如血红蛋白运输 $O_2$，载脂蛋白运输脂质。某些蛋白质还担负着储存功能，如肌肉中的肌红蛋白有储存氧的功能，铁蛋白有储存铁的功能。

**4. 机体防御功能**　血浆中有各种免疫球蛋白，它们是一类抗体蛋白，可以抵御病原微生物对机体的危害。

**5. 凝血和抗凝作用**　大多数凝血因子是血浆蛋白质，在特定的条件下，可以促进血液凝固，防止机体失血。血浆中还有一类蛋白质起抗凝血和纤溶作用，在生理条件下发生血管内凝血时，抗凝血成分迅速发挥作用，使纤维蛋白溶解，防止血栓形成，血液循环畅通。

### （三）氧化供能

机体每天约有 18% 的能量来自蛋白质。每 1g 蛋白质氧化分解释放约 17kJ（约 4kcal）的能量。

## 二、蛋白质的需要量和营养价值

### （一）氮平衡与蛋白质的需要量

**1. 氮平衡**　是指每日摄入的氮量与排出的氮量之间的关系。摄入的氮量主要来源于食物中蛋白质，主要用于体内蛋白质的合成；排出的氮量来源于尿液及粪便中的含氮物，主要来自体内蛋白质的分解代谢；因此，氮平衡可以反映体内蛋白质合成与分解代谢的状况。氮平衡有 3 种类型。

（1）总氮平衡　摄入氮＝排出氮，表明机体组织蛋白质的合成与分解相当，见于正常成年人。每日从食物中摄入的蛋白质，主要用来维持机体组织蛋白质的更新与修补。

（2）正氮平衡　摄入氮＞排出氮，表明机体组织蛋白质的合成大于分解，摄入的蛋白质除了用于更新组织蛋白质外，还有部分用于合成新的组织蛋白质。儿童、孕妇和恢复期的患者属于这种情况。

（3）负氮平衡　摄入氮＜排出氮，表明机体组织蛋白质的合成小于分解，蛋白质摄入量减少，不足以补充消耗掉的组织蛋白质，或者机体蛋白质分解增加，见于饥饿、组织创伤和慢性消耗性疾病患者。

氮平衡反映了机体内蛋白质的合成和分解情况，它对研究食物蛋白质的营养价值和机体对蛋白质的需要量都具有重要的实用价值。

**2. 蛋白质的需要量**　根据氮平衡实验计算，正常成人（体重为 60kg）在不摄入蛋白质的情况下，每天仍要分解蛋白质约 20g。由于食物中的蛋白质与人体组成的蛋白质有差异，不能完全利用，故人体对蛋白质的每日最低生理需要量为 30~50g。为了使机体长期保持氮的总平衡，目前，我国营养学会推荐正常成人每日蛋白质摄入量为 80g。儿童、孕妇、消耗性疾病患者和手术后患者均应适当增加蛋白质的摄入量。若糖与脂肪供给不足，即热能供应不足，势必会引起蛋白质氧化分解供能，影响蛋白质的有效利用率，因此蛋白质的供应量还应该有所增加。

### （二）蛋白质的营养价值

蛋白质的营养价值取决于蛋白质所含必需氨基酸的种类、数量和比例。构成人体蛋白质的 20 种氨基酸，有 8 种氨基酸机体不能合成，而这些体内需要又不能自身合成，必须由食物供应的氨基酸，称为营养必需氨基酸。分别为缬氨酸、异亮氨酸、亮氨酸、苏氨酸、甲硫氨酸、赖氨酸、苯丙氨酸和色氨酸。其余 12 种氨基酸体内可以合成，不一定需要由食物供应，在营养学上称为非必需氨基酸。但对于婴幼儿而言，组氨酸和精氨酸虽然能在体内合成，但合成量较少不能满足机体需要，还需要从食物中摄取一部分，若长期缺乏也能造成负氮平衡。一般来说，含有必需氨基酸种类多、数量足、从比例上更符合人体要求的蛋白质，其营养价值就高，反之营养价值低。由于动物性食物蛋白质所含必需氨基酸的种类和比例与人体需要相近，故营养价值高。

不同的食物蛋白质所含的必需氨基酸种类和数量差异较大，单独食用其营养价值较低。如果几种营养价值较低的蛋白质混合食用，其必需氨基酸可以互相补充，从而提高其营养价值，称为食物蛋白质的营养互补作用。例如，谷类食物蛋白质含赖氨酸较少，含色氨酸较多；豆类食物蛋白质含赖氨酸较多，含色氨酸较少，两者混合食用即可提高蛋白质的营养价值。

### 知识拓展

#### 氨基酸静脉营养与护理

氨基酸静脉营养是指通过静脉输入形式提供合成机体蛋白质所需要的氨基酸。氨基酸制剂是人为地按蛋白质中必需氨基酸和非必需氨基酸的含量与比例，以各种结晶氨基酸为原料配制而成的氨基酸混合液。其种类大致可分为纯氨基酸营养液、营养代血浆和复合营养液。营养类药物容易受到细菌等的污染，故护理人员使用时应注意：静脉输注全过程应无菌操作；输注前应对药液进行认真检查，如果发现瓶身上有破裂或变色、漏气等情况一定要禁止使用，并且氨基酸注射液在打开后不可以再次利用；复方氨基酸注射液应避免光线直射；贮存在阴凉处；不能在复方氨基酸注射液中直接加其他药物，应分开使用。护理人员应注意观察输液中出现的不良反应。

## 三、蛋白质的消化、吸收与腐败

### （一）蛋白质的消化

食物蛋白质必须在消化道经过一系列消化酶的催化，以氨基酸或寡肽的形式被机体吸收利用。未经消化的蛋白质不易被吸收，蛋白质的消化过程可消除种属特异性和抗原性，防止过敏及毒性反应的发生。唾液中不含有蛋白酶，故蛋白质的消化作用在胃和小肠中完成。

### （二）氨基酸的吸收

氨基酸的吸收部位主要在小肠，是一个耗能的主动吸收过程。正常情况下，只有氨基酸和少量的二肽和三肽才能被吸收，肽被吸收后在肠黏膜细胞中进一步被水解成氨基酸，后者穿过内皮细胞基膜或侧膜，经门静脉入血。

### （三）蛋白质的肠中腐败作用

在消化过程中，有一小部分蛋白质不被消化，也有一小部分消化产物不被吸收。肠道细菌对这部分蛋白质及其消化产物所起的分解代谢作用，称为蛋白质的腐败作用。蛋白质腐败作用的大多数产物对人体有害，但也可以产生少量脂肪酸及维生素等可被机体利用的物质。

正常情况下，有害物质大部分随粪便排出，只有小部分被吸收，经肝的代谢转变而解毒，故不会发生中毒现象。当习惯性便秘和肠梗阻时，腐败作用产生的有害物质吸收增多，可导致头晕、头痛、心悸等现象。

# 第二节　氨基酸的一般代谢

组成蛋白质的氨基酸具有共同的结构特点，也具有共同的代谢途径，即氨基酸的一般代谢途径。同时，不同的氨基酸由于结构上的差异，又存在着特殊的代谢途径。

## 一、氨基酸的代谢概况

食物蛋白质消化吸收的氨基酸是体内氨基酸的主要来源，称为外源性氨基酸。体内蛋白质处于不断合成与降解的动态平衡中，成人每天有 1% ~2% 的蛋白质被降解，组织蛋白质降解产生的氨基酸以及体内合成的非必需氨基酸，称为内源性氨基酸。两种来源的氨基酸共同分布于体内各处参与代谢，构成氨基酸代谢库。

体内蛋白质都在不断更新，因此大部分氨基酸被用于蛋白质的生物合成，也可转变为其他含氮化合物，同时部分氨基酸进入分解代谢。各种氨基酸具有共同的结构特点，也具有共同的代谢特点。其分解代谢的主要方式是通过脱氨基作用，生成氨和的 α - 酮酸，也可以通过脱羧基作用生成胺和二氧化碳。各种氨基酸又存在着结构差异，导致了不同的代谢方式。

体内氨基酸代谢概况见图 8 - 1。

图 8 - 1　氨基酸代谢概况

## 二、氨基酸的脱氨基作用

氨基酸分解代谢的最主要方式是脱氨基作用，是指氨基酸在酶的催化下脱去氨基生成 α - 酮酸和氨，此反应在体内大多数细胞中都可以进行。氨基酸脱氨基的方式有转氨基作用、氧化脱氨基作用、联合脱氨基作用、嘌呤核苷酸循环，其中以联合脱氨基作用最为重要。

### （一）转氨基作用

在氨基转移酶的催化下，α - 氨基酸$_1$ 的 α - 氨基转移到 α - 酮酸$_1$ 分子上，生成对应的 α - 氨基酸$_2$，而原来的 α - 氨基酸$_1$ 则转变为相应的 α - 酮酸$_2$ 的过程，称为氨基转移作用或转氨基作用。

氨基转移酶所催化的反应是可逆反应，平衡常数接近 1。反应的实际方向决定于 4 种物质的相对浓度。因此转氨基作用既是氨基酸的分解代谢，又是体内合成非必需氨基酸的重要途径。

氨基转移酶（简称转氨酶）的辅酶是磷酸吡哆醛（维生素 B$_6$ 的磷酸酯），在转氨基过程中，磷酸吡哆醛接受氨基转变为磷酸吡哆胺，通过两者的相互转变，发挥着传递氨基的作用（图 8 - 2）。

体内氨基转移酶的种类较多，分布广，活性高。其中最重要的是丙氨酸氨基转移酶（ALT），又称谷丙转氨酶（GPT）和天冬氨酸氨基转移酶（AST），又称谷草转氨酶（GOT）。它们在体内广泛存在，

图 8 - 2　磷酸吡哆醛与磷酸吡哆胺传递氨基作用

但各组织中含量不等（表 8 -1）。

表 8 -1　正常成人各组织中 AST 及 ALT 活性（单位/g 湿组织）

| 组织 | AST | ALT | 组织 | AST | ALT |
|---|---|---|---|---|---|
| 心 | 156000 | 7100 | 胰腺 | 28000 | 2000 |
| 肝 | 142000 | 44000 | 脾 | 14000 | 1200 |
| 骨骼肌 | 99000 | 4800 | 肺 | 10000 | 700 |
| 肾 | 91000 | 19000 | 血清 | 20 | 16 |

　　ALT 在肝细胞中活性最高，AST 在心肌细胞中活性最高。它们都属于细胞酶，正常情况下，仅有少量进入血液，血清中含量很低。但当肝脏或心肌细胞受损伤，细胞膜通透性增高或被破坏，大量的转氨酶释放入血，导致血清中含量明显升高。如急性肝炎患者，血清 ALT 含量显著升高；心肌梗死患者，血清 AST 含量升高。因此临床上可以将血清中 ALT 与 AST 的活性作为诊断疾病和判断疾病预后的参考指标之一。

　　氨基酸的转氨基作用仅仅是将氨基由一种分子上转移到另一种分子上，并没有真正脱掉氨基产生游离的氨，但通过转氨基作用，可以调整体内各种氨基酸之间的比例。

## （二）氧化脱氨基作用

　　在酶的催化下，氨基酸脱氨基的同时伴有脱氢氧化生成 $\alpha$ - 酮酸的反应，称为氧化脱氨作用。催化氨基酸氧化脱氨基的酶有多种，其中以 L - 谷氨酸脱氢酶最重要。

　　L - 谷氨酸脱氢酶催化 L - 谷氨酸氧化脱氨，生成氨和 $\alpha$ - 酮戊二酸。L - 谷氨酸脱氢酶的辅酶是 $NAD^+$，主要分布于肝、肾及大脑中，具有活性高、专一性强、反应可逆等特点。一般情况下，反应倾向于谷氨酸的合成，但当谷氨酸浓度高、氨浓度低时，有利于 $\alpha$ - 酮戊二酸的生成。L - 谷氨酸脱氢酶属于绝对专一性的立体异构专一性酶，只催化 L - 谷氨酸代谢，对其他氨基酸无催化作用；且此酶在骨骼肌及心肌中活性低，故催化作用有一定的局限性。

## （三）联合脱氨基作用

　　氨基转移酶与 L - 谷氨酸脱氢酶联合作用，催化氨基酸脱下 $\alpha$ - 氨基生成 $\alpha$ - 酮酸和游离氨的过程，称为联合脱氨基作用（图 8 -3）。其全过程是可逆反应。如前所述，由于 L - 谷氨酸脱氢酶的特性，在肝、肾等组织中，各种转氨酶催化氨基酸与 $\alpha$ - 酮戊二酸反应生成相应的 $\alpha$ - 酮酸和谷氨酸，然后由 L - 谷氨酸脱氢酶催化谷氨酸进行氧化脱氨基作用，生成 $\alpha$ - 酮戊二酸和游离的氨。在这两种酶的联合作用下，体内多种氨基酸都可进行脱氨基反应。联合脱氨基作用既是体内氨基酸分解代谢的主要途径，其逆反应又是体内合成非必需氨基酸的主要途径。

图 8 - 3　氨基转移酶与 L - 谷氨酸脱氢酶联合脱氨基作用

### （四）嘌呤核苷酸循环

骨骼肌及心肌中 L - 谷氨酸脱氢酶的活性低，很难进行上述的联合脱氨基作用，但肌细胞内存在着另一种形式的联合脱氨基方式，即嘌呤核苷酸循环。

氨基酸首先在氨基转移酶的催化下连续进行转氨基反应，将氨基转移给 $\alpha$ - 酮戊二酸，生成谷氨酸；谷氨酸在天冬氨酸氨基转移酶的催化下将氨基转移给草酰乙酸，生成天冬氨酸；在腺苷酸基琥珀酸合成酶催化下天冬氨酸与次黄嘌呤核苷酸（IMP）反应生成腺苷酸基琥珀酸（习惯称腺苷酸代琥珀酸）；后由腺苷酸基琥珀酸裂解酶催化，裂解释放出延胡索酸，并生成腺苷酸（AMP）；延胡索酸可以通过加水、脱氢反应回补生成草酰乙酸，以补充消耗的部分；腺苷酸则在腺苷酸脱氨酶的催化下脱去氨基，生成次黄嘌呤核苷酸，完成氨基酸的脱氨基作用。次黄嘌呤核苷酸则再次参加循环（图 8 - 4）。

图 8 - 4　嘌呤核苷酸循环
①氨基转移酶；②天冬氨酸氨基转移酶；③腺苷酸基琥珀酸合成酶；
④腺苷酸基琥珀酸裂解酶；⑤腺苷酸脱氨酶

腺苷酸脱氨酶在肌组织中活性很高，因此，尽管在肌组织中脱氨基作用并不如肝、肾活跃，但全身的肌肉量较多，代谢总量仍很可观，更是支链氨基酸分解的重要方式。

## 三、氨的代谢

氨是机体正常代谢的产物，也是一种毒物，特别是对脑组织的毒害作用尤为明显。即使少量的氨对中枢神经系统也有毒性，所以体内氨生成后，应迅速代谢排出体外，才能使血氨维持在较低水平（图 8 - 5）。正常人血氨浓度一般不超过 $60\mu mol/L$（0.1mg/100ml）。

图 8 - 5　血氨的来源、转运和去路

### （一）氨的来源

体内氨的主要来源有 3 个方面。

**1. 氨基酸脱氨基作用产生的氨**　各组织器官中氨基酸经脱氨基作用产生的氨是体内氨的主要来源。此外，胺类物质氧化分解、嘌呤及嘧啶等化合物分解代谢时也产生氨。

**2. 肠道吸收的氨**　肠道内氨的来源有两个方面：①肠道内未被消化的蛋白质或未被吸收的氨基酸在细菌的作用下腐败产生氨；②血液中的尿素渗透入肠道后由细菌的尿素酶作用分解产生氨。

正常情况下肠道产氨的量较多，成人每天约4g。腐败作用增强时，产氨增多。肠道对氨的吸收，受肠腔 pH 及氨的存在状态的影响。酸性环境下形成 $NH_4^+$，$NH_4^+$ 不易被吸收；碱性环境下以 $NH_3$ 形式存在，$NH_3$ 比 $NH_4^+$ 更容易通过细胞膜而被吸收。因此，肠道 pH 偏碱时，$NH_3$ 吸收增多。故临床上对高血氨患者进行结肠透析时，采用弱酸性溶液，而禁用弱碱性的肥皂水，就是为了减少肠道对氨的吸收。

**3. 肾泌氨**　在肾远曲小管上皮细胞中，谷氨酰胺酶催化谷氨酰胺水解生成谷氨酸和 $NH_3$，$NH_3$ 分泌到肾小管的管腔液中，与原尿中的 $H^+$ 结合转化为 $NH_4^+$，以铵盐的形式随尿排出。肾小管泌 $NH_3$ 作用在调节酸碱平衡方面发挥着重要作用。肾小管分泌 $NH_3$ 的强弱与原尿的 pH 有关，酸性尿有利于 $NH_3$ 的分泌，碱性尿则妨碍 $NH_3$ 的分泌，$NH_3$ 则被吸收入血，成为血氨的来源之一。因此，临床上对肝硬化产生腹水的患者应服用酸性利尿剂，不宜用碱性利尿药，以防血氨升高。

### （二）氨的转运

各组织产生的氨必须以无毒的形式，经血液运输到肝、肾等器官继续代谢。血氨的运输形式主要有丙氨酸和谷氨酰胺两种。

**1. 丙氨酸 - 葡萄糖循环**　其反应过程如下：①在肌肉组织中，蛋白质分解产生的氨基酸经转氨基作用将氨基转移给丙酮酸生成丙氨酸；②丙氨酸入血，经血液循环运到肝；③在肝细胞内，丙氨酸在 ALT 催化下，经联合脱氨基作用转化为丙酮酸和氨；④产生的氨经鸟氨酸循环合成无毒的尿素，丙酮酸经糖异生作用生成葡萄糖；⑤葡萄糖进入血液，运回肌肉组织，沿着糖的氧化分解途径生成丙酮酸，丙酮酸再接受氨基生成丙氨酸。周而复始，将肝外组织产生的氨不断地运到肝脏进行代谢，故称为丙氨酸 - 葡萄糖循环（图 8 - 6）。丙氨酸 - 葡萄糖循环既可以使有毒的氨转化为无毒的物质运输到肝代谢，肝又可以为肌肉组织提供能源物质葡萄糖。

**2. 谷氨酰胺**　脑、肌肉等组织产生的氨主要以谷氨酰胺的形式运输到肝或肾中进行代谢。氨与谷氨酸在谷氨酰胺合成酶的催化下，生成谷氨酰胺，经血液运输到肝或肾，再由谷氨酰胺酶催化水解释放出谷氨酸和氨。在肝中，氨经鸟氨酸循环合成尿素。在肾中，氨气分泌到肾小管管腔，以铵盐形式排泄。

$$谷氨酸 + NH_3 + ATP \xrightleftharpoons[谷氨酰胺酶]{谷氨酰胺合成酶} 谷氨酰胺 + ADP + Pi$$

谷氨酰胺是体内氨的运输形式和储存形式，既解除了氨的毒性，又可以为某些含氮化合物（如嘌呤、嘧啶）的合成提供氮源。据此，临床上对高血氨患者可以服用或静脉输注谷氨酸盐来降低血氨浓度。

图 8-6　丙氨酸-葡萄糖循环

### （三）氨的去路

正常情况下，氨在体内可以沿脱氨基作用的逆过程重新合成谷氨酰胺等非必需氨基酸；或参加嘧啶等其他含氮化合物的合成；还可由肾小管分泌，以铵盐的形式随尿排泄；但最主要的去路还是在肝内合成为无毒的尿素。

**1. 合成尿素**　肝是合成尿素的最主要器官，肾和大脑虽然有精氨酸酶，但合成量甚微。以尿素形式排出的氮量占人体排氮总量的 80%～90%，由肾排出。

肝合成尿素的过程称为鸟氨酸循环（或尿素循环），主要反应如下。

（1）氨甲酰磷酸的合成　在肝细胞线粒体内，当 $Mg^{2+}$、ATP 及 $N$-乙酰谷氨酸存在时，由氨基甲酰磷酸合成酶 I（CPS I）催化，消耗 2 分子 ATP，$NH_3$ 与 $CO_2$、ATP 反应生成氨甲酰磷酸。此反应是不可逆反应，$N$-乙酰谷氨酸是 CPS I 的别构激活剂，在线粒体内由乙酰辅酶 A 和谷氨酸合成。

$$CO_2 + NH_3 + H_2O + 2ATP \xrightarrow[Mg^{2+},\ N-乙酰谷氨酸]{氨基甲酰磷酸合成酶 I} H_2N—COO \sim PO_3H_2 + 2ADP + Pi$$

（2）瓜氨酸的合成　在鸟氨酸氨甲基转移酶的催化下，氨甲酰磷酸与鸟氨酸缩合成瓜氨酸。

（3）精氨酸的合成　瓜氨酸合成后，由线粒体内膜上的载体转运到细胞质中，在精氨酸代琥珀酸合成酶的催化下，由 ATP 供能，与天冬氨酸结合成精氨酸代琥珀酸；随后再由精氨酸代琥珀酸裂解酶催化，裂解释放出精氨酸和延胡索酸。

该合成反应是不可逆反应，反应中天冬氨酸起提供氨基的作用。体内的氨基转移酶可催化转氨基反应，将多种氨基酸的氨基转给谷氨酸，然后再转给天冬氨酸而使用。而延胡索酸则可经三羧酸循环途径转为草酰乙酸，后者接受氨基生成天冬氨酸。

（4）精氨酸水解生成尿素　精氨酸在精氨酸酶的催化下，水解生成尿素和鸟氨酸。

瓜氨酸 + 天冬氨酸 $\xrightarrow[\text{ATP} \quad \text{AMP+PPi}]{\text{精氨酸代琥珀酸合成酶}}$ 精氨酸代琥珀酸 $\xrightarrow{\text{精氨酸代琥珀酸裂解酶}}$ 精氨酸 + 延胡索酸

精氨酸 $\xrightarrow{\text{精氨酸酶}}$ 鸟氨酸 + 尿素

尿素可经血液循环运到肾排出体外，鸟氨酸经线粒体内膜上的载体转运回线粒体内，参加下一次循环（图8-7）。如此循环，尿素不断被合成。

图 8-7　鸟氨酸循环

综上所述，尿素分子中的 2 个氮原子，一个来自 $NH_3$，另一个来自天冬氨酸，而天冬氨酸又可通过转氨基作用由其他氨基酸生成。因此，尿素分子中的 2 个氮原子实际上直接或间接来源于各种氨基酸。此外，尿素的合成是不可逆的耗能反应，合成 1 分子尿素需消耗 4 分子 ATP（4 个高能键）。尿素的合成是体内解氨毒的主要方式。

尿素是无毒、中性、水溶性强的化合物，主要经肾随尿排出体外。故临床上测定血液中尿素氮的含量，可以作为反映肾排泄功能的指标之一。血尿素氮升高，说明尿素在体内潴留，肾排泄功能障碍。

### 鸟氨酸循环的提出者——Hans Krebs

尿素的合成过程——鸟氨酸循环是 Hans Krebs 的科研团队经过反复实验提出的，阐述了人体尿素的代谢途径。后来经过不懈的努力，Hans Krebs 还发现了三羧酸循环，这是体内能量代谢的重要途径。Hans Krebs 是一位伟大的生物化学家，他的研究主要涉及中间代谢的各个方面。他研究的课题包括哺乳动物肝内尿素合成、鸟类尿酸和嘌呤碱的合成、电解质主动转运机制以及细胞呼吸与多磷酸腺苷生成之间的关系等。他的一生都在为生物化学的发展而努力，获得 1953 年诺贝尔生理学或医学奖。Hans Krebs 坚持不懈、执着探索、严谨求实等科学精神值得我们学习。

**2. 合成谷氨酰胺** 机体代谢产生的氨可与谷氨酸合成为谷氨酰胺，储存或被运输到肝或肾继续代谢。

**3. 合成其他含氮化合物** 氨可以通过转氨基作用的逆过程合成非必需氨基酸，也可作为氮源参与某些含氮化合物（如嘌呤、嘧啶等）的合成。

### （四）高血氨及氨中毒

正常生理情况下，血氨的来源与去路保持动态平衡，其浓度处于较低的水平。肝合成尿素是维持这一平衡的关键。当肝功能严重损伤时，尿素合成障碍，血氨浓度升高，称为高氨血症。当血氨浓度升高，能够供大脑使用的血谷氨酸含量不足以将氨转变为谷氨酰胺时，大脑就用 $\alpha$ - 酮戊二酸与氨结合生成谷氨酸，使三羧酸循环的中间产物 $\alpha$ - 酮戊二酸被大量消耗，导致三羧酸循环减弱，ATP 生成减少，从而引起大脑功能障碍，严重时发生昏迷，此即肝昏迷氨中毒学说。

## 四、$\alpha$ - 酮酸的代谢

氨基酸脱氨基作用生成的各种 $\alpha$ - 酮酸可以通过以下几种途径代谢。

**1. 经氨基化作用再合成非必需氨基酸** $\alpha$ - 酮酸可以与氨基合成非必需氨基酸，此过程实际上就是前述氧化脱氨基、转氨基、联合脱氨基反应的逆过程，我们称之为还原氨基化作用。这些非必需氨基酸对应的 $\alpha$ - 酮酸来自糖、甘油和三羧酸循环等代谢的中间产物。机体之所以不能合成必需氨基酸，是因为机体不能合成相应的 $\alpha$ - 酮酸。

**2. 转变为糖和脂肪** 动物实验证实，若体内蛋白质、氨基酸极充足，并且能量供应又不缺乏时，$\alpha$ - 酮酸可以转变成糖和脂肪。能转变为糖的氨基酸称为生糖氨基酸；能转变为酮体的氨基酸称为生酮氨基酸；两者兼有者称为生糖兼生酮氨基酸。人体内参加蛋白质合成的 20 种氨基酸中，亮氨酸、赖氨酸是生酮氨基酸；异亮氨酸、酪氨酸、苯丙氨酸、苏氨酸、色氨酸是生糖兼生酮氨基酸；其余十几种都属于生糖氨基酸。例如，丙氨酸脱去氨基转为丙酮酸，丙酮酸通过糖异生作用可以转变成葡萄糖，因此丙氨酸属于生糖氨基酸。生糖、生酮氨基酸的分类见表 8 - 2。

表 8 - 2　生糖、生酮氨基酸分类

| 类别 | 氨基酸 |
| --- | --- |
| 生糖氨基酸 | 甘氨酸、丝氨酸、缬氨酸、组氨酸、精氨酸、半胱氨酸、脯氨酸、丙氨酸、羟脯氨酸、谷氨酸、谷氨酰胺、天冬氨酸、天冬酰胺、甲硫氨酸 |
| 生酮氨基酸 | 亮氨酸、赖氨酸 |
| 生糖兼生酮氨基酸 | 异亮氨酸、苯丙氨酸、酪氨酸、苏氨酸、色氨酸 |

**3. 氧化供能** $\alpha$ - 酮酸在体内可以通过三羧酸循环和氧化磷酸化途径彻底氧化成 $CO_2$ 和 $H_2O$，同时释放能量，供机体进行生理活动。

# 第三节　个别氨基酸的代谢

氨基酸除了上述一般代谢途径之外，但因侧链的不同，有些氨基酸还有特殊的代谢途径，生成具有生理活性的物质，发挥重要的生理作用。

## 一、氨基酸的脱羧基作用

催化氨基酸进行脱羧基作用的酶是氨基酸脱羧酶，辅酶是磷酸吡哆醛（含维生素 $B_6$）。氨基酸经脱羧基作用后，产物是胺类和 $CO_2$。胺类的生成量并不多，但它们具有重要的生理功能。多余的胺类在胺氧化酶的催化下氧化成 $NH_3$ 和醛，$NH_3$ 合成为尿素后排出体外，醛继续氧化成羧酸，再彻底分解。

**1. 组胺的生成**　组氨酸脱羧酶催化组氨酸脱羧生成组胺。组胺分布广泛，乳腺、肺、肝、肌肉、胃黏膜等处的肥大细胞中含量较高。

组胺是一种强烈的血管舒张剂，能增加毛细血管的通透性，使血压下降；组胺还能刺激胃酸的分泌，促进平滑肌收缩等。过敏反应、创伤性休克等与肥大细胞大量释放组胺有关。

**2. γ-氨基丁酸的生成**　L-谷氨酸脱羧酶催化谷氨酸脱去 α-羧基生成 γ-氨基丁酸（GABA），此酶在脑、肾组织中活性很高。GABA 是抑制性神经递质，对中枢神经有抑制作用。可抑制中枢的过度兴奋，具有镇静催眠、抗焦虑等作用。维生素 $B_6$ 参与谷氨酸脱羧酶辅酶磷酸吡哆醛的生成，提高谷氨酸脱羧酶的活性，增加 GABA 的生成，故临床上使用维生素 $B_6$ 治疗妊娠呕吐、小儿惊厥等。

**3. 5-羟色胺的生成**　色氨酸由色氨酸羟化酶催化生成 5-羟色氨酸，然后再由 5-羟色氨酸脱羧酶催化脱羧生成 5-羟色胺（5-HT）。

5-羟色胺广泛分布于体内各组织，以神经组织居多。在脑内作为神经递质，具有抑制作用；在外周组织，如胃肠、乳腺等处，具有收缩血管作用。

**4. 牛磺酸的生成** 半胱氨酸先氧化成磺基丙氨酸，后者再由磺基丙氨酸脱羧酶催化生成牛磺酸，反应在肝细胞内进行。牛磺酸是结合型胆汁酸的组成成分之一。研究发现，牛磺酸能够保护心肌，增强心脏功能，对肝和肠胃也有保护作用，能够增强人体的免疫功能，调节脑部的兴奋状态，并有助于修复角膜、保护视网膜和预防白内障等。牛磺酸对婴儿生长，尤其是大脑和视网膜的发育尤为重要。

**5. 多胺的生成** 多胺是含有多个氨基的物质，主要包括腐胺、精脒、精胺。多胺是调节细胞生长的重要物质。多胺类化合物是由鸟氨酸和甲硫氨酸脱羧基生成。反应如图 8-8 所示。

图 8-8 多胺类化合物的生成

胚胎、再生肝、肿瘤等生长旺盛的组织中，合成多胺的限速酶鸟氨酸脱羧酶活性高，多胺的含量也高。目前，临床上把测定肿瘤患者血和尿中多胺的含量作为辅助诊断和观察病情变化的指标之一。

## 二、一碳单位的代谢

### （一）一碳单位的概念

某些氨基酸在分解代谢过程中产生的只含 1 个碳原子的有机基团，称为一碳单位。主要有甲基（—$CH_3$）、甲烯基（—$CH_2$—）、甲炔基（—CH=）、亚氨甲基（—CH=NH）、甲酰基（—CHO）等。

### （二）一碳单位的载体

一碳单位不能游离存在，其转运载体是四氢叶酸（$FH_4$），通常结合在 $N^5$、$N^{10}$ 位上。四氢叶酸可以由叶酸在二氢叶酸还原酶的催化下，经过两步还原反应而生成。

5,6,7,8-四氢叶酸（$FH_4$）

### （三）一碳单位的生成及相互转变

一碳单位主要来源于甘氨酸、丝氨酸、组氨酸及色氨酸的分解代谢。其主要代谢特点如下：氨基酸不能直接分解生成 $N^5$ – 甲基四氢叶酸；一碳单位生成后，除甲基外，其他 4 种通过氧化还原反应可以相互转变；都可以转变为 $N^5$ – 甲基四氢叶酸；$N^5$ – 甲基四氢叶酸不能逆向反应生成其他一碳单位，在细胞内含量较高。各种一碳单位的来源及相互转变如图 8 – 9 所示。

$N^{10}$—CHO—FH$_4$ ·········→ 嘌呤碱C$_2$
（$N^{10}$-甲酰四氢叶酸）

$N^5$—CH=NH—FH$_4$ ⇌ $N^5, N^{10}$=CH—FH$_4$ ·········→ 嘌呤碱C$_8$
（$N^5$-亚氨甲基四氢叶酸）　（$N^5, N^{10}$-甲炔四氢叶酸）

$N^5, N^{10}$—CH$_2$—FH$_4$ ·········→ 胸腺嘧啶的甲基
（$N^5, N^{10}$-甲烯四氢叶酸）

$N^5$—CH$_3$—FH$_4$ —同型半胱氨酸/维生素B$_{12}$→ 甲硫氨酸
（$N^5$-甲基四氢叶酸）

**图 8 – 9　一碳单位的来源与相互转变**

### （四）一碳单位代谢的生理意义

**1. 合成核苷酸的原料**　一碳单位作为细胞合成嘌呤核苷酸、嘧啶核苷酸的原料，参加核酸的合成，与细胞的增殖、组织的生长等密切相关。如果人体缺乏叶酸，一碳单位无法正常转运，核苷酸合成发生障碍，就会导致红细胞 DNA 及蛋白质合成受阻，产生巨幼细胞贫血。

**2. $N^5$ – 甲基四氢叶酸是甲基间接供体**　$N^5$ – 甲基四氢叶酸在体内的唯一去路是把甲基转交给同型半胱氨酸生成甲硫氨酸，进入甲硫氨酸循环。一碳单位是氨基酸代谢与核酸代谢联系的枢纽。

## 三、含硫氨基酸的代谢

体内含硫氨基酸有甲硫氨酸、半胱氨酸、胱氨酸 3 种。半胱氨酸与胱氨酸可以互相转变，甲硫氨酸（蛋氨酸）可以转变为半胱氨酸，半胱氨酸不能转变为甲硫氨酸。

### （一）甲硫氨酸的代谢

**1. 甲硫氨酸循环及其生理意义**　甲硫氨酸以衍生物 S – 腺苷甲硫氨酸的形式在细胞内发挥转甲基的作用。甲硫氨酸在甲硫氨酸腺苷转移酶催化下接受 ATP 提供的腺苷生成 S – 腺苷甲硫氨酸（SAM）。SAM 为活性甲硫氨酸，SAM 可为体内一些重要化合物的合成提供甲基，故称 SAM 为活性甲基供给体。

S—CH$_3$ / (CH$_2$)$_2$ / CHNH$_2$ / COOH　+ ATP　—甲硫氨酸腺苷转移酶→（PPi+Pi）　H$_3$C—S$^+$—腺苷 / (CH$_2$)$_2$ / CHNH$_2$ / COOH

甲硫氨酸　　　　　　　　　　　　　　　S-腺苷甲硫氨酸

SAM 在甲基转移酶的催化下，将甲基转移给另一种化合物（RH），使其甲基化（RCH$_3$），SAM 则变为 S – 腺苷同型半胱氨酸，随后水解掉腺苷成同型半胱氨酸，同型半胱氨酸再接受 $N^5$ – 甲基四氢叶酸（$N^5$—CH$_3$—FH$_4$）提供的甲基，重新生成甲硫氨酸。此过程称甲硫氨酸循环，如图 8 – 10 所示。

体内 DNA、RNA、胆碱、肾上腺素、肌酸等 50 多种物质的合成需要进行甲基化反应，通过甲硫氨

图 8-10　甲硫氨酸循环

酸循环生成的 SAM 为它们提供了甲基。在循环中，$N^5$—$CH_3$—$FH_4$ 可间接提供甲基参与体内的甲基化反应，催化该反应的甲基转移酶的辅酶是维生素 $B_{12}$，因此维生素 $B_{12}$ 缺乏，四氢叶酸不能再生，一碳单位不能利用，核酸合成障碍，影响细胞分裂，引起巨幼细胞贫血。

**2. 肌酸的合成**　肌酸和磷酸肌酸是肌肉组织中能量储存和利用的重要化合物。肝是合成肌酸的主要器官，由甘氨酸接受精氨酸提供的脒基、$S$-腺苷甲硫氨酸提供的甲基而合成。肌酸在肌酸激酶（CK或 CPK）的催化下，转变为磷酸肌酸，并储存高能磷酸键。

肌酸和磷酸肌酸在体内自动脱水生成肌酐，由肾随尿排泄。正常成人，24 小时尿中肌酐的排出量恒定。肾功能障碍时，肌酐排泄受阻，血中浓度升高。临床上测定 24 小时尿中肌酐的排泄量，可作为检查肾排泄功能的指标之一。

### （二）半胱氨酸的代谢

半胱氨酸含有巯基，在蛋白质分子中 2 个半胱氨酸残基之间形成的二硫键，对维持其分子结构具有重要的作用。巯基是巯基酶的必需基团，其存在状态决定了巯基酶有无活性。2 分子半胱氨酸的巯基可脱氢缩合形成胱氨酸。

**1. 谷胱甘肽**　是谷氨酸、半胱氨酸和甘氨酸以肽键相连形成的三肽，有还原型（GSH）和氧化型（GSSG）两种，两者可以互变。生理情况下，细胞内主要为 GSH。GSH 可以保护某些蛋白质及酶分子中巯基不被氧化，从而维持其生物学功能；在红细胞中可以与过氧化物及氧自由基反应，保护红细胞膜的完整性，可促使高铁血红蛋白转变为亚铁血红蛋白；在肝细胞内参与药物、毒物等非营养物质的生物转化作用。

**2. 活性硫酸**　含硫氨基酸中的硫可在机体内代谢生成活性硫酸。体内硫酸根主要来源于含硫氨基酸的巯基代谢。半胱氨酸直接分解脱氨基、巯基，生成丙酮酸、$NH_3$、$H_2S$。$H_2S$ 氧化生成硫酸，一部分与 ATP 反应转变为活性硫酸，即 3′-磷酸腺苷-5′-磷酰硫酸（PAPS），一部分以无机盐的形式随尿排泄。

PAPS 在肝细胞内可与某些物质形成硫酸酯，参与生物转化作用；可参与硫酸角质素、硫酸软骨素及硫酸皮肤素等分子中硫酸氨基糖的生成。

## 四、芳香族氨基酸的代谢

芳香族氨基酸包括苯丙氨酸、酪氨酸和色氨酸。

### （一）苯丙氨酸代谢

正常情况下，苯丙氨酸在苯丙氨酸羟化酶的催化下，羟化生成酪氨酸，再进一步代谢，但酪氨酸不能转变为苯丙氨酸。

若先天性缺乏苯丙氨酸羟化酶，使苯丙氨酸不能正常代谢，苯丙氨酸可在体内蓄积，导致过量的苯丙氨酸经旁路生成苯丙酮酸，后者进一步转变为苯乙酸、苯乳酸等衍生物，引起血及尿中苯丙酮酸、苯乙酸、苯乳酸等酸性代谢产物浓度升高，临床上称为苯丙酮尿症（PKU）。苯丙酮酸等酸性物质在血中堆积可毒害中枢神经系统，引起患儿智力发育障碍。该病属于代谢性遗传病，也是目前唯一通过饮食可以控制不发病的遗传病，目前有些国家规定对新生儿必须做 PKU 的筛查，我国某些大城市也已开展对新生儿 PKU 的筛查。

### （二）酪氨酸代谢

酪氨酸既可连续代谢，合成某些神经递质、激素、黑色素等，又可进行分解代谢。

**1. 转变为儿茶酚胺** 酪氨酸经酪氨酸羟化酶催化，生成 3,4 - 二羟苯丙氨酸（多巴），随后在多巴脱羧酶的作用下转变为多巴胺。多巴胺是一种神经递质，若脑中缺乏会引起震颤麻痹（帕金森病）。在肾上腺髓质，多巴胺继续羟化成去甲肾上腺素，再经活性甲硫氨酸提供甲基，转变为肾上腺素。多巴胺、去甲肾上腺素、肾上腺素统称为儿茶酚胺，三者均是含邻苯二酚结构的胺类。儿茶酚胺与许多神经精神疾病及高血压有关。

**2. 合成黑色素和甲状腺素** 在黑色素细胞中酪氨酸酶催化下，酪氨酸羟化成多巴、多巴醌，后者经连续反应转变成 5,6 - 吲哚醌，吲哚醌的聚合物即黑色素。若酪氨酸酶缺乏，黑色素合成障碍，患者表现为皮肤及毛发等变白、眼睛畏光，称为白化病。另外，酪氨酸在甲状腺细胞还可转变为甲状腺素。

**3. 分解代谢** 酪氨酸在酪氨酸氨基转移酶的催化下，生成对羟苯丙酮酸，再羟化成尿黑酸，尿黑酸在尿黑酸氧化酶的作用下，氧化成延胡索酸和乙酰乙酸，两者可以分别参与糖和脂肪酸的合成与分解代谢。因此苯丙氨酸与酪氨酸是生糖兼生酮氨基酸。若尿黑酸氧化酶缺陷可导致尿黑酸症，尿中的尿黑酸接触空气后氧化成棕黑色的色素，颜色加深，疾病后期可造成结缔组织广泛色素沉着（褐黄病）、关节炎。

### （三）色氨酸代谢

如前所述，色氨酸可生成 5 - 羟色胺；生成一碳单位；也可分解产生丙酮酸和乙酰乙酰辅酶 A，是一种生糖兼生酮氨基酸。此外，色氨酸还可以分解产生维生素 PP，这也是体内合成维生素的特例，但产量太低，无法满足机体的需要。

目标检测

答案解析

## 一、选择题

1. 肌肉中最主要的脱氨基方式是（　　）

　　A. 嘌呤核苷酸循环　　　　　　　　　　B. 加水脱氨基作用

　　C. 氨基转移作用　　　　　　　　　　　D. D - 氨基酸氧化脱氨基作用

E．L－谷氨酸氧化脱氨基作用

2．人体内合成尿素的主要脏器是（　）

　　A．脑　　　　　　　　B．肌肉　　　　　　　　C．肾

　　D．肝　　　　　　　　E．心

3．体内转运一碳单位的载体是（　）

　　A．叶酸　　　　　　　B．维生素$B_{12}$　　　　　C．硫胺素

　　D．生物素　　　　　　E．四氢叶酸

4．消耗性疾病恢复期的患者体内氮平衡的状态是（　）

　　A．摄入氮＜排出氮　　B．摄入氮≤排出氮　　　C．摄入氮＞排出氮

　　D．摄入氮≥排出氮　　E．摄入氮＝排出氮

5．氨中毒的根本原因是（　）

　　A．肠道吸收氨过量　　　　　　　B．氨基酸在体内分解代谢增强

　　C．肾衰竭排出障碍　　　　　　　D．肝功能损伤，不能合成尿素

　　E．合成谷氨酰胺减少

## 二、思考题

体内氨基酸的来源与去路有哪些？

（刘香娥）

书网融合……

本章小结　　　　　微课　　　　　题库

# 第九章　核苷酸代谢

PPT

## ◎ 学习目标

1. 通过本章学习，重点把握从头合成和补救合成的概念；嘌呤核苷酸和嘧啶核苷酸从头合成的原料以及分解代谢产物；痛风症的生化机制；常见核苷酸抗代谢物。

2. 学会运用嘌呤核苷酸分解代谢的相关知识解释痛风症的生化机制及别嘌呤醇治疗的生化机制，初步具备对痛风症患者进行健康宣教的能力；培养学生对自毁容貌征患者的同理心。

## ≫ 情境导入

**情景描述**　患者，男性，63 岁。肥胖体型，平常喜欢饮酒、吃海鲜、肉类及油炸食品。近段发现手指骨关节旁边逐渐出现结节并伴疼痛，经医院诊断为痛风症，收住院后给予别嘌呤醇和对症治疗好转。

**讨论**　1. 痛风症的生化机制是什么？

2. 用别嘌呤醇治疗的生化机制及护理注意事项有哪些？

核苷酸是核酸的基本组成单位，体内核苷酸的来源主要包括 2 条途径：①来自食物；②通过机体自身合成。其中机体自身合成是体内核苷酸的主要来源途径。食物中的核酸多以核蛋白的形式存在，在胃中受到胃酸的作用，分解生成核酸和蛋白质。核酸进入小肠后，在胰液和肠液的作用下，逐步发生水解，生成产物核苷酸。在肠黏膜细胞中核苷酸可以分解为核苷和磷酸。核苷又可在核苷酶的作用下，水解生成碱基和戊糖，核苷酸及其水解产物均可被细胞吸收。戊糖可以通过糖代谢途径中的磷酸戊糖途径进行代谢；嘌呤碱和嘧啶碱有少部分可以参与补救合成途径，被机体再利用，而其中大部分则经分解后排出体外，具体过程如图 9-1 所示。

图 9-1　核酸的消化

实际上食物来源的嘌呤和嘧啶很少能被机体吸收利用，这与必需脂肪酸和必需氨基酸被机体利用不同，人体内的核苷酸主要由机体自身合成。所以，核酸不属于必需营养物质。

体内核苷酸的分布非常广泛。在细胞中分布着核糖核苷酸和脱氧核糖核苷酸，一般情况下，核糖核苷酸的浓度在毫摩尔的范围，而脱氧核糖核苷酸的浓度仅在微摩尔范围之内。因此，核糖核苷酸的浓度远远大于脱氧核糖核苷酸的浓度。在同一种细胞中，尽管不同种类的核酸含量有所不同，但核苷酸的总含量基本是一致的。在不同类型的细胞中，各种核苷酸的含量就具有巨大差异。在细胞分裂周期中，细胞内不同种类的核苷酸稳定性也不相同。核糖核苷酸的浓度相对比较稳定，但脱氧核糖核苷酸含量波动则比较大。

核苷酸具有多种生物学功能：①核苷一磷酸是核酸的基本结构单位，核苷三磷酸是核酸的合成原料。在核酸的生物合成中，核苷三磷酸可转变成核苷一磷酸，并促使核苷一磷酸之间形成磷酸二酯键，形成多核苷酸链。这是核苷酸最重要的作用。②可以作为体内能量的利用形式。ATP 是体内能量的直接利用形式，其他核苷三磷酸也能提供能量，如 GTP、CTP 水解也能产生能量。③参与物质代谢的调节。例如 cAMP、cGMP 作为体内的第二信使，可以参与细胞膜受体激素调节。④参与构成辅酶。例如腺苷酸可作为 $NAD^+$、FAD、辅酶 A 等多种辅酶的组成成分。⑤参与物质代谢。核苷酸被活化为中间产物，参与物质代谢。如 UDPG 可作为活性葡萄糖供体参与糖原的合成；$S$ - 腺苷甲硫氨酸（SAM）可作为甲基的直接供体，参与体内甲基化反应，CDP - 二酰甘油可作为合成磷脂的活性原料。

# 第一节　核苷酸的合成代谢

由于食物来源的核苷酸基本不被人体吸收利用，因此，体内的核苷酸主要依靠机体自身合成。体内核苷酸的合成途径有两条：从头合成途径和补救合成途径。从头合成途径是指利用核糖 - 5′ - 磷酸、一碳单位、氨基酸等简单物质为原料，经过一系列酶促反应合成核苷酸的过程。补救合成途径是指利用体内游离的碱基或核苷，经简单的反应合成核苷酸的过程。两条合成途径在不同的组织中进行，其重要性也不相同。例如肝主要进行从头合成途径，而脑和骨髓等则进行补救合成途径。正常情况下，则从头合成途径是机体主要的合成途径。

核苷酸分为嘌呤核苷酸和嘧啶核苷酸两类，因此核苷酸的合成也从嘌呤核苷酸的合成和嘧啶核苷酸的合成两方面进行详述。

## 一、嘌呤核苷酸的合成代谢

### （一）嘌呤核苷酸的从头合成途径

**1. 从头合成的基本原料**　嘌呤碱的前身物均为一些简单物质，包括核糖 - 5′ - 磷酸、甘氨酸、天冬氨酸、谷氨酰胺、一碳单位和 $CO_2$。根据同位素示踪实验，合成嘌呤环的各元素来源如图 9 - 2 所示。

图 9 - 2　嘌呤环合成元素的来源

嘌呤环中 $N_1$ 来自天冬氨酸；$C_2$ 来自 $N^{10}$ - 甲酰四氢叶酸，$C_8$ 来自 $N^5$,$N^{10}$ - 甲炔四氢叶酸，由于 $N^{10}$ - 甲酰四氢叶酸和 $N^5$,$N^{10}$ - 甲炔四氢叶酸都属于一碳单位，因此 $C_2$、$C_8$ 均来自一碳单位；$N_3$、$N_9$ 来自谷氨酰胺，$C_4$、$C_5$、$N_7$ 来自甘氨酸，$C_6$ 来自 $CO_2$。嘌呤环中元素来源可以采用口诀进行记忆：一天二碳三谷氨，四五七是甘氨酸，第六位是二氧化碳，八九位上同二三。

**2. 从头合成的部位**　现已证明，并不是所有的细胞都具有从头合成嘌呤核苷酸的能力。肝是嘌呤核苷酸从头合成途径的主要器官，其次是小肠黏膜和胸腺。整个合成过程发生在胞质中。

**3. 从头合成的过程**　生物体内嘌呤核苷酸的合成过程中，不是首先合成嘌呤环，再与核糖 - 5 - 磷酸连接合成嘌呤核苷酸，而是在核糖 - 5 - 磷酸的基础上经多步反应，直接合成嘌呤核苷酸，其过程是

核糖 – 5 – 磷酸在磷酸核糖基焦磷酸合成酶（PRPP 合成酶）的作用下，先生成磷酸核糖基焦磷酸（PRPP），再以 PRPP 为基础，在 PRPP 酰胺转移酶作用下，逐步加上谷氨酰胺、甘氨酸、一碳单位、二氧化碳、天冬氨酸等环化后合成次黄嘌呤核苷酸（IMP）。从头合成过程首先生成的是 IMP，然后 IMP 再转化生成 AMP 和 GMP。

（1）次黄嘌呤核苷酸的合成　IMP 的合成需要 11 步反应完成，在底物核糖 – 5 – 磷酸基础上，由 ATP 提供能量，在 PRPP 合成酶的催化下，先合成 PRPP，然后在 PRPP 酰胺转移酶催化下，加上谷氨酰胺生成甘氨酰胺核苷酸（PRA），再依次加入甘氨酸、$N^5, N^{10}$ – 甲炔四氢叶酸、谷氨酰胺、$CO_2$、天冬氨酸、$N^{10}$ – 甲酰四氢叶酸，环化形成次黄嘌呤核苷酸（IMP）。其简要合成过程如图 9 – 3 所示。

**图 9 – 3　次黄嘌呤的合成**

PRPP 合成酶和 PRPP 酰胺转移酶是嘌呤核苷酸合成过程中重要的调节酶，可被合成产物 IMP、AMP 和 GMP 反馈调节。嘌呤核苷酸的从头合成过程是体内提供核苷酸的主要途径，但整个过程需要消耗大量的氨基酸及 ATP 等能源物质，因此，机体对其合成进行精准调节具有重要的生理意义：一方面这种调节可以满足合成核酸对嘌呤核苷酸的需要，另一方面也可以避免"供大于求"，以节省营养物质及能量的消耗。

（2）AMP 和 GMP 的生成　IMP 在腺苷酸基琥珀酸合成酶及腺苷酸基琥珀酸裂解酶的连续作用下，接受天冬氨酸提供的氨基，消耗 1mol GTP 先生成腺苷酸基琥珀酸，再分解生成 AMP 和延胡索酸；IMP 经 IMP 脱氢酶催化，加水脱氢后转变生成黄嘌呤核苷酸（XMP），然后接受谷氨酰胺提供的氨基，消耗 1mol ATP 后生成 GMP，具体过程如图 9 – 4 所示。因此尽管 IMP 不是核酸分子的主要组成成分，但它是嘌呤核苷酸合成的重要中间产物。

**图 9 – 4　IMP 转变为 AMP 及 GMP**

（3）ATP 和 GTP 的生成　在激酶的催化下，AMP 和 GMP 经过两步磷酸化反应分别生成 ATP 和 GTP。

## （二）嘌呤核苷酸的补救合成途径

尽管嘌呤核苷酸的从头合成过程是体内提供核苷酸的主要途径，但脑、骨髓、红细胞等组织器官由于缺乏从头合成嘌呤核苷酸的酶系，只能进行嘌呤核苷酸补救合成，不能进行嘌呤核苷酸从头合成途径。因此在这些组织器官进行嘌呤核苷酸补救合成就具有重要的生理意义。

嘌呤核苷酸补救合成途径是细胞利用现有的嘌呤碱基或嘌呤核苷重新合成核苷酸的过程。嘌呤核苷酸的补救合成过程有两种方式。

**1. 嘌呤直接与 PRPP 结合生成嘌呤核苷酸** 由 PRPP 提供核糖磷酸，在腺嘌呤磷酸核糖转移酶（APRT）和黄嘌呤–鸟嘌呤磷酸核糖转移酶（HGPRT）催化下，腺嘌呤、次黄嘌呤、鸟嘌呤分别生成 AMP、IMP 和 GMP。

$$腺嘌呤 + PRPP \xrightarrow{APRT} AMP + PPi$$
$$次黄嘌呤 + PRPP \xrightarrow{HGPRT} IMP + PPi$$
$$鸟嘌呤 + PRPP \xrightarrow{HGPRT} GMP + PPi$$

在嘌呤核苷酸的补救合成途径中，APRT 和 HGPRT 可以受到其产物的反馈调节，即 APRT 受到 AMP 的反馈抑制调节，而 HGPRT 受到 IMP 和 GMP 的反馈抑制调节。

**2. 嘌呤核苷的重新利用** 在核苷激酶的作用下，嘌呤核苷由 ATP 磷酸化生成嘌呤核苷酸，如在人体内，嘌呤核苷酸的重新利用只有腺嘌呤核苷在腺苷激酶作用下，由 ATP 提供磷酸基，磷酸化生成腺嘌呤核苷酸。

$$腺嘌呤核苷 \xrightarrow[ATP \quad ADP]{腺苷激酶} AMP$$

嘌呤核苷酸的补救合成途径与从头合成途径一样，具有重要的生理意义，表现在以下两方面：一方面，补救合成途径可以节省从头合成途径中所需的能量和氨基酸等原料，防止体内营养物质及能量的大量消耗；另一方面，体内某些组织，例如脑和骨髓等由于缺乏从头合成途径中的相关酶系，只能进行嘌呤核苷酸的补救合成途径。如由于基因缺陷而导致 HGPRT 完全缺失的患儿，表现为自毁性综合征，这是一种遗传代谢病。

### （三）嘌呤核苷酸的相互转变

为保持嘌呤核苷酸之间的彼此相对平衡，体内核苷酸可以相互进行转变。IMP 可以转变为 XMP、AMP 和 GMP。在腺苷酸基琥珀酸合成酶催化下，由 GTP 提供能量，天冬氨酸提供氨基，IMP 先生成产物腺苷酸基琥珀酸，在腺苷酸基琥珀酸裂解酶催化下，腺苷酸基琥珀酸裂解为延胡索酸和 AMP；在 IMP 脱氢酶催化下，IMP 加水脱氢先生成 XMP，在 GMP 合成酶催化下，由谷氨酰胺提供氨基，ATP 提供能量，XMP 氨基化生成 GMP。反之，AMP 和 GMP 也能转变为 IMP。AMP 在腺苷酸脱氨酶催化下脱氨后转变生成 IMP，GMP 在鸟苷酸还原酶作用下由 NADPH 提供氢，脱氨后可转变生成 IMP。其转变过程如图 9-5 所示。

图 9-5 IMP、GMP、AMP 的相互转变

从图 9-5 可知，AMP 在生成过程中需要由 GTP 提供能量，而 GMP 的生成过程中则由 ATP 来提供能量，因此，GTP 可以促进 AMP 的生成，而 ATP 则可以促进 GMP 的生成，这种交叉调节作用对维持

AMP 和 GMP 的浓度平衡具有重要作用。

## 二、嘧啶核苷酸的合成代谢

与嘌呤核苷酸的合成途径一样，体内嘧啶核苷酸的合成也包括从头合成和补救合成两条途径。

### （一）嘧啶核苷酸的从头合成途径

**1. 从头合成的基本原料**　包括核糖 - 5 - 磷酸、谷氨酰胺、天冬氨酸和 $CO_2$。根据同位素示踪实验，合成嘧啶环的各元素来源如图 9 - 6 所示。

**图 9 - 6　嘧啶环合成元素的来源**

嘧啶环中 $N_1$、$C_4$、$C_5$、$C_6$ 来自天冬氨酸，$C_2$ 来自 $CO_2$，$N_3$ 来自谷氨酰胺。嘧啶环中元素来源可以采用口诀进行记忆：天冬氨酸右边站，谷酰直往左上窜，剩余废物二氧化碳。

**2. 从头合成的部位**　嘧啶核苷酸从头合成途径主要在肝细胞的胞质中进行。

**3. 从头合成的过程**　嘧啶核苷酸从头合成的最主要特点是首先合成嘧啶环，然后再与核糖 - 5 - 磷酸连接生成尿嘧啶核苷酸（UMP），UMP 经激酶催化，再转化为 UTP，UTP 再生成其他嘧啶核苷酸。这是与嘌呤核苷酸从头合成过程不同的，嘌呤核苷酸合成时并不是先合成嘌呤环，而是在核糖磷酸分子上先生成磷酸核糖基焦磷酸（PRPP），再以 PRPP 为基础，逐步加上谷氨酰胺、甘氨酸、一碳单位、二氧化碳、天冬氨酸等环化后合成次黄嘌呤核苷酸（IMP），然后 IMP 再转化生成 AMP 和 GMP。

（1）UMP 的合成　嘧啶环的合成始于氨甲酰磷酸的生成，谷氨酰胺与 $CO_2$ 在氨基甲酰磷酸合成酶 Ⅱ 的催化下，由 ATP 提供能量生成氨甲酰磷酸。尿素合成的原料也是氨甲酰磷酸，但尿素合成所需的氨甲酰磷酸是在肝细胞线粒体内经氨基甲酰磷酸合成酶 Ⅰ 催化生成的。氨基甲酰磷酸合成酶 Ⅰ 和氨基甲酰磷酸合成酶 Ⅱ 有很多性质是不同的，氨基甲酰磷酸合成酶 Ⅰ 主要分布在线粒体，而氨基甲酰磷酸合成酶 Ⅱ 主要分布在细胞质中；氨基甲酰磷酸合成酶 Ⅰ 催化底物生成尿素时，氮源是 $NH_3$，而氨基甲酰磷酸合成酶 Ⅱ 催化底物生成嘧啶时，氮源是谷氨酰胺；氨基甲酰磷酸合成酶 Ⅰ 催化生成的产物是尿素，而氨基甲酰磷酸合成酶 Ⅱ 催化生成的产物是嘧啶。两种氨基甲酰磷酸合成酶的区别具体见表 9 - 1。

**表 9 - 1　两种氨基甲酰磷酸合成酶的比较**

| | 氨基甲酰磷酸合成酶 Ⅰ | 氨基甲酰磷酸合成酶 Ⅱ |
| --- | --- | --- |
| 存在部位 | 线粒体 | 细胞质 |
| 氨甲酰磷酸的氮源 | $NH_3$ | 谷氨酰胺 |
| 氨甲酰磷酸的用途 | 合成尿素 | 合成嘧啶 |

氨甲酰磷酸结合天冬氨酸在天冬氨酸氨甲酰转移酶催化下生成氨甲酰天冬氨酸，氨甲酰天冬氨酸在二氢乳清酸酶催化下脱水生成具有嘧啶环的二氢乳清酸，然后脱氢生成乳清酸。乳清酸虽然不是构成核酸的嘧啶碱，但它可与 PRPP 在乳清酸磷酸核糖转移酶催化下生成乳清酸核苷酸（OMP），在乳清酸核苷酸脱羧酶作用下经脱羧后生成尿嘧啶核苷酸（UMP），其代谢简要过程如图 9 - 7 所示。

（2）CMP 的合成　在尿苷酸激酶和二磷酸核苷激酶的作用下 UMP 生成 UTP，在 CTP 合成酶催化下，UTP 接受谷氨酰胺上的氨基，消耗 1 分子 ATP，转变生成了 CTP，CTP 经两次脱磷酸，最后生成

谷氨酰胺+CO$_2$

氨甲酰磷
酸合成酶Ⅱ
$\downarrow$ 谷氨酸

2ATP

2ADP

氨甲酰磷酸 + 天冬氨酸 ----→ ----→ 乳清酸 + PRPP $\xrightarrow{CO_2}$ UMP

**图 9-7 尿嘧啶核苷酸的合成**

CMP，其代谢简要过程如下。

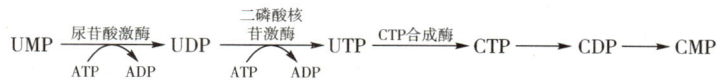

UMP $\xrightarrow[\text{ATP} \quad \text{ADP}]{\text{尿苷酸激酶}}$ UDP $\xrightarrow[\text{ATP} \quad \text{ADP}]{\text{二磷酸核苷激酶}}$ UTP $\xrightarrow{\text{CTP合成酶}}$ CTP $\longrightarrow$ CDP $\longrightarrow$ CMP

在体内，嘧啶核苷酸的生物合成受一系列反馈系统的调节。首先，嘧啶核苷酸合成过程中调节的酶主要是氨基甲酰磷酸合成酶Ⅱ，它受产物 UMP 的反馈抑制调节。其次，PRPP 合成酶是嘧啶与嘌呤两类核苷酸合成过程中共同需要的酶，它可同时受到嘧啶核苷酸和嘌呤核苷酸的反馈抑制调节。

### （二）嘧啶核苷酸的补救合成途径

与嘌呤核苷酸的补救合成途径相似，嘧啶核苷酸的补救合成途径指的是尿嘧啶、尿嘧啶核苷和胸腺嘧啶分别在嘧啶磷酸核糖转移酶和尿苷激酶、胸苷激酶的作用下，生成相应的嘧啶核苷酸的过程，但对胞嘧啶无作用。

嘧啶（除胞嘧啶）+ PRPP $\xrightarrow{\text{嘧啶磷酸核糖转移酶}}$ 磷酸嘧啶核苷 + PPi

尿嘧啶核苷 $\xrightarrow[\text{ATP} \quad \text{ADP}]{\text{尿苷激酶}}$ UMP

脱氧胸苷 $\xrightarrow[\text{ATP} \quad \text{ADP}]{\text{胸苷激酶}}$ dTMP

从上述反应方程式可以看出，参与嘧啶核苷酸补救合成的主要酶是嘧啶磷酸核糖转移酶和尿苷激酶，使机体能迅速合成 UMP。

脱氧胸苷可通过胸苷激酶生成 dTMP。胸苷激酶在正常肝中活性很低，而在再生肝中活性会升高，恶性肿瘤中则升高更明显，并与其恶性程度有关。

## 三、脱氧核糖核苷酸的合成

DNA 是由各种脱氧核苷酸组成的，当细胞分裂旺盛时，脱氧核苷酸的含量就会明显升高，以满足 DNA 合成的需要。脱氧核苷酸包括嘌呤脱氧核苷酸和嘧啶脱氧核苷酸两类，现已证明，除 dTMP 外，其他脱氧核糖核苷酸结构式中的脱氧核糖并非先形成后再结合到脱氧核苷酸分子上，而是通过相应的核糖核苷酸直接还原后，以氢取代其核糖分子中 $C_2$ 上的羟基而生成的。脱氧核苷酸是由核糖核苷酸在核苷二磷酸（NDP，N 代表 A、G、C、U 等碱基）基础上还原生成，此反应由核糖核苷酸还原酶催化，由 NADPH + H$^+$ 提供 2H，生成的脱氧核苷二磷酸在激酶催化下，由 ATP 提供磷酸基团，磷酸化生成三磷酸脱氧核苷酸，其代谢简要过程如下。

NDP $\xrightarrow[\text{NADPH+H}^+ \quad \text{NADP}^+]{\text{核糖核苷酸还原酶}}$ dNDP $\xrightarrow[\text{ATP} \quad \text{ADP}]{\text{激酶}}$ dNTP

核糖核苷酸还原酶在 DNA 合成旺盛、分裂速度较快的细胞中活性较强，因此细胞可通过控制核糖核苷酸还原酶的活性来调节脱氧核糖核苷酸的浓度。另外，不同种类的 NDP 还原成 dNDP 时，需要不同的 NTP 参与调节，因此，根据此种调节，NTP 种类的不同，使合成的 4 种脱氧核苷酸能得到相对比较适合的比例。

脱氧胸腺嘧啶核苷酸（dTMP）是由脱氧尿嘧啶核苷酸（dUMP）经甲基化生成的，反应由胸苷酸（TMP）合酶催化，$N^5,N^{10}$ – 甲烯四氢叶酸提供甲基。$N^5,N^{10}$ – 甲烯四氢叶酸提供甲基后生成的二氢叶酸又可以在二氢叶酸还原酶的作用下重新生成四氢叶酸。胸苷酸合成酶和二氢叶酸合成酶是常见的癌瘤化疗靶点。胸苷酸合成酶是化疗药物的一个非常重要的理想作用靶点，因为肿瘤细胞内的 DNA 合成水平显著高于正常细胞，肿瘤细胞在没有外源性的胸腺嘧啶的情况下，抑制胸苷酸合成酶活性会引起细胞内胸腺嘧啶的缺失，从而使 DNA 不能正常合成，随之产生缺陷的 DNA 及细胞凋亡。因此，胸苷酸合成酶抑制剂具有较强的抗肿瘤作用，特别是对肝癌的治疗具有显著疗效。

dCMP の来源有两条途径：其中主要的一条途径是来自 dCMP 脱氨基；另一条途径是 dUDP 水解，其代谢简要过程如图 9 – 8 所示。

$$\text{dCMP} \searrow$$
$$\text{dUMP} \xrightarrow[N^5,N^{10}-CH_2-FH_4]{\text{TMP合酶}} \text{dTMP}$$
$$\text{dUDP} \nearrow$$

图 9 – 8 dTMP 的生成

## 四、核苷酸的抗代谢物

核苷酸的抗代谢物是一些与核苷酸合成代谢的中间产物结构类似、可以抑制核苷酸合成的物质，其机制主要以竞争性抑制的方式干扰或阻断核苷酸的合成，从而进一步阻止核酸和蛋白质的生物合成，因此，在临床上常作为抗病毒或抗肿瘤药物。常用的核苷酸抗代谢物包括 5 大类：嘌呤类似物、氨基酸类似物、叶酸类似物、核苷类似物和嘧啶类似物。

**1. 嘌呤类似物**  主要有 6 – 巯基嘌呤（6 – MP）、6 – 巯基鸟嘌呤（硫鸟嘌呤）、2,6 – 二氨基嘌呤等，均是嘌呤类似物。如 6 – MP 的化学结构与次黄嘌呤类似，唯一不同的是分子结构中 $C_6$ 位上原来的羟基被巯基取代。其作用机制：可以竞争性地抑制次黄嘌呤 – 鸟嘌呤磷酸核糖转移酶，阻止 IMP 和 GMP 的补救合成；6 – MP 还可以与 PRPP 反应生成 6 – 巯基嘌呤核苷酸，抑制催化 IMP 向 AMP 和 GMP 转化的酶类，阻止 AMP 和 GMP 的合成。此外，6 – 巯基嘌呤核苷酸由于结构与 IMP 相似，还可以反馈抑制 PRPP 酰胺转移酶，而干扰磷酸核糖胺的形成，从而阻断嘌呤核苷酸的从头合成。6 – 巯基嘌呤是一种常用的抗肿瘤药，临床上可以用于治疗急性白血病、慢性粒细胞白血病，但对于急性白血病疗效较好；也可用于绒毛膜上皮癌、恶性葡萄胎等的治疗；其次对恶性淋巴瘤、多发性骨髓瘤等也有一定疗效。

6-巯基嘌呤    硫鸟嘌呤    2,6-二氨基嘌呤

**2. 氨基酸类似物**  有氮杂丝氨酸、6 – 重氮 – 5 – 氧 – 正亮氨酸，它们的结构与谷氨酰胺结构相似，可干扰谷氨酰胺在嘌呤环中 $N_3$ 及 $N_9$ 的合成，抑制 IMP 转变为 GMP，从而抑制嘌呤核苷酸的生成。

**3. 叶酸类似物**  氨基蝶呤和甲氨蝶呤（MTX）的化学结构与叶酸类似，可竞争性地抑制二氢叶酸还原酶，阻断四氢叶酸的合成。四氢叶酸是一碳单位的载体，而一碳单位参与了核苷酸的代谢。当一碳单位缺乏时，嘌呤分子中来自一碳单位的 $C_2$ 及 $C_8$ 均得不到供应，结果会阻碍核苷酸的生成。临床上 MTX 常用于白血病等癌瘤的治疗，尤其对急性淋巴细胞白血病、绒毛膜上皮癌及恶性葡萄胎等效果较好。

谷氨酰胺

氮杂丝氨酸

6-重氮-5-氧-正亮氨酸

叶酸

氨基蝶呤

甲氨蝶呤

嘌呤核苷酸抗代谢物的本质就是一些嘌呤类似物、氨基酸类似物及叶酸类似物，其作用部位可归纳为图9-9。

图9-9　嘌呤核苷酸抗代谢物的作用

**4. 核苷类似物**　某些异常戊糖所形成的嘧啶核苷也具有抗代谢作用，如阿糖胞苷（Ara-C）和环胞苷（cyclo-C）（图9-10）。阿糖胞苷是一种作用于细胞周期S期的嘧啶类抗代谢药物，能抑制CDP还原酶，阻断CDP还原为dCDP，从而影响DNA的合成，干扰细胞的增殖。

阿糖胞苷

环胞苷

图9-10　阿糖胞苷与环胞苷的结构

阿糖胞苷主要用于治疗急性白血病，对急性粒细胞白血病疗效最好，对急性单核细胞白血病及急性淋巴细胞白血病也有效。对恶性淋巴瘤、肺癌、消化道癌、头颈部癌有一定疗效。另外，阿糖胞苷具有抗病毒作用，可用于治疗各种疱疹病毒的感染。

**5. 嘧啶类似物**　　与嘌呤核苷酸的抗代谢物一样，嘧啶核苷酸的抗代谢物也是一些嘧啶、氨基酸或叶酸类似物，对代谢的影响及抗肿瘤作用也与嘌呤核苷酸的抗代谢物类似，其作用环节如图 9 – 11 所示。

**图 9 – 11　嘧啶核苷酸抗代谢物的作用**

嘧啶类似物主要有 5 – 氟尿嘧啶（5 – FU）、6 – 氮尿嘧啶（6 – AU）等。如 5 – FU 结构为尿嘧啶 5 位上的氢被氟取代，其结构与胸腺嘧啶相似，本身并不具有抗代谢的生物学作用，在体内必须转变为氟尿嘧啶核苷三磷酸（5 – FUTP）和氟尿嘧啶脱氧核苷一磷酸（5 – FdUMP）才能发挥作用。5 – FdUMP 可抑制胸腺嘧啶核苷酸合成酶阻断胸腺嘧啶核苷酸的合成，从而抑制 DNA 的合成。5 – FUMP 可转变为 5 – FUTP，5 – FUTP 替代 UTP 参与 RNA 的转录合成，掺入 RNA 中，破坏 RNA 的结构和功能，进一步干扰蛋白质的合成。

5–氟尿嘧啶　　　　　6–氮尿嘧啶

5 – FU 临床上主要用于治疗消化系统癌，如食管癌、胃癌、肠癌、胰腺癌、肝癌等；对乳腺癌疗效也较好，对宫颈癌、卵巢癌、膀胱癌、头颈部肿瘤也有效。

尽管核苷酸的抗代谢物在临床上可用于治疗各种癌瘤，但由于这些药物缺乏对癌瘤细胞作用的特异性，因此，对增殖速度较旺盛的某些正常组织来说也具有较强的杀伤力，因而具有较大的毒副作用。常见的不良反应如下：①消化道反应，如恶心、呕吐、厌食、腹泻、便秘，肝功能异常等；②骨髓抑制，如白细胞、血小板减少，严重者可发生巨幼细胞贫血、再生障碍性贫血；③呼吸系统反应，如咳嗽、肺水肿、肺纤维化、急性呼吸衰竭等；④局部组织刺激反应，如给药部位的静脉炎、局部组织溃疡和坏死等。

# 第二节　核苷酸的分解代谢

体内核苷酸的分解代谢类似于食物核苷酸的消化，核苷酸在核苷酸酶作用下水解为核苷和磷酸，核苷再经核苷酶催化水解为戊糖和碱基或经核苷磷酸化酶分解为碱基和磷酸戊糖。核苷酸的分解代谢包括嘌呤核苷酸的分解代谢和嘧啶核苷酸的分解代谢。

## 一、嘌呤核苷酸的分解代谢 [e] 微课

人体内嘌呤核苷酸的分解代谢主要在肝、小肠及肾等场所中进行，其过程与食物中核苷酸的消化过程类似。嘌呤核苷酸经核苷酸酶作用，水解后得到嘌呤核苷，嘌呤核苷进一步分解生成核糖 – 1 – 磷酸

和游离的嘌呤碱。核糖-1-磷酸在核糖磷酸变位酶催化下可以转变生成核糖-5-磷酸，核糖-5-磷酸可以通过糖代谢分解途径中的磷酸戊糖途径进行代谢，也可以作为核苷酸合成的原料参与体内新核苷酸的合成。游离的嘌呤碱可以参与嘌呤核苷酸的补救合成途径，也可以进一步分解代谢。AMP可以通过多步反应生成次黄嘌呤，然后在黄嘌呤氧化酶作用下氧化生成黄嘌呤，黄嘌呤在黄嘌呤氧化酶作用下，最后生成终产物尿酸；GMP通过多步反应生成鸟嘌呤，鸟嘌呤在鸟嘌呤脱氨酶作用下转化生成黄嘌呤，黄嘌呤在黄嘌呤氧化酶作用下，最后生成终产物尿酸。在人体内嘌呤碱分解代谢的终产物是尿酸，简要反应过程如图9-12所示。

**图9-12　嘌呤核苷酸的分解代谢**

正常人血浆中尿酸的含量为0.12~0.36mmol/L，男性血浆中尿酸含量为0.15~0.42mmol/L，女性为0.09~0.36mmol/L。尿酸的水溶性较差，当血中尿酸含量升高，超过0.48mmol/L时，会形成尿酸盐结晶，沉积在关节、软组织、软骨及肾等地方，导致关节炎、尿路结石及肾疾病，进而出现关节疼痛进行性加重，疼痛难忍，称为痛风症。痛风好发于男性，约占到痛风发病总数的95%，特别是40岁以上的肥胖中年男性。女性痛风患者主要发生在绝经期后，因为雌激素可促进肾排泄尿酸。总体来说，痛风常见于肥胖的人、营养过剩的人及中老年人。

人体内尿酸的来源主要有两个方面：①体内蛋白质分解代谢产生的内源性尿酸；②食物中的嘌呤类化合物、核酸经消化吸收后生成的外源性尿酸。无论是哪种来源，尿酸的生成都离不开酶的参与，当参与尿酸的代谢酶活性异常，就会导致痛风。已知与痛风发病相关的酶有2种：①HGPRT，当HGPRT活性减弱时，尿酸合成就会增多，产生高尿酸血症，导致原发性痛风；②PRPP合成酶，当PRPP合成酶活性升高，就会加快嘌呤核苷酸的从头合成，因而其分解产物尿酸的生成也随之会增多。另外，当进食高嘌呤饮食及患白血病、恶性肿瘤等时体内核酸大量分解，也会引起血中尿酸升高，导致继发性痛风。尿酸主要经肾随尿排出体外，尿酸的排泄与乳酸的排泄有竞争性作用，所以高乳酸会抑制尿酸的排泄。啤酒中含有大量的乳酸，大量饮用啤酒可使血液中尿酸的含量升高。另外，肾疾病也可引起尿酸排泄障碍。

临床上治疗痛风症常用别嘌呤醇，其主要作用是抑制尿酸的合成。别嘌呤醇治疗痛风的机制：①竞争性抑制作用，由于别嘌呤醇和次黄嘌呤结构相似，只是分子中$N_7$和$C_8$互换了位置，因此可以通过竞争性抑制黄嘌呤氧化酶而抑制尿酸生成，其作用机制如图9-13所示；②抑制嘌呤核苷酸的从头合成与补救合成途径，由于别嘌呤醇在体内可以与PRPP结合，经过补救合成途径合成别嘌呤核苷酸，该过程会消耗一定的PRPP，使PRPP含量下降、浓度降低，继而能有效抑制嘌呤核苷酸的从头合成与补救合成途径；③抑制PRPP酰胺转移酶，经补救合成途径合成的别嘌呤核苷酸能反馈抑制PRPP酰胺转移酶，阻断嘌呤核苷酸的从头合成途径。总之，别嘌呤醇既能直接抑制尿酸的生成，又能通过抑制嘌呤核苷酸的从头合成和补救合成途径，来减少尿酸的生成，因而可以有效抑制尿酸的来源，达到治疗痛风的目的。

## 二、嘧啶核苷酸的分解代谢

嘧啶核苷酸分解代谢的主要场所在肝。嘧啶核苷酸在核苷酸酶和核苷磷酸化酶的作用下，除去磷酸及核糖，生成嘧啶碱。胞嘧啶脱氨基后生成尿嘧啶，最终分解生成$CO_2$、$NH_3$和$\beta$-丙氨酸；胸腺嘧啶经分解代谢后生成$CO_2$、$NH_3$和$\beta$-氨基异丁酸，$\beta$-氨基异丁酸可直接随尿排出或进一步分解，其代谢过程如图9-14所示。

次黄嘌呤 　　　　　　　　　　　　别嘌呤醇

图 9-13　别嘌呤醇治疗痛风的作用机制

　　嘧啶碱分解的产物均易溶于水，这与嘌呤碱分解产生的尿酸是不同的。嘧啶碱产生的 $CO_2$ 可通过肺以呼吸的方式排出体外；产生的 $CO_2$ 和 $NH_3$ 可以在肝合成尿素，通过肾以尿液的形式排出体外；产生的 $\beta$-丙氨酸可转化为乙酰辅酶 A 进入三羧酸循环；产生的 $\beta$-氨基异丁酸一部分转化为琥珀酰辅酶 A，参与糖异生反应或进入三羧酸循环，另一部分可通过肾排出体外，其排出量可以反映细胞及其 DNA 的破坏程度。食入含 DNA 丰富的食物、经放射线治疗或化学治疗的癌症患者，尿中 $\beta$-氨基异丁酸排出量会增多。

图 9-14　嘧啶核苷酸的分解代谢

## 素质提升

### 核苷类药物——阿兹夫定

　　在目前使用的抗病毒药物中，有近 60% 都是核苷类药物。这主要是由于核苷酸是 RNA 及 DNA 合成的底物，而核苷是核苷酸的组成成分之一。也就是说，无论是 DNA 病毒还是 RNA 病毒，它在复制过程中都需要核苷，因此核苷类药物成为非常重要的一类抗病毒药物。目前在临床上使用的大部分核苷类药物都属于 2′,3′-二脱氧核苷类化合物，而这一类核苷类化合物普遍存在的问题是耐药性和不稳定性。

　　郑州大学常俊标教授发明的口服小分子药物——阿兹夫定是目前已上市抗 HIV 药物中剂量最小药物，并且患者服用后病毒载量下降较一般抗病毒药物更为显著，这意味着病毒被快速控制在检测线以下（或病毒基本上可以被清除）。当别的核苷类药物大多只是单一靶向病毒时，阿兹夫定同时还能靶向宿主（人体）免疫系统。这种"双靶点机制"被形容为"标本兼治"的作用机制，是其异于其他核苷类抗病毒药物的一大特点，其中充满了中国科研人员在药物研发上的智慧与创新。2021 年 7 月，作为抗 HIV 药物的阿兹夫定获批上市，是全球首个双靶点抗艾滋病创新药。为了满足民生需要，2022 年 8 月，该药已被国家卫生健康委员获批上市。

## 目标检测

答案解析

### 一、选择题

1. 体内嘌呤核苷酸从头合成的部位是（　）
   A. 心、肝
   B. 肝、小肠黏膜、胸腺
   C. 骨髓、脑
   D. 肺、脑
   E. 胸腺、乳腺

2. 下列物质中不参与嘌呤核苷酸从头合成的直接原料是（　）
   A. 甘氨酸
   B. 天冬氨酸
   C. 苯丙氨酸
   D. $CO_2$
   E. 一碳单位

3. 下列物质中，作为合成 IMP 和 UMP 的共同原料是（　）
   A. 天冬酰胺
   B. 甘氨酸
   C. 一碳单位
   D. 二氧化碳
   E. 谷氨酸

4. 嘌呤核苷酸从头合成时首先合成的是（　）
   A. GMP
   B. AMP
   C. IMP
   D. ATP
   E. GTP

5. HGPRT（次黄嘌呤 – 鸟嘌呤磷酸核糖转移酶）参与的反应是（　）
   A. 嘌呤核苷酸补救合成
   B. 嘧啶核苷酸补救合成
   C. 嘧啶核苷酸从头合成
   D. 嘌呤核苷酸分解代谢
   E. 嘌呤核苷酸从头合成

6. 嘧啶环中的两个氮原子来自（　）
   A. 谷氨酰胺和氮
   B. 谷氨酰胺和天冬酰胺
   C. 谷氨酰胺和谷氨酸
   D. 谷氨酰胺和氨基甲酸磷酸
   E. 天冬氨酸和谷氨酰胺

7. 在体内能分解为 $\beta$ – 氨基异丁酸的核苷酸是（　）
   A. TMP
   B. UMP
   C. IMP
   D. AMP
   E. CMP

8. 嘧啶核苷酸补救合成的主要酶是（　）
   A. 嘧啶磷酸核糖转移酶
   B. 尿苷激酶
   C. 胸苷激酶
   D. 脱氧胞苷激酶
   E. 核糖核苷酸还原酶

9. 可通过检测尿液中（ ）的含量进行监测癌症患者的放射线治疗和化学治疗程度
   A. α-氨基酸 　　 B. β-氨基异丁酸 　　 C. β-丙氨酸
   D. 谷氨酰胺 　　 E. 尿酸

10. 体内脱氧核苷酸是由（ ）直接还原而生成的
   A. 核糖 　　 B. 核糖核苷 　　 C. 三磷酸核苷
   D. 二磷酸核苷 　　 E. 一磷酸核苷

11. 人类排泄的嘌呤代谢产物是（ ）
   A. 尿素 　　 B. 黄嘌呤 　　 C. 尿酸
   D. 次黄嘌呤 　　 E. 乳清酸

12. 下列各种核苷酸在人体内分解时不产生尿酸的是（ ）
   A. AMP 　　 B. CMP 　　 C. IMP
   D. GMP 　　 E. XMP

## 二、思考题

1. 简述嘌呤核苷酸的合成途径及特点。
2. 简述嘌呤核苷酸和嘧啶核苷酸从头合成过程中的特点。

（郭劲霞）

书网融合……

本章小结　　　微课　　　题库

# 第十章　遗传信息的传递与表达

PPT

## ◎ 学习目标

1. 通过本章学习，重点把握遗传信息传递的中心法则；DNA 复制的概念、特点及反应体系；转录的概念、特点及反应体系；转录与复制的区别；翻译的概念；遗传密码的特点；核糖体循环的概念；操纵子的概念、结构与功能；DNA 损伤修复的类型及因素。

2. 学会运用遗传信息传递规律、遗传物质合成过程，分析遗传病的发病机制并解释生命遗传现象；具有良好的科研思维，紧密联系基础知识与临床知识，探索生命现象本质的职业素养和严谨求实的工作作风。

## ≫ 情境导入

**情景描述**　患者，女性，35 岁，因发热、咳嗽、血痰 1 周入院，半年来有明显厌食、消瘦、夜间盗汗，近 3 个月午后体温增高，体温 37.6℃，曾予以先锋霉素等药物抗感染治疗。1 周来因体温升高、咳嗽加剧入院。入院后取痰细菌培养涂片抗酸细菌阳性，结核菌素试验阳性，X 射线检查右肺尖有片状阴影，诊断为"右上肺结核"，并予以利福平、异烟肼等抗结核药物治疗。

**讨论**　1. 为什么使用利福平来治疗？

2. 在临床上使用利福平时需要注意哪些问题？

DNA 是大多数生物遗传信息的载体，DNA 中的核苷酸顺序或者碱基的顺序蕴藏着遗传信息，携带特定遗传信息的每一个功能单位称为基因。遗传信息从亲代到子代的传递是通过 DNA 复制完成，细胞中 DNA 分子通过自我复制，使子代细胞各具有一套与亲代细胞完全相同的 DNA 分子，将遗传信息准确地传递到子代，该过程主要是通过从亲代的 DNA 到子代 DNA 的半保留复制来实现的；遗传信息的传递通过 RNA 的转录和蛋白质的翻译过程即基因表达来完成。以 DNA 分子为模板，合成与其碱基序列互补的 RNA 分子，从而将 DNA 的遗传信息抄录到 RNA 分子中，该过程称为转录。遗传信息由 DNA 传递到 RNA 后，再以 mRNA 为模板，按照其 4 种碱基排列顺序的不同组成 64 种遗传密码，由此决定蛋白质中氨基酸的排列序列，该过程称为翻译；从而实现遗传信息从 DNA 传递到 mRNA，mRNA 再通过翻译将遗传信息传递到蛋白质，将基因型转变成表型。

1958 年，DNA 双螺旋结构的确立者 F. Crick 把这种遗传信息的传递方式归纳为遗传学中心法则。它代表了一切有细胞结构的生物遗传信息贮存和表达的规律。

1970 年，在研究致癌 RNA 病毒时发现有些病毒中的 RNA 可以自我复制，也有些病毒中的 RNA 能以 RNA 为模板指导 DNA 合成（某些致癌病毒），这种遗传信息的流向是从 RNA 到 DNA，与转录相反，故称之为逆转录或反转录，遗传信息传递的"中心法则"也由此得到了补充和完善。遗传信息传递的中心法则归纳如图 10-1 所示。

图 10-1　遗传信息传递的中心法则

# 第一节　DNA 的生物合成

生物体内 DNA 生物合成的主要方式：①DNA 指导的 DNA 合成，即 DNA 复制；②DNA损伤修复合成；③RNA 指导的 DNA 合成，即逆转录。

## 一、DNA 复制

DNA 的复制是以 DNA 为模板合成 DNA 的过程。该过程按碱基互补配对原则合成两个完全相同的子代 DNA 分子，通过复制，亲代 DNA 将分子上的遗传信息能够准确地传给子代 DNA，这是遗传信息一代一代传递下去的分子基础，复制的意义在于维持物种的稳定。

### （一）DNA 复制的特点 🅔微课

**1. 半保留复制**　DNA 复制前，亲代 DNA 双螺旋链首先松弛、解开，形成两股单链，并以它们各自作为模板，以 4 种脱氧核苷三磷酸（dNTPs）为原料，按照碱基互补配对规律，合成与模板互补的两股子链，产生的子代 DNA 分子重新形成双螺旋结构。在子代 DNA 分子中，由于一股 DNA 单链是由亲代 DNA 分子完整保留下来的，另一股 DNA 单链是完全重新合成的，因此一个亲代 DNA 分子就可以复制成两个与亲代完全相同的子代 DNA 分子，故将这种复制方式称为半保留复制，半保留复制为 DNA 复制的重要特征。

1958 年，M. Meselson 和 W. S. Stahl 通过密度梯度离心技术在大肠埃希菌（*E. coli*）中证实了 DNA 的复制方式是半保留复制（图 10 - 2）。他们利用细菌能够以 $NH_4Cl$ 为氮源合成 DNA 这一特性，将 $NH_4Cl$ 中的氮元素进行同位素标记，由于 $^{15}N - DNA$ 的密度大于普通 $^{14}N - DNA$，所以，两者经密度梯度离心后在离心管中形成的区带位置不同，$^{14}N - DNA$ 在上，$^{15}N - DNA$ 在下。首先，把大肠埃希菌放在含 $^{15}NH_4Cl$ 的培养液中培养若干代，目的是让细菌几乎所有的 DNA 都被 $^{15}N$ 标记成 $^{15}N - DNA$，培养结果显示，细菌在该培养基中生长繁殖时合成的 $^{15}N - DNA$ 是在试管下层显示一条致密带（重带）；再将细菌放回普通的 $^{14}NH_4Cl$ 培养液中培养，转入普通培养基培养 1 代后得到 1 条中密度带，提示该 DNA 分子为 $^{15}N - DNA$ 与 $^{14}N - DNA$ 的杂合链，该杂合 DNA 的一条链是 $^{15}N - DNA$ 单链，来自亲代；另一条链是 $^{14}N - DNA$ 单链，是利用培养基中的 $^{14}NH_4Cl$ 新合成的。在第二代培养时可见一条中密度带和一条靠近试管上方的低密度带，而没有出现高密度条带，则说明培养基中出现 $^{15}N - DNA/^{14}N - DNA$ 与 $^{14}N - DNA/^{14}N - DNA$ 两种分子，如果继续在普通培养基中培养，低密度带逐渐增强，而中密度带保持不变，这一实验结果证明 DNA 复制是以半保留的方式进行的。

图 10 - 2　DNA 半保留复制的实验证明

**2. 双向复制**　在原核和真核生物中，最普遍的复制方式是双向复制，即从复制起始位点开始向两个方向进行（图 10-3）。DNA 复制时，在起始位点处首先打开双链，然后从起始位点开始向两侧进行复制，复制中的模板 DNA 形成 2 个延伸方向相反的开链区，局部 DNA 解链形成"眼"状的结构，称为"复制泡"，其两侧形成两个对映的结构，呈"Y"字形，即"复制叉"，复制过程中复制叉不断向 DNA 分子的两端延伸，且方向相反。原核生物 DNA 呈环状，只有一个复制起始位点；而真核生物基因组庞大，由多个染色体组成，所有染色体均需要复制，每个染色体又有多个复制起始位点，呈多起始位点复制、双向复制的特征。

图 10-3　DNA 双向复制（复制叉）

**3. 半不连续复制**　构成 DNA 双螺旋的两股链为反向平行关系，但是由于 DNA 聚合酶只能催化 DNA 链从 $5'\rightarrow3'$ 的方向合成，这就意味着子代 DNA 的两条链合成的走向不同。如果以 $3'\rightarrow5'$ 走向的链为模板，新链合成的方向与解链的方向一致，这条沿着解链方向连续合成的链称为前导链，也称为领头链；如果以另一 $5'\rightarrow3'$ 走向的链为模板，新链合成的方向与解链的方向相反，这条链的合成只能解链一段合成一段，为不连续的、分段进行的，先沿 $5'\rightarrow3'$ 方向合成许多 DNA 片段，最后通过 DNA 连接酶连接形成一条完整的链，这条不连续复制的链称为后随链，也称为随从链。1968 年，日本科学家冈崎发现并提出该现象，因此将复制中后随链上的这些不连续的片段叫作冈崎片段。前导链的复制是连续的，而后随链的复制是不连续的，这种复制方式称为半不连续复制。

**4. 高保真性复制**　DNA 复制具有高保真性。复制的高保真性是遗传信息从亲代稳定传递给子代的重要保证，主要通过以下几种机制实现：①DNA 复制时，遵守严格的碱基互补配对规律，这是保真性实现的关键；②DNA 聚合酶对碱基具有严格的选择作用，只有与亲代模板正确配对的碱基才能进入子链相应的位置，DNA 聚合酶催化形成 $3',5'$-磷酸二酯键；③DNA 聚合酶具有即时校读功能。DNA 聚合酶具有很强的 $3'\rightarrow5'$ 外切核酸酶活性，可以在复制过程中辨认并切除错配的碱基，对复制中出现的错误及时纠正，以保证复制的精准度。

### （二）DNA 复制体系

**1. 模板与原料**　无论是真核生物还是原核生物，DNA 的复制均有严格的模板依赖性，需以解开的 DNA 单链为模板，DNA 聚合酶及其他多种酶和蛋白质因子参与，沿 $5'\rightarrow3'$ 方向合成新链。DNA 的基本构成单位为脱氧核苷一磷酸（dNMP），而 DNA 复制原料为 dNTP，DNA 合成过程中，$3',5'$-磷酸二酯键形成的同时需水解掉 1 分子的焦磷酸，DNA 的合成为耗能反应过程。反应式如下：

$$(dNMP)_n + dNTP \rightarrow (dNMP)_{n+1} + PPi$$

**2. 引物**　由于 DNA 聚合酶不能将 2 个游离的 dNTP 直接进行聚合形成二核苷酸，但是可以在一段核苷酸的 $3'$ 端加上 dNMP 延长子链，因此第一个 dNTP 需添加到已有的寡核苷酸的 $3'$—OH 端上，然后再继续延长，而 RNA 聚合酶既能够将 2 个单核苷酸直接进行缩合，形成 $3',5'$-磷酸二酯键，也能够为 DNA 的合成提供 $3'$—OH 端，因此，DNA 合成的起始端通常首先合成一段 RNA，然后在 RNA 的基础上进行 DNA 的合成。这一段由 RNA 聚合酶催化合成的短的 RNA 序列称为引物。

### 3. 酶类及蛋白质因子

（1）解旋酶　也称解链酶，作用是使 DNA 双螺旋的两条互补链解开成两条单链。此酶沿着复制叉的伸展向前移动，并由 ATP 供能，逐步断开母链碱基间的氢键，并暴露出内部的碱基，使之成为指导新链合成的模板。每解开一对碱基中的氢键，需要消耗 2 分子 ATP。

参与 DNA 复制的蛋白质因子有多种，如 DnaA、DnaB 和 DnaC 等，各种不同的蛋白质因子在 DNA 复制中发挥不同的作用，如早期发现的大肠埃希菌中的解旋酶是由 *dnaB* 基因编码 DnaB 蛋白，可利用 ATP 供能来解开 DNA 双链。现已证实，大肠埃希菌在复制起始点的解链是由 DnaA、DnaB 和 DnaC 共同完成的，DnaA 辨认复制起始点，DnaC 可协助 DnaB 共同完成复制起始的解链。在真核生物中尚未发现单独存在的解旋酶。原核生物参与 DNA 复制的蛋白质因子的作用见表 10-1。

表 10-1　原核生物参与 DNA 复制的蛋白质因子

| 蛋白质因子 | 通用名 | 功能 |
| --- | --- | --- |
| DnaA | | 辨认复制起始点 |
| DnaB | 解旋酶 | 解开 DNA 双链 |
| DnaC | | 运送和协同 DnaB |
| DnaG | 引物酶 | 催化 RNA 引物生成 |
| SSB | 单链 DNA 结合蛋白 | 稳定单链 DNA |
| 拓扑异构酶 | | 解开超螺旋 |

（2）拓扑异构酶　简称拓扑酶。广泛存在于原核和真核生物中，DNA 的两条链围绕同一中心轴适度缠绕成双螺旋，解链是沿着这一中心轴的高速反向旋转，在这个过程中 DNA 分子会产生打结、缠绕和连环等现象，闭环状态的 DNA 还会扭转成更加紧密的超螺旋甚至正超螺旋，这些都会影响 DNA 的解链。拓扑异构酶既能水解磷酸二酯键在将要打结或者已经打结处形成切口，将结打开或解松，又能形成磷酸二酯键，重新理顺 DNA 的结构，使复制叉顺利通过。拓扑异构酶有拓扑异构酶 Ⅰ 和拓扑异构酶 Ⅱ。拓扑异构酶 Ⅰ 可以切断 DNA 双链中的一股单链，解开超螺旋，再封闭切口，此过程不消耗 ATP；拓扑异构酶 Ⅱ 可以切断 DNA 双链，解开超螺旋，再封闭切口，此过程需要消耗 ATP 供能。

（3）单链 DNA 结合蛋白（SSB）　可选择性地与解开的 DNA 单链进行可逆结合，以稳定模板的单链状态，防止已解开的单链重新形成双链，同时也可防止核酸酶对单链 DNA 的降解，SSB 与模板 DNA 进行不断的结合、脱离，确保 DNA 在复制过程中模板单链的完整性。

（4）引物酶　是一种依赖 DNA 的 RNA 聚合酶，DNA 合成中所需要的 RNA 引物通常是在引物酶的作用下合成的，RNA 引物的碱基与复制起始点处的模板序列按照碱基互补配对，引物 RNA 长度从几个到几十个核苷酸不等，短链引物 RNA 可提供游离的 3′—OH 供 dNTP 聚合反应，使得 DNA 链不断延长，引物合成后引物酶便与模板链分离，DNA 复制结束前引物被 RNA 水解酶水解。真核生物的 RNA 引物由 DNA 聚合酶 α 催化合成。

复制起始时，催化 RNA 引物合成的引物酶与催化转录的 RNA 聚合酶稍有不同，利福平是转录过程中 RNA 聚合酶的特异性抑制剂，而引物酶对利福平不敏感。

（5）DNA 聚合酶　即 DNA 依赖的 DNA 聚合酶或 DNA 指导的 DNA 聚合酶（DDDP），简称 DNA pol。通常以单链 DNA 为模板，在 RNA 引物 3′—OH 端，以 dNTP 为底物，沿 5′→3′ 逐个加入 dNMP，不断延长 DNA 新链，原核和真核生物都存在不同类型的 DNA 聚合酶。

1）原核生物的 DNA 聚合酶　在大肠埃希菌中迄今已发现 5 种 DNA 聚合酶，DNA 聚合酶 Ⅰ、Ⅱ、Ⅲ、Ⅳ 和 Ⅴ，其中 DNA pol Ⅰ、DNA pol Ⅱ、DNA pol Ⅲ 研究得比较清楚。

DNA 聚合酶 I：于 1958 年在大肠埃希菌中首先发现并分离，当在试管内加入模板 DNA、dNTP 和引物时，该酶可催化新链 DNA 的生成，这一结果直接证明了 DNA 是可以复制的。该酶具有 3 方面的酶活性：①5′→3′DNA 聚合酶活性，即在模板 DNA 的指导下，在引物 RNA 或延长中的 DNA 链 3′—OH 端，逐个加入 dNMP，使新链 DNA 沿 5′→3′方向不断延长。但它往往最多只能催化延长约 20 个核苷酸的聚合，所以合成的 DNA 片段较短，该酶活性主要体现在填补冈崎片段间或修复中的空隙；②5′→3′外切核酸酶活性，主要体现在切除 RNA 引物及突变的 DNA 片段，参与 DNA 的损伤修复；③3′→5′外切核酸酶活性，主要用于识别和切除新生 DNA 链中错配的核苷酸。当新生 DNA 链 3′端出现错误的核苷酸时，复制暂停，同时激活 3′→5′外切核酸酶活性，水解错配的核苷酸并加入正确配对的核苷酸，新链继续延长，此功能称为即时校读，保证了复制的准确性。

DNA 聚合酶 II：兼有 3′→5′外切核酸酶和 5′→3′聚合酶活性，该酶对模板的特异性不高，即使在已发生损伤的 DNA 模板上，它也能催化核苷酸的聚合，因此认为该酶可能在 DNA 损伤时被激活，参与 DNA 损伤时应急状态下的修复。

DNA 聚合酶 III：作用是在引物或延长中的新链的 3′—OH 逐个加入 dNMP，使新链不断延长。一般来说，DNA 聚合酶 III 催化的聚合反应是非常准确的，但有时也不可避免地出现错误，这种错配的碱基也可以被 DNA 聚合酶 III 校对，因此，目前认为 DNA 聚合酶 III 是 DNA 复制中起聚合作用的主要酶。大肠埃希菌中 3 种 DNA 聚合酶的活性及功能见表 10 – 2。

表 10 – 2　大肠埃希菌中 3 种 DNA 聚合酶的活性及功能

| | DNA pol I | DNA pol II | DNA pol III |
|---|---|---|---|
| 组成 | 单体 | 单体 | 多亚基不对称二聚体 |
| 5′→3′聚合酶活性 | 有 | 无 | 无 |
| 3′→5′外切核酸酶活性 | 有 | 有 | 有 |
| 5′→3′外切核酸酶活性 | 有 | 有 | 有 |
| 功能 | 切除引物<br>延长冈崎片段<br>校对作用<br>DNA 损伤修复 | DNA 损伤修复<br>校对作用 | DNA 合成主要酶 |

2）真核生物的 DNA 聚合酶　主要有 DNA 聚合酶 α、β、γ、δ 和 ε。DNA 聚合酶 α 具有引物酶活性，DNA 聚合酶 β 参与 DNA 修复，DNA 聚合酶 γ 参与线粒体 DNA 复制，DNA 聚合酶 δ 是 DNA 复制的主要酶，DNA 聚合酶 ε 参与 DNA 损伤修复。

（6）DNA 连接酶　是催化 DNA 单链 3′—OH 端与另一相邻 DNA 单链的 5′– Pi 端之间形成磷酸二酯键，利用 ATP 供能，从而将两段相邻又不连续的 DNA 片段连接形成完整的链。该酶只能连接 DNA 双链中的单链缺口，不能连接单独存在的 DNA 单链或 RNA 单链。基因工程中使用的 T4 DNA 连接酶可以将两段双链 DNA 连接在一起。

### （三）DNA 复制过程

DNA 复制是一个由众多酶类和蛋白质因子参与的复杂过程，整个过程可人为分为起始、延长及终止 3 个阶段。原核生物和真核生物 DNA 复制的基本机制和特征相似，但是由于真核基因组庞大及核小体的存在，反应体系、反应过程及调节都更为复杂。本章主要以大肠埃希菌为例来介绍原核生物 DNA 复制过程。

**1. 复制的起始**　复制不是在基因组上任何部位随机起始，而是由复制起始点起始复制。大肠埃希菌环状 DNA 只有一个固定的复制起始点（真核生物 DNA 则有多个复制起始点）称为 oriC，DNA 序列分析发现这段 DNA 上有 3 段串联重复序列（DnaA 蛋白识别区）和 2 对反向重复序列（富含 AT 配对），在 DNA 链中，由于 GC 之间的碱基配对有 3 个氢键，而 AT 之间的碱基配对有 2 个氢键，故富含 AT 的部位更容易发生解链。DNA 解链过程由 DnaA、DnaB（解旋酶）和 DnaC 共同参与完成，几个 DnaA 蛋白辨认并结合 oriC 的反向重复序列，形成起始复合物，结合于该区域的 DnaA 通过某种机制促使富含 AT 的区域局部开始解链。然后，DnaA 蛋白使 DnaB（解旋酶）在 DnaC 帮助下结合于已解开的局部单链上，沿解链方向移动，初步形成复制叉，SSB 结合到 DNA 单链上使复制叉保持适当长度，便于核苷酸依据模板加入，此时引物酶相继加入，形成含有 DnaB（解旋酶）、DnaC、引物酶和 DNA 复制起始区域共同构成的复合结构称为引发体。引发体的蛋白质组分在 DNA 链上移动，由 ATP 供能，引物酶依据模板的碱基序列从 5′→3′方向催化 RNA 引物合成，为 DNA 的复制提供游离的 3′—OH。

**2. 复制的延伸**  DNA 复制的起始一旦完成，便进入延伸阶段，大肠埃希菌的 DNA pol Ⅲ 辨认引物，并催化第一个 dNTP 在脱去焦磷酸后以 5′- Pi 与引物 3′—OH 之间生成 3′,5′- 磷酸二酯键延长一个核苷酸后又会生成 3′—OH，使复制可进行下去。

图 10 - 4  原核生物 DNA 复制

在同一个复制叉上，前导链的合成是连续的，后随链合成是分段进行的，由同一个 DNA pol Ⅲ 催化合成。为此，后随链的模板必须绕成一个回环，使后随链的合成方向与前导链一致，这样它们就可以在同一个 DNA pol Ⅲ 催化合成。每合成完一段冈崎片段，DNA pol Ⅲ 便与后随链的模板分开，然后在新的位置与后随链模板再结合，催化下一个冈崎片段合成，因此后随链上会出现若干不连续复制的 DNA 片段（冈崎片段）。原核生物 DNA 复制如图 10 - 4 所示。

**3. 复制的终止**  包括水解引物、填补去除引物后留下的空隙及冈崎片段的连接，主要由 DNA pol Ⅰ 和 DNA 连接酶来完成。原核生物的 DNA 一般为闭合环状，其复制多采用双向复制，从起点开始的双向复制各进行 180°，同时在终止点汇合。DNA pol Ⅰ 利用其 5′→3′外切核酸酶活性水解掉前导链 5′端的 RNA 引物和后随链中各冈崎片段的 RNA 引物，空隙由 DNA 聚合酶Ⅰ填补，延长至足够长度后，相邻的 3′—OH 和 5′- Pi 的缺口由 DNA 连接酶连接，完成 DNA 的复制过程。

## 二、DNA 的损伤与修复

DNA 聚合酶在复制中对碱基具有选择能力和校对的功能，保证了复制的精确性，但复制时总不免还会存在少量未被校正的差错，或者理化因素的损害，都会导致 DNA 分子中碱基序列或者成分的改变，造成基因突变或者 DNA 的损伤，突变是自然界普遍存在的一种现象，这种突变一方面有利于生物进化，另一方面可能产生不良后果。

### （一）引发 DNA 损伤的因素

内部和外部因素都可以造成 DNA 的损伤。内部因素，如复制错误，即在复制过程中自然发生的突变，称为自发突变，其特点是突变率相对稳定。外部因素，如理化因素、生物因素等，理化因素和外源 DNA 整合导致的突变称为诱发突变。

**1. 物理因素**  主要包括紫外线（UV）、电离辐射等。紫外线可使 DNA 分子同一条链上相邻的 2 个嘧啶碱基发生共价交联，形成嘧啶二聚体，阻碍正常的碱基配对，影响复制和转录。常见的是胸腺嘧啶（T－T）二聚体的形成，也是 UV 对 DNA 分子损伤的主要方式。

**2. 化学因素**　如亚硝酸盐、烷化剂、食品添加剂等。另外，许多肿瘤的化疗药物也是通过诱导 DNA 损伤，阻断 DNA 的复制或者 RNA 的转录，进而抑制肿瘤细胞增殖。

**3. 生物因素**　逆转录病毒及可以整合到染色体 DNA 上的 DNA 病毒等（如乙肝病毒）可插入宿主基因组，引起宿主基因突变。

**4. 自发因素**　在自然条件下碱基有可能发生自发水解脱落、脱氨基等现象。

### 素质提升

#### 亚硝酸盐与 DNA 损伤

　　腌制食品一般在腌渍 4 小时后亚硝酸盐开始增加，14～20 天达到高峰，此后又逐渐下降。腌制食品微生物产生的硝酸还原酶可以将硝酸盐还原为亚硝酸盐，在发酵初期，酸性环境还未完全形成，有害微生物生长繁殖旺盛，使得亚硝酸盐生成速度快，随着酸性环境形成，这类有害微生物生长繁殖受到抑制，亚硝酸盐的产生量降低。当食盐浓度低时，有害微生物的生长繁殖快，亚硝酸盐生成快，峰值出现早。摄入人体的亚硝酸盐可以使 DNA 上的碱基脱氨，可导致 C、A、G 变成 U、I（次黄嘌呤）、X（黄嘌呤），使复制、转录过程中出现碱基配对错误。因此，护理专业的学生要扎扎实实地掌握生物化学的基本理论和基本知识，并能够娴熟地将生物化学的基本技能和临床医学实践紧密结合起来，将所学知识灵活应用到临床护理工作的实际，为患者做好饮食指导，做好日常生活护理。从生活的点点滴滴提升医护人员传播健康生活理念的责任感及使命感。

### （二）DNA 损伤的类型

**1. 点突变**　即 DNA 链中单个碱基发生改变，由于遗传密码有简并性，单个碱基的改变不一定会引发氨基酸编码的改变。

**2. 复突变**　即两个或两个以上碱基的改变，包括多个碱基或一段核苷酸序列的缺失、插入、倒位、移位或重排。插入或缺失突变都可能导致三联体密码的阅读方式改变，致使遗传密码对应的氨基酸的种类或者数目发生改变，从而导致合成的蛋白质结构与功能发生改变，称为移码突变。

**3. 共价交联**　如一条 DNA 链上碱基与另一条链上或同一条链上的碱基以共价键结合，称为共价交联，如紫外线照射后形成嘧啶二聚体。

### （三）DNA 损伤的修复

**1. 直接修复**　是最简单的 DNA 损伤修复的一种方式，由修复酶直接作用于受损的 DNA，以恢复其原来结构，如嘧啶二聚体的直接修复等。

**2. 切除修复**　是生物界最普遍的一种修复方式，此修复方式可以将错误配对的碱基或者核苷酸切除并替换为正确的成分，使 DNA 恢复正常结构，是细胞内最重要和最有效的修复方式。根据识别损伤机制的不同，切除修复又可分为：①碱基切除修复，修复单个碱基的损伤；②核苷酸切除修复，主要是识别损伤对 DNA 双螺旋结构所造成的扭曲，而不识别具体的损伤；③碱基错配修复，也可看作碱基切除修复的一种特殊形式，主要修复 DNA 复制时出现的碱基错配，是维持细胞中 DNA 结构稳定的重要方式。

　　切除修复基本过程包括识别、切除、修补和连接几个步骤，参与的酶主要有特异的内切核酸酶、外切核酸酶、DNA 聚合酶及 DNA 连接酶。整个过程首先由特异性核酸酶寻找损伤部位，切除损伤片段；再由 DNA 聚合酶合成 DNA 填补缺口，DNA 连接酶连接切口。

**3. 重组修复** 是 DNA 分子双链发生断裂、损伤严重时启动的一种修复方式，损伤的 DNA 分子首先进行 DNA 复制，复制生成的 DNA 分子在损伤部位出现缺损，然后依靠重组酶系，将另一段未受损的 DNA 移到受损部位，进行修复。DNA 重组修复为带有差错的修复机制，但修复后差错的比例降低。

**4. SOS 修复** 当 DNA 损伤极其严重难以进行正常复制时，细胞会诱发一系列复杂反应，合成 DNA 复制的应激酶类，这些应激性酶类对损伤的 DNA 进行应激性复制，免除细胞死亡，这种修复机制称为 SOS 修复。它不是一种精确的修复方式，修复后的 DNA 会保留较多的错误，所以也是带有差错的 DNA 修复机制。

### （四）DNA 损伤修复的意义

DNA 损伤通常有 2 个生物学后果：①DNA 的损伤为永久改变，即突变；②损伤后的 DNA 不能作为复制或者转录的模板，或者形成错误的转录模板而翻译出异常的蛋白质，造成细胞功能出现障碍，甚至是致死性的结果。从长远的生物效应来看，进化过程是遗传物质不断突变的结果，突变是进化的分子基础。DNA 损伤的程度和细胞的修复能力决定其损伤的生物学后果。

众多研究结果发现，先天性 DNA 损伤修复系统缺陷的人群易患恶性肿瘤。DNA 损伤—DNA 修复异常—基因突变—肿瘤发生是贯穿肿瘤发生、发展的重要环节。一般来说，随着年龄增长，细胞中的 DNA 修复功能逐渐衰退，如果同时发生免疫监视功能障碍，机体不能及时清除突变细胞，从而导致肿瘤的发生；同时通过比较研究发现，寿命长的动物细胞较寿命短的动物细胞修复能力要强。

## 三、逆转录

1970 年，致癌 RNA 病毒中发现了能催化以单链 RNA 为模板，合成双链 DNA 的酶，由于该遗传信息流动方向（RNA→DNA）与转录过程（DNA→RNA）相反，故称为逆转录或反转录，是 DNA 合成的一种特殊方式。催化逆转录过程的酶称为逆转录酶，全称为 RNA 依赖的 DNA 聚合酶（RDDP）。

### （一）逆转录过程

从单链 RNA 到双链 DNA 的生成分为 3 个步骤：①病毒在被感染细胞内以病毒 RNA 为模板，在逆转录酶催化下，合成一条与病毒 RNA 碱基互补的 DNA 链，形成 RNA – DNA 杂交体；②逆转录酶又具有内切核糖核酸酶活性（RNase H），特异性水解杂交体中的 RNA 链，剩下单链 DNA（cDNA）；③以单链 DNA 作模板，合成另一条互补的 DNA 链，形成双链 DNA 分子逆转录过程如图 10 – 5 所示。

逆转录酶在催化逆转录过程中具有 3 种活性：①RNA 指导的 DNA 聚合酶活性；②RNA 水解酶活性；③DNA 指导的 DNA 聚合酶活性。值得注意的是，逆转录酶没有 3′→5′外切核酸酶活性，没有校对的功能，致使逆转录的错误率相对较高，这可能是逆转录病毒能够较快出现新毒株的原因之一。

```
------------------------------   RNA模板
            ↓  逆转录酶

------------------------------   RNA–DNA
_____     杂交链
            ↓  RNA水解酶

_____     单链DNA (cDNA)
            ↓  逆转录酶

_____     双链DNA
```

**图 10 – 5　逆转录过程**

### （二）逆转录的意义

（1）逆转录进一步补充和完善了遗传的中心法则，说明不仅 DNA 是遗传的物质基础，某些生物的 RNA 也是遗传物质，遗传信息的流向既可由 DNA→RNA，也可由 RNA→DNA。

（2）逆转录提高了对病毒致癌、致病的分子机制的认识和研究，大多数逆转录病毒都有致癌作用，属于致癌 RNA 病毒，致癌病毒使细胞发生恶性转化的关键步骤就是逆转录。

（3）在基因工程中，应用逆转录酶作为获得目的基因的重要方法之一。

# 第二节　RNA 的生物合成

RNA 生物合成包括转录与 RNA 复制两种方式，转录是以 DNA 为模板合成 RNA 的过程。转录是合成 RNA 的主要方式。RNA 复制是以 RNA 为模板在依赖 RNA 的 RNA 聚合酶（RDRP）催化下合成 RNA 的过程，主要见于 RNA 病毒。本节重点介绍转录。

DNA 复制和转录都是酶催化核苷酸聚合的过程，有许多相似之处，例如两过程都以 DNA 为模板，核苷酸之间连接键都是 $3',5'$ – 磷酸二酯键，链的延长方向都从 $5'→3'$，但两者之间又有许多不同点，以大肠埃希菌为例，比较 DNA 复制和转录的异同，见表 10 – 3。

**表 10 – 3　大肠埃希菌 DNA 复制和转录的区别**

| 比较项目 | DNA 复制 | 转录 |
| --- | --- | --- |
| 合成模板 | DNA 两条链均作模板 | DNA 一条链作模板 |
| 合成原料 | dNTP | NTP |
| 主要酶 | DNA 聚合酶 | RNA 聚合酶 |
| 产物 | 子代双链 DNA 分子 | mRNA、tRNA、rRNA |
| 碱基配对 | A—T、G—C | A—U、T—A、G—C |

## 一、转录体系

转录体系包括转录模板、合成原料以及众多的酶与蛋白质因子。

### （一）转录的模板

DNA 是双链，通常将能转录出 RNA 链的 DNA 区段称为结构基因。结构基因在转录时只有一条链可以作为转录的模板，将能够转录的这条 DNA 链称为模板链，也称有意义链（因为能够转录）。与模板链互补的 DNA 链称为非模板链，也称无意义链（因为不能转录）。这条 DNA 链的核苷酸序列与这一区域转录出来的编码蛋白质氨基酸序列的 mRNA 序列一致（除 U 和 T 的区别），所以也称为编码链。不同的基因，其模板链可能位于 DNA 分子的不同单链上。

### （二）转录的原料

RNA 生物合成的原料主要是 4 种核糖核苷三磷酸（NTP），另外还需要 $Mg^{2+}$ 等参与。

### （三）转录的酶——RNA 聚合酶

RNA 聚合酶又称依赖 DNA 指导的 RNA 聚合酶（DDRP），1959 年在大肠埃希菌的抽提液中首次发现。RNA 聚合酶是转录过程中最关键的酶。与 DNA 聚合酶不同，RNA 聚合酶催化 RNA 合成时不需要引物且无校正活性，原核和真核生物 RNA 聚合酶虽然都能催化 RNA 的合成，但其在分子组成、种类和生物学特性上各有特色。

**1. 原核生物 RNA 聚合酶**　是一种多聚体蛋白质。如大肠埃希菌的 RNA 聚合酶是由 4 种亚基 $\alpha_2\beta\beta'\sigma$ 组成的五聚体蛋白质。各亚基的功能见表 10 - 4。

表 10 - 4　大肠埃希菌中的 RNA 聚合酶各亚基及其功能

| 亚单位 | 分子量 | 亚单位数目 | 功能 |
|---|---|---|---|
| $\alpha$ | 36512 | 2 | 决定哪些基因被转录 |
| $\beta$ | 150618 | 1 | 与转录的全过程有关 |
| $\beta'$ | 155613 | 1 | 结合 DNA 模板 |
| $\sigma$ | 70263 | 1 | 辨认起始点 |

图 10 - 6　RNA 聚合酶核心酶与全酶示意图

$\alpha_2\beta\beta'$ 亚基合称核心酶，参与整个转录过程，核心酶加上 $\sigma$ 亚基称为全酶（图 10 - 6），活细胞的转录起始需要全酶，$\sigma$ 因子的作用是负责模板链的选择和辨认转录起始位点。转录起始位点上游 RNA 聚合酶识别并结合的特异 DNA 序列，能启动转录，被称为启动子。不同基因需要不同的 $\sigma$ 因子识别启动子。在某些细菌内含有能识别不同启动子的 $\sigma$ 因子，以适应不同生长阶段的要求，调控不同基因转录的起始。

抗生素利福平或利福霉素可以特异抑制原核生物的 RNA 聚合酶，成为抗结核菌治疗的药物。它专一性地结合 RNA 聚合酶的 $\beta$ 亚基。即使在转录开始后才加入利福平，仍能发挥其抑制转录的作用，这说明 $\beta$ 亚基在转录全过程都起作用的。

**2. 真核生物 RNA 聚合酶**　已被发现的有 3 种，分别是 RNA 聚合酶 Ⅰ、Ⅱ、Ⅲ，它们选择性地转录不同类型的基因，生成不同类型的转录产物。其中 RNA 聚合酶 Ⅰ 转录产物为 45S rRNA（rRNA 的前体）；RNA 聚合酶 Ⅱ 转录产物为 hnRNA（mRNA 的前体），mRNA 寿命最短，需要不断合成，所以 RNA 聚合酶 Ⅱ 在 3 种聚合酶中最为活跃；RNA 聚合酶 Ⅲ 转录产物为 tRNA 和许多小的核内 RNA，RNA 聚合酶受 $\alpha$ - 鹅膏蕈碱的特异性抑制，但 3 种酶对 $\alpha$ - 鹅膏蕈碱的敏感性不同（表 10 - 5）。

表 10 - 5　真核生物的 RNA 聚合酶

| 种类 | 分布 | 转录产物 | 对 $\alpha$ - 鹅膏蕈碱的敏感性 |
|---|---|---|---|
| Ⅰ | 核仁 | 45S rRNA | 不敏感 |
| Ⅱ | 核质 | hnRNA | 极敏感 |
| Ⅲ | 核质 | tRNA、5SrRNA、snRNA | 中度敏感 |

### （四）转录的其他蛋白质相关因子

不论是原核生物还是真核生物，除 RNA 聚合酶外，还需要其他相关蛋白质的共同作用，如原核生物中的 $\rho$ 因子，真核生物中众多的转录因子 TF、中介子等。

## 二、转录的特点

**1. 不对称性**　转录的不对称性有两方面含义：①在模板 DNA 分子双链中，只有一条链可转录，另一条链不转录；②不同基因的模板链并非永远在同一单链上，模板不在同一条 DNA 单链上的基因，其转录方向相反，因为转录的产物 RNA 链是 $5'\rightarrow3'$ 延长（图 10 - 7）。

| ■ 模板链 | □ 编码链 | → mRNA |

**图 10-7　不对称转录示意图**

**2. 连续性**　RNA 的转录不需要引物，从起始位点开始转录，直到终止位点为止，连续合成 RNA 链。

**3. 单向性**　RNA 转录合成时，只能向一个方向进行聚合，RNA 链的合成方向为 5′→3′，而模板 DNA 链的方向为 3′→5′。

**4. 有特定的起始和终止位点**　无论是原核还是真核细胞，发生转录的结构基因都存在特定的起始位点和终止位点。

## 三、转录过程

原核和真核生物转录过程都可以分为起始、延长、终止等 3 个阶段。

### （一）原核生物的转录过程

**1. 转录的起始**　RNA 聚合酶与模板 DNA 形成复合物，是转录过程中最复杂、最关键的步骤。

（1）RNA 聚合酶与模板链的辨认结合　在 *E. coli* 中，RNA 聚合酶全酶在 DNA 上疏松结合并不断地变换结合位点，直到遇上启动子序列，原核生物的启动子位于转录起始位点上游，-10 区与 -35 区，这两个区域的核苷酸序列具有保守性，-35 区保守序列为 TTGACA，-10 区保守序列为 TATAAT，是 1975 年由 D. Pribnow 首先发现的，称为 Pribnow 框。启动子 -35 区是 RNA 聚合酶对转录起始的辨认位点，辨认结合后，RNA 聚合酶向下游移动，达到 -10 区，RNA 聚合酶全酶结合在 -10 区比结合在 -35 区相对牢固，RNA 聚合酶能够识别并与之结合，随即 RNA 聚合酶发挥其解旋酶的功能，使 DNA 局部构象改变而解链，双链暂时解开约 17 个碱基对，形成酶-启动子开链复合物，DNA 模板链暴露。

（2）转录起始复合物形成　转录起始不需要引物，在 RNA 聚合酶的作用下，直接催化第一个 NTP 按碱基互补配对原则通过氢键结合于 DNA 模板上。第二个核苷酸以同样的方式加入，在 RNA 聚合酶的作用下与第一个 NTP 的 3′—OH 末端形成第一个 3′,5′-磷酸二酯键，这样由 RNA 聚合酶全酶、DNA 模板和转录起点处的四磷酸二核苷构成转录起始复合物。转录生成 RNA 的第一个核苷酸，也是新合成的 RNA 分子的 5′端，通常为 pppA 或 pppG，较少为 pppC，偶尔亦可为 pppU。当第一个磷酸二酯键生成以后，σ 因子则从全酶上脱落下来，至此完成转录的起始阶段，脱落的 σ 因子与新的核心酶结合成 RNA 聚合酶全酶，起始新的转录过程。

**2. 转录的延长**　当第一个 3′,5′-磷酸二酯键形成后，随着 σ 亚基从全酶上脱落，复合体中核心酶构象发生改变，与 DNA 模板的结合变得松弛，有利于 RNA 聚合酶沿 DNA 模板链 3′→5′方向迅速移动，RNA 链按碱基互补配对原则，从 5′→3′方向迅速延伸，直至转录终止处。

在转录过程中，由于 DNA 双链含有一段局部解开双链的 DNA 分子，呈"泡状"结构，泡内新合成的 RNA 与 DNA 的模板形成 RNA-DNA 杂交的双螺旋，与核心酶一起被称为"转录泡"。随着转录泡的移动，转录后的 DNA 的两条单链重新恢复双螺旋结构，致使 RNA 链的 5′端不断与模板链解离。

原核生物的转录与翻译是偶联在一起的，转录生成的 RNA 链到一定长度，即可与核糖体结合，进行蛋白质的翻译，即转录的同时进行翻译。在电子显微镜下观察原核生物的转录，可见结合到新生

mRNA 链上面的多个核糖体，每个核糖体合成的多肽链均连在 mRNA 模板上呈羽毛状现象（图 10 – 8）。这是由于在同一 DNA 模板上，有多个转录同时进行，随着核心酶的迁移，转录生成的 mRNA 链不断延长，mRNA 转录尚未完成，翻译已在进行。

图 10 – 8　原核生物转录与翻译偶联

**3. 转录的终止**　就是 RNA 聚合酶在 DNA 模板上移动到终止信号区域时停止，转录产物 RNA 从转录复合物上脱落下来。在原核生物中，可通过两种不同的方式终止转录。

（1）依赖 ρ 因子的转录终止　1969 年，在大肠埃希菌中发现能控制转录终止的蛋白质，命名为 ρ 因子，ρ 因子主要是协助 RNA 聚合酶识别新生 RNA 链上的终止信号（富含 C 的识别位点），以终止转录，故又称终止因子。ρ 因子兼有解旋酶和 ATP 酶活性，可借助水解 ATP 获得的能量沿新生 RNA 链移动，在终止位点处 ρ 因子通过识别并结合 RNA 产物的 3′端较丰富的 C 或有规律地出现 C 碱基序列，使得 ρ 因子和 RNA 聚合酶都发生构象上的变化，进而使 RNA 聚合酶停顿，ρ 因子中的解旋酶活性使 DNA – RNA 杂化双链拆离，RNA 产物从转录复合物中释放，转录终止。

（2）不依赖于 ρ 因子的转录终止　DNA 模板上靠近转录终止部位有特殊的核苷酸序列，通常为连续的 A – T 序列及其上游的富含 G – C 的回文结构。该部位转录出的 RNA 产物可形成特殊的发夹结构，且该发夹结构后紧跟 6 个以上的连续的 U，这种结构称为终止子。发夹结构可以阻止 RNA 聚合酶继续沿 DNA 模板向前移动，转录泡中终止子中的连续 6 个以上的 U 与 DNA 模板上的 A 互补，A – U 碱基配对是所有碱基配对中结合力最弱的，因此，RNA 产物很容易与模板解离而终止转录，此终止信号可被 RNA 聚合酶本身直接识别，无须 ρ 因子参与。

### （二）真核生物的转录过程

真核生物的转录与原核生物有许多相似之处，但真核生物的转录过程要比原核生物的更为复杂，尤其是转录的起始阶段。与原核生物 RNA 聚合酶不同，真核生物除 RNA 聚合酶、DNA 模板启动区，还需要多种转录因子等参与形成转录起始复合物启动转录。

**1. 转录的起始**　需要多种蛋白质因子的协同作用。目前已发现数百种能直接或间接辨认和结合转录上游区段 DNA 的蛋白质因子。与 RNA 聚合酶 Ⅰ、Ⅱ 和 Ⅲ 对应的转录因子（TF），分别命名为 TF Ⅰ、TF Ⅱ 和 TF Ⅲ。其中最为重要的是与 RNA 聚合酶 Ⅱ 相关的 TF Ⅱ 类转录因子，包括 TF Ⅱ A、TF Ⅱ B、TF Ⅱ D 等亚类，各转录因子种类及功能见表 10 – 6。

表 10 – 6　真核生物转录因子 Ⅱ（TF Ⅱ）的种类及其功能

| 转录因子 | 亚基组成和（或）分子量（×10³） | 功　能 |
| --- | --- | --- |
| TF Ⅱ A | 12，19，35 | 稳定 TF Ⅱ D – DNA 复合物 |
| TF Ⅱ B | 33 | 促进 RNA pol Ⅱ 结合并作为其他因子结合的桥梁 |
| TF Ⅱ D | TBP 38 | 结合 TATA 框 |
|  | TAF | 辅助 TBP 与 DNA 结合 |
| TF Ⅱ E | 57（α），34（β） | ATPase |
| TF Ⅱ F | 30，74 | 解旋酶 |
| TF Ⅱ H | 62，89 | 解旋酶活性，激酶活性使 RNA pol Ⅱ CTD 磷酸化 |
| TF Ⅱ J | 120 | 促进 TF Ⅱ D 的结合 |

注：TBP 为 TATA 结合蛋白；TAF 为 TBP 相关因子；CTD 为 C 端。

与原核生物 RNA 聚合酶不同，真核生物 RNA 聚合酶不能直接与 DNA 模板启动子结合，而是首先由 TF Ⅱ D 的 TATA 结合蛋白 TBP 亚基结合于启动子的 TATA 框，然后在 TF Ⅱ A、TF Ⅱ B、TF Ⅱ E 等多种因子的辅助下，RNA 聚合酶就位并形成转录起始前复合物，再与增强子 – 增强子结合蛋白复合体结合，形成转录起始复合物，启动转录。

**2. 转录的延长**　与原核生物大致相似，但因真核生物有核膜相隔，没有转录与翻译同步的现象。另外，真核生物基因组 DNA 在双螺旋结构的基础上，与多种组蛋白组成核小体结构。RNA 聚合酶向前移动时会遇上核小体，转录过程中核小体会发生移位与解聚现象。

**3. 转录的终止**　与转录后加工修饰密切相关。真核生物 mRNA 有 5′帽子结构和 3′多腺苷酸［poly（A）］尾巴结构，是转录后经过加工修饰以后形成的。研究发现，真核生物结构基因的下游常有一组共同序列 AATAAA，其下游还有相当多的 GT 序列，这些序列称为转录终止的修饰点。转录越过修饰点后，mRNA 在修饰点处被切断，随即在 3′加上 poly（A）尾巴及 5′帽子结构。下游的 RNA 虽然继续转录，但很快被 RNA 酶降解。

### （三）真核生物转录后的加工修饰

**1. mRNA 转录后的加工**　原核生物的 mRNA 一般不需要加工修饰，一经转录即可直接指导翻译的过程，甚至转录和翻译可以同时进行。真核生物编码蛋白质的结构基因是在细胞核中被转录的，转录产生的 mRNA 的前体比成熟 mRNA 要大得多，且很不稳定。已经证明，hnRNA 是生成 mRNA 的前体，它们的大小很不一致，称为核内不均一 RNA。hnRNA 需要进行切除内含子和连接外显子的剪接、5′端加"帽子"、3′端加"尾"以及核苷酸的甲基化修饰等过程，才能成为成熟的 mRNA（图 10 – 9）。

图 10 – 9　真核生物 mRNA 加工修饰示意图

（1）5′端加"帽子"　几乎全部真核生物 mRNA 的 5′端都具有"帽子"结构。真核生物 mRNA 的 5′端多为 7 – 甲基鸟苷三磷酸（$m^7Gppp$）结构，这种结构称为帽结构。hnRNA 第一个核苷酸通常为 5′ – 核苷三磷酸，即 pppN，先经磷酸酶水解，释放出 5′端的 Pi，然后在鸟苷酸转移酶作用下与一分子 GTP 作用，释放 PPi，形成 GpppNp – ，再在甲基转移酶的催化下进行甲基化修饰，形成 mRNA 5′ – $m^7$GpppNp – 的帽结构。mRNA 的 5′端"帽子"结构与"帽子"结构结合蛋白形成复合体后，再与尾巴结构及其结合蛋白的复合体结合，形成复合物。该复合物能与核糖体小亚基识别结合，辨认翻译的起始密码子 AUG，是翻译起始所必需的。$m^7Gppp$ 结构也能有效地封闭 mRNA 5′端，以保护 mRNA 免受 5′→3′外切核酸酶的降解，保护新生的 mRNA。

（2）3′端加"尾"　大多数真核生物的 mRNA 的 3′端都有由 80 ~ 250 个腺苷酸组成的 poly（A）尾巴。poly（A）不是由 DNA 编码的，而是由 mRNA 前体 hnRNA 先经特异外切核酸酶切去 3′端一些多余的核苷酸，再由多腺苷酸聚合酶催化，以 ATP 为供体，进行多腺苷酸聚合酶催化的聚合反应形成多腺苷酸尾巴〔poly（A）〕，该尾巴结构可防止外切核酸酶对 mRNA 信息序列的降解作用，提高了 mRNA 的稳定性。

（3）剪接或剪切 在真核细胞中，结构基因通常由若干编码区序列被非编码区序列间隔，但又连续镶嵌而成，常被称为"断裂基因"。断裂基因中具有表达活性的编码序列称为外显子，没有表达活性的间隔序列称为内含子。这些内含子序列在加工过程中要通过剪接的方式除去。在转录过程中，外显子和内含子序列均转录到 hnRNA 中。剪接是在细胞核中，由特定的酶催化进行的。切除内含子，拼接外显子，使之成为具有翻译功能的模板。

以鸡卵清蛋白为例，鸡卵清蛋白基因全长 7.7kb，初级转录产物 hnRNA 与基因等长，成熟的鸡卵清蛋白 RNA 仅为 1.2kb，说明初级转录产物 hnRNA 含有内含子。该 hnRNA 剪接的基本模式通常被称为"套索模式"。首先是套索 RNA 的形成，即内含子区段弯曲，使相邻的两个外显子相互靠近而利于剪接；hnRNA 中的大多数内含子都以 GU 为 5′端起始，以 AG 为 3′端末尾，5′ GU…… AG 3′ 称为剪接接口或边界序列；最后进行转酯反应，剪接的关键反应是转酯反应，hnRNA 通过二次磷酸酯转移反应使前后两个外显子以 3′,5′-磷酸二酯键相连，而内含子被切除（图 10-9）。

**2. tRNA 转录后的加工** 原核生物与真核生物 tRNA 转录后的加工过程相似。

（1）剪接或剪切 原核生物和真核生物的 tRNA 初级转录产物为较大的 tRNA 前体，存在部分多余的核苷酸序列，在多种核糖核酸酶催化下将其剪接或剪切除去。

（2）3′端加上 CCA—OH 在核苷酸转移酶的催化下，在 RNA 前体的 3′端加上 CCA—OH 结构，形成"氨基酸臂"，使 tRNA 具有携带氨基酸的能力。

（3）碱基的修饰 由高度专一的修饰酶催化部分碱基进行还原、转位等反应，生成 tRNA 分子中的稀有碱基，如二氢尿嘧啶（DHU）、假尿嘧啶（ψ）等。

**3. rRNA 的转录后加工** 原核生物 rRNA 前体为 30S，在各种内切核酸酶作用下切除部分核苷酸，最终生成成熟的 16S、23S 及 5S rRNA。此外，还需要有碱基和核糖的甲基化反应。

真核生物 rRNA 前体为 45S，可进行自剪接加工成成熟的 18S、5.8S、28S rRNA，在核仁与核糖体蛋白质一起组装成核糖体，为蛋白质合成提供场所。

## 四、转录的调控

### （一）原核生物的转录调控

**1. 操纵子的概念** 原核生物基因是连续的，常常几个功能相关的结构基因串联在一起，与同一调控序列共同组成一个转录单位，即操纵子。操纵子由几个功能相关的结构基因及其调控区组成，是原核生物基因表达调控的基本方式，操纵子的调控区包括启动子、操纵基因及其他调控区。如乳糖操纵子的调控区有分解代谢物激活蛋白（CAP）结合位点。操纵子外面有调节基因，其编码的调节蛋白（阻遏蛋白或辅阻遏蛋白）能识别、结合操纵基因。有的调节蛋白结合操纵基因后可以抑制结构基因的转录，称为负调控，这类调节蛋白则被称为阻遏蛋白；有的调节蛋白结合操纵基因后可以促进结构基因的转录，则称为正调控，这类调节蛋白被称为诱导蛋白。

启动子是决定基因表达效率的关键元件，没有启动子，基因就不能转录。不同启动子的序列是相似的，最典型的启动子序列是在 -10bp 处的 TATAAT（Pribnow 框）；-35bp 处的保守序列为 TTGACA。这一典型序列中任何一个碱基发生改变都会影响 RNA pol 与启动子的结合，继而影响转录效率。

操纵基因又称操纵序列，是阻遏蛋白识别、结合的 DNA 序列，阻遏蛋白可与操纵基因结合，阻碍 RNA 聚合酶与启动子序列识别结合或使 RNA 聚合酶不能沿着 DNA 向前移动，抑制转录；在细胞内也有一些小分子物质可与阻遏蛋白结合，使阻遏蛋白别构，从而使阻遏蛋白不能与操纵基因结合，RNA 聚合酶即可以与启动子序列结合，启动转录。这些小分子物质称为诱导剂。

**2. 操纵子的调控机制**　操纵子有正调控和负调控两种调控机制，以特异阻遏蛋白的负调控为主。阻遏蛋白是控制原核启动子启动活性的一种重要负调控蛋白，当阻遏蛋白与操纵基因结合时，RNA 聚合酶不能识别、结合启动子序列，抑制转录的启动；当特异的诱导物与阻遏蛋白结合，使阻遏蛋白别构，不能与操纵基因结合，解除阻遏蛋白的阻遏作用。

调节基因编码的蛋白质能够与特异的调控序列结合，这些调控蛋白根据其作用不同，可以分为 3 类：特异因子、阻遏蛋白和激活蛋白。特异因子决定 RNA 聚合酶与一个或一套启动子识别和结合；阻遏蛋白与操纵基因结合，抑制基因转录，介导负性调节；激活蛋白与激活蛋白结合位点结合，增强 RNA 聚合酶的转录活性，激活转录，介导正性调节。有时原核生物也可通过负调控蛋白和正调控蛋白的协同调节来调控基因转录。

**3. 操纵子的调控模式**　普遍存在于原核生物中，如乳糖操纵子、色氨酸操纵子等。乳糖操纵子是最早发现的原核生物转录调控模式，下面以乳糖操纵子调控模式为例说明原核生物的转录调控。$E. coli$ 乳糖操纵子由结构基因和调控区组成。结构基因为 $Z$、$Y$、$A$ 三个结构基因，并串联排列，分别编码参与乳糖分解代谢的 $\beta$ - 半乳糖苷酶、半乳糖苷通透酶和半乳糖苷乙酰基转移酶。结构基因上游的调控区包含操纵基因（$O$）、启动子（$P$）、分解代谢物激活蛋白（CAP）结合位点，启动子序列与操纵基因序列存在部分重叠序列。乳糖操纵子的结构示意图如图 10 - 10 所示。另外，操纵子的上游还存在调节基因（$I$），具有独立的启动子，编码一种阻遏蛋白，与操纵基因结合，使乳糖操纵子受阻遏，处于关闭状态。

图 10 - 10　乳糖操纵子的结构示意图

乳糖操纵子模式：主要通过以下机制进行调节。

（1）阻遏蛋白的负性调节　①没有乳糖存在时，$I$ 基因表达产生的阻遏蛋白与 $lac\ O$ 结合，阻止 RNA 聚合酶与启动子识别结合，转录不能启动，乳糖操纵子处于关闭状态。②当有乳糖存在时，乳糖操纵子被诱导表达。阻遏蛋白的阻遏作用并非绝对的，偶有阻遏蛋白与操纵基因解聚，因此，每个细胞内会有少量的 $\beta$ - 半乳糖苷酶、半乳糖苷通透酶和半乳糖苷乙酰基转移酶表达。有乳糖存在时，少量的乳糖经半乳糖苷通透酶作用转移至 $E.coli$ 细胞内，胞内残存的少数 $\beta$ - 半乳糖苷酶将其分解为半乳糖。半乳糖及其类似物可作为诱导剂与阻遏蛋白结合，使其构象发生改变，导致阻遏蛋白不能与操纵基因结合，继而 RNA 聚合酶与 $lac\ P$ 结合，并可以向下游移动，转录结构基因（图 10 - 11）。

（2）CAP 的正性调节　乳糖操纵子不仅受到阻遏蛋白的负调控，还会受到 CAP 的正性调控，CAP 分子中有 DNA 的结合位点和 cAMP 的结合位点，CAP 必须与 cAMP 结合形成 cAMP - CAP 复合物，方能结合到 CAP 结合位点，促进转录。因此，CAP 的激活依赖于 cAMP 水平调控，而 $E.coli$ 的 cAMP 水平又与葡萄糖水平呈负相关。当培养基中缺乏葡萄糖时，cAMP 浓度升高，与 CAP 结合形成 cAMP - CAP 复合物，此复合物结合在 CAP 结合位点，使 RNA pol 的转录活性提高，发挥正调

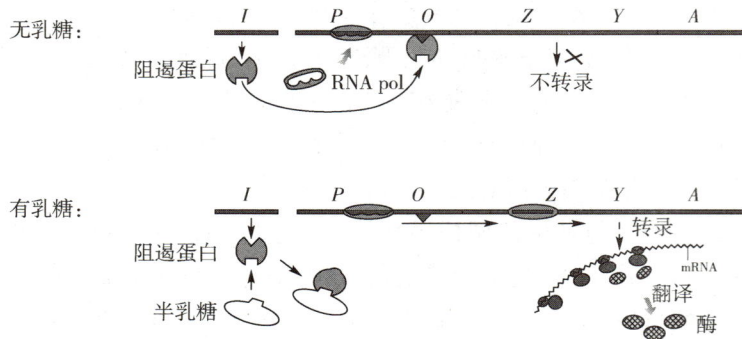

图 10 – 11  阻遏蛋白的调控机制示意图

控作用。当葡萄糖充足，cAMP 浓度降低，cAMP – CAP 复合物缺乏，失去 CAP 的正性调控作用，*lac* 操纵子表达水平极低。

### （二）真核生物的转录调控

真核生物基因转录水平的调控也是其基因表达调控中的重要环节，尤其是转录起始的调节，其调控机制比原核生物复杂得多。与原核生物不同的是，真核生物的转录普遍涉及编码基因两侧的 DNA 序列，这些可影响自身基因表达活性的 DNA 序列被称为顺式作用元件，与顺式作用元件相互作用的蛋白质被称为反式作用因子。

**1. 顺式作用元件**  对基因表达有调节作用，但不编码任何蛋白质的特异 DNA 序列，这种 DNA 序列多位于基因旁侧或内含子中，是特异的转录因子的结合位点，它们通过与转录因子结合而调控基因转录的精确起始和转录效率。按功能分为启动子、增强子和沉默子等。

（1）启动子  是一段特定的直接与 RNA 聚合酶及其转录因子相结合、决定基因转录起始与否的 DNA 序列。

（2）增强子  是指真核生物 DNA 中能增强基因转录活性的 DNA 序列，需要与特异的反式作用因子（增强子结合蛋白）作用才能发挥功能。增强子本身无启动子活性，其作用依赖于启动子，但对启动子序列无要求。

（3）沉默子  是指真核生物 DNA 中使基因转录降低或使基因关闭的一类特异 DNA 序列，属于负调控元件，与反式作用因子（沉默子结合蛋白）结合时，对基因转录起阻遏作用。

**2. 反式作用因子**  是能直接或间接地识别或结合在各顺式作用元件（特异的 DNA 序列）上，调控目的基因转录的蛋白质，也称为转录因子或特异性的 DNA 结合蛋白。主要包括两类。

（1）基本转录因子  是 RNA pol 与启动子结合启动基因转录所必需的一类蛋白质因子，也称为通用转录因子，如 TF Ⅱ D，结合 TATA 框。

（2）特异转录因子  是个别基因转录所必需，决定了该基因的时间、空间特异性表达，根据其作用方式不同，又可分为转录激活因子和诱导性转录因子，前者通常与一些增强子结合或转录抑制因子，多数是沉默子结合蛋白；后者是与一些远端调控基因（如增强子）结合的转录因子，只在一些特殊生理病理条件下才被诱导产生，如热激转录因子 HSTF。

# 第三节  蛋白质的生物合成

DNA 上贮存的遗传信息转录生成 mRNA，再将 mRNA 上核苷酸序列的遗传信息转变为多肽链中氨基酸的排列顺序，该过程称为翻译。新合成的多肽链经过加工修饰形成天然蛋白质构象才具有生物学功能。

## 一、蛋白质生物合成体系

### （一）mRNA 与遗传密码

**1. 遗传密码的概念**　mRNA 是蛋白质生物合成的直接模板，在 mRNA 链上按 5′→3′ 方向，每 3 个相邻核苷酸构成的三联体，称为遗传密码。由 A、U、G、C 4 类核苷酸可组成 64 个遗传密码（$4^3 = 64$）（表 10－7），其中有 61 个密码子可编码构成蛋白质的 20 种氨基酸；另有 3 个密码子即 UAA、UAG、UGA 不代表任何氨基酸，只作为肽链合成的终止信号，称为终止密码子，位于 mRNA 的 3′ 端；还有密码子 AUG，当其位于 mRNA 的 5′ 端起始部位时，不仅可编码甲硫氨酸，还可以作为多肽合成的起始信号，称为起始密码子。从 mRNA 5′ 端的起始密码子 AUG 到 3′ 端的终止密码子之间的核苷酸序列，称为开放阅读框。

表 10－7　遗传密码

| 第一核苷酸 (5′端) | 第二核苷酸 | | | | 第三核苷酸 (3′端) |
| --- | --- | --- | --- | --- | --- |
| | U | C | A | G | |
| U | 苯丙氨酸 | 丝氨酸 | 酪氨酸 | 半胱氨酸 | U |
| | 苯丙氨酸 | 丝氨酸 | 酪氨酸 | 半胱氨酸 | C |
| | 亮氨酸 | 丝氨酸 | 终止信号 | 终止信号 | A |
| | 亮氨酸 | 丝氨酸 | 终止信号 | 色氨酸 | G |
| C | 亮氨酸 | 脯氨酸 | 组氨酸 | 精氨酸 | U |
| | 亮氨酸 | 脯氨酸 | 组氨酸 | 精氨酸 | C |
| | 亮氨酸 | 脯氨酸 | 谷氨酰胺 | 精氨酸 | A |
| | 亮氨酸 | 脯氨酸 | 谷氨酰胺 | 精氨酸 | G |
| A | 异亮氨酸 | 苏氨酸 | 天冬酰胺 | 丝氨酸 | U |
| | 异亮氨酸 | 苏氨酸 | 天冬酰胺 | 丝氨酸 | C |
| | 异亮氨酸 | 苏氨酸 | 赖氨酸 | 精氨酸 | A |
| | 甲硫氨酸※ | 苏氨酸 | 赖氨酸 | 精氨酸 | G |
| G | 缬氨酸 | 丙氨酸 | 天冬氨酸 | 甘氨酸 | U |
| | 缬氨酸 | 丙氨酸 | 天冬氨酸 | 甘氨酸 | C |
| | 缬氨酸 | 丙氨酸 | 谷氨酸 | 甘氨酸 | A |
| | 缬氨酸 | 丙氨酸 | 谷氨酸 | 甘氨酸 | G |

**2. 遗传密码的特点**

（1）简并性　在编码的 20 种氨基酸中，除色氨酸和甲硫氨酸各有一个密码子外，其余每种氨基酸都具有两个或者两个以上的密码子，这一特性称为遗传密码的简并性。

（2）连续性　从 5′AUG 起始密码子开始，一个密码子挨着一个密码子连续地"阅读"下去，直到终止密码子为止。相邻的两个密码子之间没有任何特殊符号或者核苷酸相隔。如果 mRNA 链上插入或缺失 1 个（或非 3 的整数倍）核苷酸，就会在插入或缺失部位之后产生读码错误，造成下游翻译产物氨基酸序列的改变，由此引起的突变称为框移突变。

（3）方向性　翻译时只能从 mRNA 的 5′ 端的起始密码子 AUG 开始阅读，直至 3′ 端的终止密码子（UAA、UAG、UGA 中的一种）出现，mRNA 上密码子的顺序决定多肽链中氨基酸的排列顺序。

（4）通用性　除某些动物的线粒体和植物的叶绿体外，几乎所有生物都使用同一套遗传密码。

（5）摆动性　mRNA 上的密码子与 tRNA 上的反密码子配对时，有时不完全遵循碱基配对的原则，尤其是密码子的第 3 位碱基与反密码子的第 1 位碱基配对不严格遵守碱基互补配对规律。tRNA 分子中有较多稀有碱基，其中次黄嘌呤（I）常出现于反密码子第一位，也是最常见的摆动现象。

在原核生物中，一条 mRNA 常含有多条功能相关的蛋白质多肽链的编码序列。遗传学中，将编码一条多肽链的遗传单位称为一个顺反子，所以，原核生物 mRNA 常为多顺反子；在真核生物中，一条 mRNA 分子通常只含有一种蛋白质多肽链的编码序列，为单顺反子。真核生物的基因在 DNA 中是不连续的，含有不能编码蛋白质多肽链的核苷酸序列（内含子），转录后生成的 hnRNA，需经过内含子的剪接、修饰等才成为成熟的 mRNA，在翻译中起模板作用。

### （二）tRNA 与氨基酸活化

蛋白质生物合成中，氨基酸需要先活化才能参与多肽链的合成，tRNA 可借助于 3′端 CCA—OH 即氨基酸臂与氨基酸的羧基以共价键结合，形成氨酰 tRNA，实现氨基酸的活化和运输。催化该反应的氨酰 tRNA 合成酶可高度特异地识别 tRNA、氨基酸两种底物，是保证翻译正确进行的重要机制，如甲硫氨酸与 tRNA 的反应如下。

$$\text{Met} + \text{tRNA} \xrightarrow[\text{ATP} \quad \text{AMP+PPi}]{\text{氨酰tRNA合成酶}} \text{Met-tRNA}^{\text{Met}}$$

真核生物的起始密码子 AUG 所对应的 tRNA 表示为 Met-tRNA$_i^{\text{Met}}$，出现延长阶段的 AUG 所对应的 tRNA 表示为 Met-tRNA$^{\text{Met}}$。Met-tRNA$_i^{\text{Met}}$ 和 Met-tRNA$^{\text{Met}}$ 分别被起始因子 eIF-2a 和延长中起催化作用的酶辨认。原核生物的起始密码子只能辨认甲酰化的甲硫氨酸，在起始部位加入时，甲硫氨酸会被甲酰化，即 N-甲酰甲硫氨酸（fMet），表示为 fMet-tRNA$^{\text{fMet}}$。

tRNA 上携带的氨基酸能够准确进入核糖体，有赖于 tRNA 上的反密码子与 mRNA 上遗传密码的识别配对。

### （三）rRNA 与核糖体

rRNA 与多种蛋白质聚合成的复合体称核蛋白体（又称核糖体），是多肽链合成的场所，核糖体由大、小两个亚基组成，含有蛋白质生物合成的多种酶和蛋白质因子的结合部位。原核生物的核糖体大亚基上有 3 个结合 tRNA 位点：①与肽酰 tRNA 结合的位点，称为给位（P 位）；②与氨酰 tRNA 结合的位点，称为受位（A 位），这两个相邻位点与 mRNA 上两个相邻的密码子位置对应时，通过大亚基上转肽酶催化肽键形成；③空载 tRNA 占据的位置，称为出位（E 位）。小亚基上有结合 mRNA 模板的部位，使 mRNA 附着于核糖体上，核糖体沿着 mRNA 从 5′→3′方向连续逐个阅读遗传密码，发挥 mRNA 在蛋白质生物合成中的模板作用。

### （四）蛋白质的合成原料、酶与蛋白质因子

20 种氨基酸是合成蛋白质的原料，参与蛋白质合成的酶有氨酰 tRNA 合成酶以及肽链延长阶段所需的肽酰转移酶（习惯称转肽酶）、转位酶等，另外还需要一些蛋白质因子、供能物质（ATP、GTP）以及一些无机离子（$Mg^{2+}$、$K^+$等）。

## 二、蛋白质生物合成过程

翻译过程从模板链的 5′端 AUG 开始，按 5′→3′方向阅读，以 mRNA 模板遗传密码的顺序从 N 端→C 端延长肽链，直至终止密码子出现，此过程包括起始、延长、终止 3 个阶段。原核生物与真核生物蛋白质生物合成过程相似，只是真核生物更为复杂。

### （一）原核生物肽链的合成

**1. 合成的起始** 起始阶段是模板 mRNA 和起始甲酰化甲硫氨酰 tRNA（fMet-tRNA$^{\text{fMet}}$）分别与核糖体结合形成起始复合物的过程。该过程还需要多种蛋白质起始因子（IF）、GTP 等参与。

（1）核糖体大小亚基分离 蛋白质合成是在核糖体上连续进行的，即上一轮合成的终止，也是下

一轮合成的起始。当 IF – 3、IF – 1 与核糖体的小亚基结合，促使核糖体的大小亚基分离，为 mRNA 与小亚基的结合做好准备。

（2）mRNA 在核蛋白体小亚基上定位结合　在 mRNA 起始密码子 AUG 上游存在一富含嘌呤碱基的序列，这一序列以—AGGA—为核心，因其发现者是 Shine – Dalgarno，故称为 S – D 序列，又称为核糖体结合位点。后来发现在核糖体小亚基的 16S rRNA 3′端有一富含嘧啶的序列，如—UCCUCC—，与 S – D 序列互补，这两段序列的碱基配对使 mRNA 与小亚基进行结合，最终使 mRNA 的起始 AUG 在核糖体小亚基上精确定位。此过程需 IF – 3、IF – 1 的参与。

（3）起始 fMet – tRNA$^{fMet}$的结合　起始时 IF – 1 占据 A 位，不与任何氨酰 tRNA 结合。在 mRNA 和核糖体小亚基定位结合的同时，起始 fMet – tRNA$^{fMet}$在 IF – 2 和 GTP 参与下，形成 fMet – tRNA$^{fmet}$ – IF – 2 – GTP 复合物，然后识别结合对应于小亚基 P 位的 mRNA 起始密码子 AUG，促进 mRNA 的准确就位。

（4）与核糖体大亚基的结合　mRNA、fMet – tRNA$^{fMet}$与小亚基结合后，核糖体大亚基进入，与小亚基结合。此时，GTP 水解释放能量，促使 3 种 IF 相继脱落，形成由完整核糖体、mRNA、fMet – tRNA$^{fMet}$组成的翻译起始复合物。此时结合起始密码子 AUG 的 fMet – tRNA$^{fMet}$占据 P 位，A 位空留，准备对应于 mRNA 上 AUG 后的第二个密码子相应的氨酰 tRNA 进入（图 10 – 12）。

图 10 – 12　翻译起始复合物

**2. 合成的延长**　肽链延长过程需要延长因子（EF）参与，此外，还需要 GTP、$Mg^{2+}$ 和 $K^+$ 及相关的酶参与。由于肽链延长是在核糖体上连续循环进行，因此又称为核糖体循环，每个循环经过进位、成肽和转位三个步骤，肽链便相应增加一个氨基酸，如此重复进行，直至肽链合成终止（图 10 – 13）。

图 10 – 13　肽链延长阶段

（1）**进位**　是指在 EF－T 参与下，借助于 mRNA 遗传密码的指导，相应氨酰 tRNA 进入核糖体 A 位并与之结合的过程。

（2）**成肽**　是指在肽酰基转移酶催化下，P 位的起始甲酰甲硫氨酰基（或延长中的肽酰 tRNA 的肽酰基）以其羧基与 A 位氨酰 tRNA 的 α－氨基形成肽键的过程。

（3）**转位**　在转位酶作用下，核糖体沿 mRNA 5′→3′方向移动一个密码子距离，使肽酰 tRNA 从核糖体 A 位移到 P 位。原 P 位卸载的 tRNA 则移入 E 位，A 位空出，对应下一个 mRNA 遗传密码，为相应的氨酰 tRNA 进入 A 位准备条件。

依照进位→成肽→转位的不断循环，每一次循环在肽链 C 端添加一个氨基酸，肽链从 N 端→C 端不断向前延伸，直到终止密码子出现在核糖体的 A 位。

**3. 合成的终止**　在肽链延长过程中，如核糖体 A 位出现终止密码子 UAA 或 UGA 或 UAG 时，终止密码子不能被任何氨酰 tRNA 识别、进位，只有释放因子（RF）可识别终止密码子并与之结合，RF1 识别 UAA、UAG，RF2 识别 UAA 或 UGA，RF3 则与 GTP 结合并使其水解，协助 RF1 和 RF2 与核糖体结合。RF 的结合可诱导肽酰转移酶构象改变，发挥酯酶活性，使 P 位上的 tRNA 与新生肽链间的酯键水解，肽链从肽酰 tRNA 中释出，然后 tRNA 及 RF 释出，mRNA 与核糖体分离，核糖体解离为大、小亚基，可重新参与新的肽链合成。所以，也称为核糖体循环（广义概念）。蛋白质合成的终止阶段如图 10－14 所示。

图 10－14　翻译终止

### （二）真核生物肽链的合成

真核生物的翻译比原核生物要复杂，需要更多因子的参与。

**1. 合成的起始**　真核生物与原核生物相比，肽链合成起始阶段差异较大，主要表现在以下几方面：①真核生物的核糖体由 40S 的小亚基和 60S 的大亚基组成 80S 核糖体；②起始甲硫氨酸不需要甲酰化；③在 mRNA 起始密码子上游未发现有 S－D 序列，但有 Kozak 序列：—CCACCAUGG—，该序列具有增加起始效率的作用，肽链合成的起始识别靠 mRNA 5′端的帽结构和 3′端的多腺苷酸尾，使其在核糖体上定位结合；④真核生物需要更多的起始因子。真核生物翻译起始复合物形成也有 4 步反应：①核糖体大小亚基分离；②Met－tRNAi^{Met} 结合到小亚基上；③mRNA 在核糖体小亚基就位；④与核糖体大亚基结合，形成起始复合物。

**2. 合成的延长**　与原核生物基本相似，不同之处如下：①反应体系和延长因子不同；②真核生物核糖体无 E 位，转位后空载的 tRNA 直接由 P 位脱落。

**3. 合成的终止**　与原核生物基本相似，真核生物蛋白质合成的终止因子只有一种 eRF，可以识别所有的终止密码子。

### （三）蛋白质合成后的加工修饰和转运

从核糖体上释放出的新生多肽链不具有生物学活性，必须经过加工、修饰才能转变为具有天然构象的功能蛋白质。修饰过程包括对多肽链一级结构和空间结构的加工修饰等。其中一级结构的修饰包括肽链 N 端的修饰、个别氨基酸残基的修饰、部分肽段的切除、多肽链折叠为天然构象蛋白质等；空间结构的修饰包括辅基连接、亚基聚合、疏水酯链的共价连接等过程。从新生蛋白质的多肽链到成熟蛋白质的折叠过程，决定其空间构象的基础是一级结构，空间构象的形成同时还需要分子伴侣等的参与。合成后的蛋白质必须转运到特定的部位才能发挥其功能。不同类型的蛋白质其转运机制不同。

## 三、蛋白质生物合成的影响因素

蛋白质生物合成过程是很多抗生素和某些毒素的作用靶点，它们通过阻断蛋白质生物合成体系某组分功能，干扰和抑制真核、原核生物蛋白质合成过程发挥作用。

**1. 抗生素**　对于原核细胞和真核细胞的作用略有区别，某些抗生素仅仅作用于原核细胞蛋白质的合成，可以杀灭细菌，但对真核细胞无明显影响，这类抗生素可以预防和治疗感染性疾病；而作用于真核细胞蛋白质生物合成的抗生素可以作为抗肿瘤药。

常见的一些抗生素可作用于遗传信息表达的各个环节，如四环素类抑制氨酰 tRNA 与细菌核糖体 A 位结合，从而影响细菌蛋白质生物合成；氨基糖苷类抗生素，如链霉素、卡那霉素等可改变 A 位上氨酰 tRNA 与其对应的密码子配对的准确性，使延长中的肽链引入错误的氨基酸残基，影响细菌蛋白质合成；氯霉素、林可霉素与细菌核糖体大亚基结合，阻止由肽酰转移酶催化肽键的形成，阻断翻译延长过程；嘌呤霉素的结构与酪氨酰 tRNA 结构相似，可取代氨酰 tRNA 进入核糖体 A 位，中断肽链合成，该抗生素主要用于肿瘤治疗。

**2. 干扰素**　是真核细胞感染病毒后分泌的一类有抗病毒作用的蛋白质，可抑制病毒繁殖。干扰素通过活化特异蛋白激酶使真核细胞主要起始因子 eIF－2 磷酸化失活，从而抑制病毒蛋白质合成；或者通过与双链 RNA 共同活化特殊的 2′,5′－寡聚腺苷酸合成酶，催化 ATP 聚合，生成核苷酸间以 2′,5′－磷酸二酯键连接的 2′,5′－多腺苷酸，2′,5′－多腺苷酸激活 RNase L，使病毒 mRNA 降解，阻断病毒蛋白质合成。干扰素除抗病毒作用外，还有调节细胞生长、激活免疫系统的作用。我国现在已将基因工程技术生产的干扰素用于临床，干扰素是继胰岛素之后较早获准在临床使用的基因工程药物。

## 目标检测

答案解析

## 一、选择题

1. 下列关于 DNA 复制的叙述错误的是（　　）

    A. 半保留复制

    C. 合成方向 5′→3′

    E. 有 DNA 连接酶参加

    B. 两条子链均连续合成

    D. 以 4 种 DNTP 为原料

2. 冈崎片段是指（　　）

    A. DNA 模板上的 DNA 片段

    C. 随从链上合成的 DNA 片段

    E. 由 DNA 连接酶合成的 DNA

    B. 引物酶催化合成的 RNA 片段

    D. 前导链上合成的 DNA 片段

3. DNA 复制时，模板序列 5′－TACA－3′合成的互补结构是（　　）

    A. 5′—TGTA—3′       B. 5′—ATCA—3′       C. 5′—UCUA—3′

    D. 5′—GCGA—3′       E. 3′—TCTA—5′

4. 识别 RNA 转录终止的因子是（　　）

    A. α 因子       B. β 因子       C. σ 因子

    D. ρ 因子       E. γ 因子

5. 转录过程中需要的酶是（　　）

    A. DNA 指导的 DNA 聚合酶       B. 核酸酶

    C. RNA 指导的 RNA 聚合酶Ⅱ       D. DNA 指导的 RNA 聚合酶

    E. RNA 指导的 DNA 聚合酶

6. 蛋白质合成的直接模板是（　　）

    A. DNA       B. mRNA       C. tRNA

    D. rRNA       E. snRNA

7. 关于遗传密码子的叙述错误的是（　　）

    A. 一种氨基酸只有一种密码子       B. 有些密码子不代表任何氨基酸

    C. 蛋氨酸只有一种密码子       D. 在哺乳动物和病毒中密码子通用

    E. 密码子具有方向性

8. 蛋白质分子中氨基酸排列顺序的决定因素是（　　）

    A. 氨基酸的种类       B. tRNA

    C. 转肽酶       D. 核糖体

    E. mRNA 中核苷酸的排列顺序

## 二、思考题

讨论三种 RNA 在蛋白质生物合成中的作用。

（于海英）

---

**书网融合……**

本章小结           微课           题库

# 第十一章　肝的生物化学

PPT

## ◎·学习目标

1. 通过本章学习，重点掌握生物转化的概念、意义和反应类型；胆色素的基本代谢过程；未结合胆红素和结合胆红素的区别；肝在物质代谢中的作用；胆汁酸分类依据；胆汁酸的功能；胆汁酸的肠肝循环；高胆红素血症和黄疸类型；三种黄疸的区别；影响生物转化的因素。

2. 学会运用本章所学知识分析理解临床案例，如肝肾功能不全的病患用药；黄疸的不同类型发病机制和治疗措施；具有根据实际病例恰当护理并指引养成健康饮食习惯和生活习惯的能力。

## ≫ 情境导入

**情景描述**　患者，男性，56 岁。2 周前出现右上腹不适、乏力、食欲减退、轻微恶心，但无畏寒、咳嗽，自行服用感冒药。3 天前自感症状加重。既往体健，有脂肪肝病史，爱喝酒吃肉，发病前曾因家事烦心频繁大量饮白酒。查体：皮肤、巩膜黄染，肝大、肝区有压痛和叩击痛。化验：血清总胆红素升高，结合胆红素和未结合胆红素均升高，尿胆红素（＋＋），大便颜色正常。

**讨论**　1. 患者的诊断是什么？有何依据？

2. 对患者的护理有哪些注意事项？你认为患者及其家属还应注意什么？

肝在人体生命活动中发挥重要作用。一方面，肝在糖、脂质、蛋白质、维生素和激素等物质代谢中起着重要作用；另一方面，它还具有分泌、排泄及对非营养物质进行代谢转化的功能。肝的这些复杂多的功能与肝本身特有的形态结构和化学组成特点有关。肝的形态结构和化学组成特点：①肝具有肝动脉和门静脉双重血液供应；②肝具有肝静脉和胆道双重输出管道；③肝具有丰富的血窦，有利于代谢物质的交换；④肝细胞具有丰富的亚细胞结构，如线粒体、内质网、高尔基复合体、溶酶体等，这些亚细胞结构保证了物质代谢的区域性分布及代谢的独特性。此外，肝中酶的种类多达数百种，因此，肝被称为人体"生化工厂"。

## 第一节　肝在物质代谢中的作用

### 一、肝在糖代谢中的作用

肝是维持机体血糖浓度恒定的最主要器官。肝中进行的糖原合成、分解及糖异生作用，确保了血糖浓度的相对恒定，保证了机体各组织器官尤其是以葡萄糖作为主要能源物质的组织器官（如脑组织、成熟红细胞等）对能量的需求。

餐后血糖浓度升高时，肝从血中大量摄取葡萄糖用于合成肝糖原。肝糖原重量可达肝重的 5%。过多的糖还可在肝转变为脂肪。此外，餐后磷酸戊糖途径加速，从而为某些物质的合成及生物转化等提供 NADPH。肝细胞严重受损的患者进食或输入葡萄糖后，容易发生一过性高血糖。

饥饿时，血糖浓度降低，肝糖原分解及糖异生作用加强，此时肝中生成的葡萄糖释放入血，以防止血糖浓度过低。因此，严重肝病导致肝糖原贮存减少以及糖异生障碍时，患者易出现空腹血糖降低。

## 二、肝在脂质代谢中的作用

肝分泌的胆汁酸盐能乳化脂质，促进脂质物质的消化、吸收。肝受损或胆道阻塞时，胆汁酸盐合成或分泌障碍，可出现食欲下降、厌油、脂肪泻等症状。

肝是合成胆固醇的主要场所。此外，肝还合成并分泌卵磷脂-胆固醇脂酰转移酶（LCAT）。当肝严重损伤时，不仅胆固醇合成减少，而且血浆胆固醇酯的降低往往出现更早且更明显。所以，血清胆固醇酯的测定是临床上判断肝功能受损的指标之一。

肝是合成脂肪和磷脂的主要场所。磷脂合成障碍会影响肝合成的脂肪以 VLDL 的形式运出，从而导致脂肪肝。

肝还是机体氧化分解脂肪酸和合成酮体的主要场所。肝细胞 β 氧化产生的乙酰辅酶 A，除进一步氧化产生能量供肝细胞自身利用外，还用于合成酮体。生成的酮体供肝外组织氧化利用。

肝在血浆脂蛋白代谢中起着重要作用。VLDL、HDL 均在肝合成，许多脂蛋白的降解也主要在肝进行。此外，肝还可以合成 Apo C Ⅱ，从而通过激活 LPL，参与 CM 和 VLDL 的代谢过程。

## 三、肝在蛋白质代谢中的作用

血浆蛋白中，除 γ-球蛋白外，几乎所有其他血浆蛋白均由肝合成和分泌，如清蛋白、部分球蛋白、纤维蛋白原、凝血酶原及多种载脂蛋白（Apo A、Apo B、Apo C、Apo E）等。清蛋白是许多物质在血浆中运输的载体，另外，清蛋白在维持血浆胶体渗透压中也起着重要作用。如果血浆清蛋白低于 30g/L，约半数患者出现水肿、腹水等临床表现。正常人血浆清蛋白（A）与球蛋白（G）的比值（A/G）为（1.5~2.5）:1。肝功能严重受损时，肝合成血浆蛋白减少，临床上常出现 A/G 值降低、水肿、凝血功能障碍等。胎肝可合成一种与血浆清蛋白分子量相似的甲胎蛋白（αFP 或 AFP）。胎儿 13 周时，AFP 占血浆蛋白总量的 1/3；30 周时达最高峰，此后 AFP 合成受到抑制，血浆浓度逐渐下降；出生时在血浆中浓度为高峰期的 1% 左右（约 40mg/L）；1 周岁时接近成人水平（低于 30μg/L）。但当肝细胞发生癌变时，又恢复了合成 AFP 功能，而且随着病情恶化，它在血清中的含量会急剧增加。因此，AFP 被认为是诊断原发性肝癌的一个特异性临床指标。但是近年大量临床资料表明，部分肝硬化患者长期出现 AFP 水平显著升高，却并未患肝癌；少数晚期肝癌患者 AFP 水平并不高。

肝在蛋白质分解代谢中也起着重要作用。肝细胞含有丰富的氨基酸代谢酶类。除了支链氨基酸外，肝对其他所有氨基酸均有很强的代谢作用。肝中氨基酸的转氨基、脱氨基、脱羧基、转甲基等代谢过程均很活跃。肝是清除和降解血浆蛋白（清蛋白除外）的主要器官。肝细胞膜上具有蛋白受体，能特异识别血浆蛋白，经胞吞作用血浆蛋白进入肝细胞被降解。

肝还是氨及胺类物质解毒的重要器官。机体代谢产生的氨主要在肝合成尿素而解毒。因此，当肝功能严重受损时，可引起血氨浓度升高，诱发肝性脑病。此外，肠道细菌腐败作用产生的胺类物质被肠黏膜吸收后，主要进入肝，通过生物转化作用解毒。

## 四、肝在维生素代谢中的作用

肝在维生素吸收、储存、运输及代谢中起着重要作用。肝是维生素 A、E、K 和 B_{12} 等维生素的主要储存部位，如肝中维生素 A 的储存量占机体总量的 95% 以上。肝合成和分泌的胆汁酸在促进脂肪吸收的同时，促进脂溶性维生素的吸收，故肝胆系统疾病患者常因脂溶性维生素吸收障碍而发生脂溶性维生素的缺乏。维生素 A 以与视黄醇结合蛋白相结合的形式在血中运输，而视黄醇结合蛋白由肝合成。因此，肝疾病会使视黄醇结合蛋白合成减少，导致血浆中维生素 A 含量降低。肝还直接参与多种维生素的代谢转化。如肝能够将维生素 D 转化为 25 - 羟维生素 $D_3$，此外，肝还能合成在血中运输维生素 D 所需的维生素 D 结合蛋白，故肝疾病可导致血中维生素 D 含量降低。多种 B 族维生素通过在肝的代谢转化为相应的辅酶或辅基，包括 $NAD^+$、$NADP^+$、TPP、FMN、FAD、HSCoA 等。

## 五、肝在激素代谢中的作用

多种激素在发挥其作用后，主要在肝通过代谢转化而失去活性，此过程称为激素的灭活。某些水溶性激素（如胰岛素、去甲肾上腺素）通过与肝细胞膜受体结合，通过肝细胞内吞作用进入细胞内。而游离态的脂溶性激素则通过扩散作用进入肝细胞。多种激素如雌激素、醛固酮、垂体后叶分泌的抗利尿激素、胰岛素、甲状腺素等主要在肝内灭活。

# 第二节　肝的生物转化作用 @微课 1

## 一、生物转化的概念和意义

机体对非营养物质进行代谢转变，增加其极性（或水溶性），使其易于通过胆汁或尿液等途径排出体外的过程称为生物转化。

肝是生物转化的最主要器官。其他组织如肾、胃肠道、肺、皮肤、胎盘等也可进行一定的生物转化作用。

体内有些物质不能氧化分解供能，它们本身或在体内的代谢产物也不能作为构成组织细胞的组成成分，有些具有一定的生物学效应，有些还有一定的毒性，这些物质被统称为非营养物质。某些非营养物质可以被机体直接排出体外，还有一些需先进行代谢转变，然后排出体外。非营养物质根据来源不同可分为：①内源性，系机体物质代谢产生的一些生物活性物质，如激素、神经递质、毒性代谢产物氨、胺类物质、尿素、乳酸、胆红素等；②外源性，系由外界进入机体的各种异物，如食品添加剂、色素、药物、毒物及环境污染物等。

生物转化的意义在于：①增加非营养物质的极性（或水溶性），使其易于随尿液或胆汁等途径排出体外；②生物转化也具有解毒作用，使大部分非营养物质的生物学活性或毒性均降低，甚至消失。但是，也有某些物质本身没有毒性或毒性极小，经肝生物转化后形成有毒性的代谢物或使其毒性增强，如苯并芘。因此，生物转化具有解毒和致毒双重性。

## 二、生物转化的反应类型

生物转化的反应类型包括氧化、还原、水解和结合反应。氧化、还原、水解反应称为第一相反应；而结合反应称为第二相反应。有些物质经过第一相反应即可顺利排出体外；还有些物质经过第一相反应后，极性改变不大，必须与某些极性更强的物质结合，即进行第二相反应，才被最终排出体外；也有些物质不需要经过第一相反应，直接进行第二相反应而排出体外。

### （一）第一相反应

**1. 氧化反应**　是最常见的生物转化反应，包括单加氧酶系、单胺氧化酶系及脱氢酶等催化的反应。

（1）单加氧酶系　是氧化反应中最重要的酶系。由于该酶系能直接激活分子氧，使一个氧原子加到底物分子上生成羟基化合物或环氧化合物，另一个氧原子使 NADPH 氧化而生成水，因此被称为单加氧酶系或混合功能氧化酶。单加氧酶系的特异性较差，可催化多种有机物进行不同类型的氧化反应。单加氧酶系由 NADPH – 细胞色素 $P_{450}$ 还原酶及细胞色素 $P_{450}$ 组成。单加氧酶系催化的反应如下：

$$RH + O_2 + NADPH + H^+ \xrightarrow{\text{单加氧酶}} ROH + NADP^+ + H_2O$$

RH 代表非常广泛的外源及内源非营养物质，包括约 50% 的药物、致癌物、杀虫剂、污染物、类固醇激素等。

（2）单胺氧化酶系（MAO） 属于黄素酶类，可催化胺类物质氧化脱氨，生成相应的醛类。胺类物质包括组胺、酪胺、尸胺、腐胺等肠道吸收的腐败产物和体内氨基酸分解代谢产生的活性物质，如 5 – 羟色胺、儿茶酚胺等。其反应式如下：

$$RCH_2NH_2 + O_2 + H_2O \xrightarrow{\text{单胺氧化酶}} RCHO + NH_3 + H_2O_2$$

（3）脱氢酶 肝细胞胞质中含有以 $NAD^+$ 为辅酶的醇脱氢酶（ADH）与醛脱氢酶（ALDH），分别催化醇或醛脱氢，氧化生成相应的醛或酸类。如乙醇被摄入机体后，被乙醇脱氢酶和乙醛脱氢酶依次代谢为乙醛和乙酸。

$$CH_3CH_2OH + NAD^+ \xrightarrow{\text{乙醇脱氢酶}} CH_3CHO + NADH + H^+$$

$$CH_3CHO + NAD^+ + H_2O \xrightarrow{\text{乙醛脱氢酶}} CH_3COOH + NADH + H^+$$

90% 以上的乙醇在肝内进行代谢。肝中 ADH 的活性较高，但是东方人群中 30% ~40% 的人由于 ALDH 基因变异，导致 ALDH 活性低下，该人群饮酒后由于乙醛在体内堆积，而产生血管扩张、面部潮红、恶心呕吐、昏迷等醉酒症状。此外，乙醇在肝的代谢使肝细胞内 $NADH/NAD^+$ 值升高，过多的 NADH 将丙酮酸还原成乳酸。严重酒精中毒导致乳酸和乙酸堆积，可引起酸中毒和电解质平衡紊乱，还可通过抑制糖异生导致低血糖。

**2. 还原反应** 催化生物转化还原反应的酶类主要存在于肝细胞微粒体，包括硝基还原酶和偶氮还原酶。此类反应中，由 NADPH 供氢，将硝基化合物（如食品防腐剂）与偶氮化合物（如食品色素、化妆品）还原成相应的胺类，后者可进一步代谢生成相应的酸。此外，催眠药三氯乙醛也可被还原生成三氯乙醇，而失去其药理活性。

**3. 水解反应** 肝细胞中有各种水解酶类，如酯酶、酰胺酶及糖苷酶等，分别水解各种含有酯键、酰胺键及糖苷键的化合物。如乙酰水杨酸（阿司匹林）和异烟肼分别经酯酶和酰胺酶水解失活；苯丁酸氮芥异丁酯经酯酶水解成苯丁酸氮芥才具有抗癌作用。

### （二）第二相反应

结合反应是体内最重要的生物转化方式。凡含有羟基、羧基或氨基的非营养物质均可发生结合反应。常见的结合物主要有葡糖醛酸、硫酸、乙酰基、谷胱甘肽、甘氨酸、甲基等，其中以葡糖醛酸结合反应最为普遍和重要。

**1. 葡糖醛酸结合反应**　在肝细胞微粒体中葡糖醛酸基转移酶的催化下，尿苷二磷酸葡糖醛酸（UDPGA）提供葡糖醛酸基，使多种含羟基、氨基、羧基等极性基团的化合物生成葡糖醛酸苷。胆红素、类固醇激素、吗啡、苯巴比妥等均与葡糖醛酸结合而进行生物转化。此外，临床上常用葡糖醛酸类制剂（如肝泰乐）增强肝的生物转化功能，从而治疗肝病。

苯酚　　　　　　　UDPGA　　　　　　　　　　　　　　　　　苯–$\beta$–葡糖醛酸苷

**2. 硫酸结合反应**　在肝细胞胞质中硫酸转移酶的催化下，3′–磷酸腺苷–5′–磷酰硫酸（PAPS）提供硫酸根，使醇、酚或芳香胺类化合物生成相应的硫酸酯。如雌酮在肝内与硫酸结合而灭活。

雌酮　　　　　　　　　　　　　　　　　　　雌酮硫酸脂

**3. 乙酰基结合反应**　乙酰基转移酶可催化各种芳香胺类化合物与乙酰辅酶 A 反应，生成相应的乙酰化衍生物。如磺胺类药物及抗结核药异烟肼在肝经乙酰化而失活。

磺胺　　　　　乙酰辅酶A　　　　　　　　　　　$N$–乙酰磺胺　　　　辅酶A

**4. 谷胱甘肽结合反应**　由谷胱甘肽–$S$–转移酶催化。许多环氧化物和卤代化合物在谷胱甘肽–$S$–转移酶的催化下与谷胱甘肽（GSH）结合，生成与谷胱甘肽的结合产物，随胆汁排出体外。致癌物、环境污染物、抗肿瘤药物及某些内源性活性物质通过该种结合反应进行生物转化。如黄曲霉素 $B_1$–8,9–环氧化物通过与 GSH 结合进行生物转化。

黄曲霉素$B_1$–8,9–环氧化物　　　　　　　　　　GSH结合产物

**5. 甘氨酸结合反应**　含羧基的药物、毒物等非营养物质在酰基转移酶催化下可与甘氨酸结合。首先在酰基辅酶 A 连接酶的作用下生成酰基辅酶 A，然后再在酰基转移酶催化下与甘氨酸结合，生成相应

的结合产物。如游离型胆汁酸与甘氨酸结合生成结合型胆汁酸。

$$RCOOH + HSCoA + ATP \xrightarrow{\text{酰基辅酶 A 连接酶}} RCO \sim SCoA + ADP + Pi$$

$$RCO \sim SCoA + H_2NCH_2COOH \xrightarrow{\text{酰基转移酶}} RCONHCH_2COOH + HSCoA$$

**6. 甲基化反应**　在甲基转移酶催化下，由活性甲基供体 $S$ - 腺苷甲硫氨酸（SAM）提供甲基，使含有羟基、巯基或氨基的化合物发生甲基化反应。如烟酰胺通过甲基化进行生物转化。有些甲基化不但不增加水溶性，反而降低水溶性，重金属如汞发生甲基化后更易进入细胞，从而导致神经毒性。

烟酰胺　　　　　+ $S$ - 腺苷甲硫氨酸　$\xrightarrow{\text{甲基转移酶}}$　$N$ - 甲基烟酰胺　　+ $S$ - 腺苷同型半胱氨酸

## 三、影响生物转化的因素

生物转化受很多因素的影响，主要有年龄、性别、营养、疾病、遗传、药物及毒物等。

**1. 年龄**　新生儿肝内参与生物转化的酶系发育不完善，对药物及毒物的生物转化能力较弱，因此易发生药物及毒素中毒、高胆红素血症等。老年人因肝血流量和肾的廓清率降低，血浆药物的清除率降低，也易发生药物中毒。因此，儿童和老年人需慎重用药。

**2. 性别**　正常情况下，女性生物转化能力高于男性，但妊娠妇女生物转化能力普遍下降。

**3. 药物及毒物**　由于参与生物转化的酶系的专一性较低，某些药物或毒物可通过诱导生物转化相关酶类的合成，从而促进自身及同类其他药物的生物转化，具有这种作用的药物或毒物称为诱导剂。例如，细胞色素 $P_{450}$ 超家族第二亚家族 C9 成员（CYP2C9）的诱导剂主要有卡马西平、利福平、巴比妥类等，乙醇也是 CYP2C9 的诱导剂，因此服用与 CYP2C9 代谢有关药物的患者应戒酒。此外，由于苯巴比妥可通过胎盘并且诱导 UDP - 葡糖醛酸转移酶的合成，临床上常在早产儿出生前给孕妇应用苯巴比妥，以预防新生儿黄疸。

**4. 疾病**　肝炎、肝硬化、肝癌等肝实质性疾病，使肝生物转化功能降低，药物或毒物易在体内蓄积，故肝病患者用药应慎重。

# 第三节　胆色素代谢与黄疸

胆色素是铁卟啉化合物在体内分解代谢的主要产物，包括胆红素、胆绿素、胆素原和胆素等。这些化合物除胆素原外，均有一定颜色，且大部分随胆汁排泄，故称胆色素。胆红素是人体胆汁中的主要色素，呈橙黄色。胆红素代谢异常可导致高胆红素血症和黄疸。

## 一、胆红素的生成

胆红素主要来自铁卟啉化合物，体内铁卟啉化合物主要包括血红蛋白、肌红蛋白、细胞色素、过氧化氢酶及过氧化物酶等。正常成人每天约产生 300mg 胆红素，其中约 80% 来自衰老红细胞中血红蛋白的分解，10% 来自无效造血，其余 10% 来自肌红蛋白及其他铁卟啉化合物的分解。

外周循环中红细胞的寿命平均为 120 天，衰老红细胞在肝、脾、骨髓的单核巨噬细胞系统被破坏并释放出血红蛋白。血红蛋白进一步被分解为珠蛋白和血红素。血红蛋白分解释出的珠蛋白被分解为氨基酸，再被利用；血红素则在单核巨噬细胞系统细胞微粒体中血红素加氧酶催化下，分子中的 α‒甲烯基桥（＝CH—）氧化断裂，释放出 CO、$Fe^{2+}$，并生成胆绿素，此步反应需 $O_2$ 和 NADPH 的参与。释放出的铁可以供机体再利用，一部分 CO 从呼吸道排出体外；胆绿素进一步在胞质中胆绿素还原酶的催化下，还原生成胆红素（图 11‒1）。血红素加氧酶是胆红素合成的限速酶。血红素及诱导细胞氧化应激的因素，如缺氧、内毒素、炎症、细胞因子、重金属等均可诱导该酶的表达，因此，肿瘤、动脉粥样硬化、阿尔茨海默病等疾病患者体内血红素加氧酶表达升高。胆红素过量对人体有害，但适量的胆红素作为体内强有力的抗氧化剂，可有效清除活性氧，其作用甚至优于维生素 E。

图 11 ‒1　胆红素的生成

M：—CH₃；V：—CH ＝CH₂；P：—CH₂CH₂COOH

## 二、胆红素在血液中的运输

　　虽然胆红素分子中含有一些极性基团，如羟基、羧基、亚氨基、羰基，但由于胆红素分子结构为卷曲状态，形成脊瓦状的空间结构，使这些亲水性基团埋在胆红素分子内部，彼此之间形成氢键（图 11 ‒2），因此，胆红素分子具有疏水亲脂性质，极易透过生物膜。胆红素由单核巨噬细胞系统生成并释放至血液循环，在血清中与清蛋白结合。这种结合一方面增加了胆红素在血浆中的溶解度，有利于运输；另一方面又限制了胆红素自由透过生物膜，防止对组织细胞产生毒性作用。血浆中未经肝代谢转化的胆红素称游离胆红素，也称为血胆红素或未结合胆红素。未结合胆红素因分子内部存在氢键，不能直接与重氮试剂反应，只有在加入乙醇等有机溶剂破坏氢键后才反应生成紫红色偶氮化合物，因此又称间接胆红素。1 分子清蛋白能结合 2 分子胆红素。正常人每 100ml 血浆能运输 25mg 胆红素，正常情

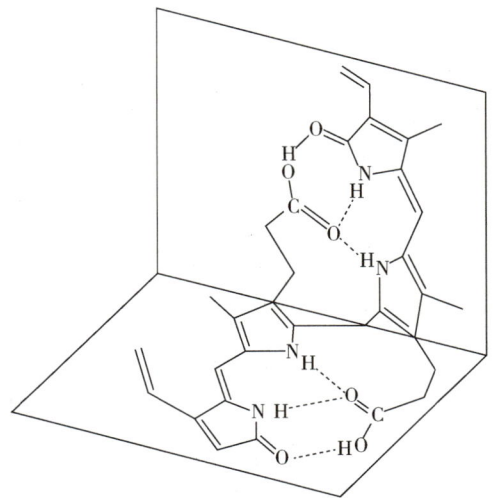

图 11 ‒2　胆红素空间结构示意图

况下，每100ml血浆中胆红素的含量不足1mg。因此，血浆中的清蛋白足以结合全部胆红素，但当血中胆红素浓度显著升高或与清蛋白结合量下降时，就会导致脂溶性的胆红素透过生物膜对细胞产生毒性作用。如脂肪酸、胆汁酸及某些药物包括阿司匹林、青霉素、磺胺药及造影剂等可与胆红素竞争结合清蛋白。在新生儿中，由于大脑基底部的核团发育不完善，如果有大量胆红素通过血–脑屏障进入脑组织，会引起这些核团的黄疸而诱发胆红素脑病（核黄疸），对大脑产生不可逆性损伤。因此，对有黄疸倾向的患者尤其是黄疸较严重的新生儿应谨慎使用上述药物。

## 三、胆红素在肝中的转化

胆红素的进一步代谢主要在肝进行，肝细胞对胆红素有摄取、运输、结合、排泄作用。

**1. 摄取作用**　清蛋白–胆红素复合物随血液循环到达肝后，在肝血窦中胆红素与清蛋白解离，并与肝细胞上的胆红素受体结合，被肝细胞摄取。

**2. 运输作用**　肝细胞中有两种能与胆红素结合的配体蛋白：Y蛋白和Z蛋白。胆红素对Y蛋白的亲和力大于Z蛋白，所以，Y蛋白是胆红素在肝细胞内转运的主要配体蛋白。胆红素–Y（Z）蛋白的结合，防止了胆红素逸出肝细胞，并由Y或Z蛋白运输至滑面内质网进一步代谢。

**3. 结合作用**　胆红素由Y（Z）蛋白运送至滑面内质网后，经UDP–葡糖醛酸转移酶的催化，胆红素与配体蛋白分离，而与葡糖醛酸以酯键结合，生成水溶性的葡糖醛酸胆红素酯。因胆红素有2个羧基，故1分子胆红素最多可结合2分子葡糖醛酸，主要生成双葡糖醛酸胆红素（约80%）及少量单葡糖醛酸胆红素（约20%）。在肝与葡糖醛酸结合的胆红素称为结合胆红素或肝胆红素。结合胆红素水溶性增强，不易透过生物膜，易经胆道排泄，因此毒性显著降低，是肝对胆红素的一种重要解毒形式。结合胆红素分子内不再有氢键，能够与重氮试剂发生直接反应，因此亦称直接胆红素。新生儿Y蛋白及UDP–葡糖醛酸转移酶水平较低，肝对胆红素的转化能力较弱，在出生后，又由于来自母体的红细胞破裂，因此新生儿易发生溶血性黄疸，由于苯巴比妥可诱导Y蛋白及UDP–葡糖醛酸转移酶的合成，临床上常用苯巴比妥治疗。

结合胆红素生成的反应式及结构式如下，游离胆红素与结合胆红素的理化性质比较见表11–1。

$$\text{胆红素 + UDPGA} \xrightarrow{\text{葡糖醛酸基转移酶}} \text{胆红素葡糖醛酸一酯 + UDP}$$

$$\text{胆红素葡糖醛酸一酯 + UDPGA} \xrightarrow{\text{葡糖醛酸基转移酶}} \text{胆红素葡糖醛酸二酯 + UDP}$$

胆红素葡糖醛酸二酯

表 11 - 1　两种胆红素的理化性质比较

| 理化性质 | 游离胆红素 | 结合胆红素 |
| --- | --- | --- |
| 与葡糖醛酸结合 | 未结合 | 结合 |
| 水溶性 | 小 | 大 |
| 脂溶性 | 大 | 小 |
| 透过生物膜的能力及毒性 | 大 | 小 |
| 能否透过肾小球滤过 | 不能 | 能 |

**4. 排泄作用**　结合胆红素极易被肝细胞分泌到毛细胆管，继而随胆汁排入肠腔。肝排泄胆红素是主动转运消耗能量的过程，也是胆红素代谢全过程的限速步骤。如果胆红素排泄障碍，结合胆红素可反流入血。

## 四、胆红素在肠道中的转变

结合胆红素随胆汁排入肠道，在肠道细菌的作用下脱去葡糖醛酸基，游离胆红素进一步被还原生成无色的胆素原，包括中胆素原、粪胆素原和尿胆素原。大部分（80% ~ 90%）胆素原随粪便排出体外，在结肠下段，胆素原被空气氧化为黄褐色的粪胆素，后者是粪便颜色的主要来源。成年人每天胆素原排出量依血红蛋白分解情况而定，一般每天 40 ~ 280mg。长期使用抗生素使肠道细菌减少，胆红素不能被还原为胆素原，而是在大肠被空气再氧化为胆绿素，使粪便呈绿色。胆道完全梗阻时，胆红素不能顺利排入肠道，胆素原和胆素生成障碍，使粪便呈灰白色。

## 五、胆素原的肠肝循环

肠道中生成的胆素原10% ~20% 被肠道重吸收，经门静脉入肝，其中大部分以原型通过肝再次排入肠道，形成胆素原的肠肝循环。重吸收的胆素原有少部分（10%），经血液运至肾随尿排出，称为尿胆素原。尿胆素原在输尿管下段及膀胱经空气氧化成尿胆素，是尿液颜色主要来源。正常人每天经肾排出的尿胆素原为 0.5 ~4.0mg。临床上将尿胆素原、尿胆素和尿胆红素称为尿三胆，是黄疸鉴别诊断的常用指标。胆色素的代谢过程如图 11 -3 所示。

## 六、胆红素与黄疸 🄴 微课2

正常人血清胆红素含量为 3.4 ~17.1μmol/L（0.2 ~1mg/dl），其中约80% 为间接胆红素，其余是直接胆红素。体内胆红素生成过多，或肝细胞对胆红素的摄取、结合及排泄过程发生障碍均可使血浆胆红素浓度升高。血清胆红素含量超过 17.1μmol/L 称为高胆红素血症。胆红素呈橘黄色，血清中含量过高，则可扩散入组织，使皮肤、黏膜、巩膜黄染，称为黄疸。血清胆红素含量为 17.1 ~34.2μmol/L 时，观察不到皮肤、黏膜、巩膜黄染，称为隐性黄疸；当血清胆红素含量 >34.2μmol/L 时，可以观察到皮肤、黏膜、巩膜黄染，称为显性黄疸。

根据黄疸发生的原因，可分为 3 类：溶血性黄疸、肝细胞性黄疸、阻塞性黄疸。

**1. 溶血性黄疸**　是由于红细胞大量破坏，单核吞噬细胞系统产生胆红素过多，超过了肝细胞的摄取、转化和排泄能力，造成血中游离胆红素浓度显著增高所致。溶血性黄疸常见于成年人。恶性疟疾、过敏、输血不当、葡糖 -6 -磷酸脱氢酶缺乏等均可造成溶血性黄疸。此时，血中结合胆红素的浓度改变不大，但由于肝对游离胆红素的摄取、转化和排泄增多，肠道重吸收的胆素原相应增多，患者粪胆素原、尿胆素原及尿胆素增多；粪便颜色加深。

图 11-3　胆色素的代谢示意图

**2. 肝细胞性黄疸**　是由于肝细胞受损、坏死破裂，对游离胆红素的摄取、转化和排泄能力降低导致。肝细胞性黄疸常见于病毒性肝炎患者，一方面肝细胞对胆红素摄取和转化能力降低，使血中游离胆红素浓度升高；另一方面肝细胞炎症使肝细胞水肿，进而导致结合胆红素排泄障碍，反流至血循环；甚至由于肝细胞的坏死破裂，胆红素可直接释放到血清，造成血清结合胆红素浓度升高。此时，患者尿胆红素阳性；粪便颜色变浅；由于肝细胞损伤程度不同，尿中胆素原含量变化不定。

**3. 阻塞性黄疸**　是由于胆汁排泄障碍，胆小管和毛细胆管内压力增高而破裂，使结合胆红素反流入血导致。胆管结石、炎症、肿瘤、先天性胆道闭锁、寄生虫病等均可引起阻塞性黄疸。此时，血清结合胆红素升高；血清游离胆红素无明显改变；尿胆红素检查阳性；结合胆红素排泄障碍，使肠道生成胆素原减少，粪便颜色变浅，甚至呈陶土色，同时尿胆素原、尿胆素也降低。

3 种类型黄疸的实验室检查结果比较见表 11-2。

表 11-2　各种类型黄疸的比较

| | 正常 | 溶血性黄疸 | 肝细胞性黄疸 | 阻塞性黄疸 |
|---|---|---|---|---|
| 血清胆红素浓度 | <1mg/dl | >1mg/dl | >1mg/dl | >1mg/dl |
| 　游离胆红素 | 0~0.8mg/dl | ↑↑ | ↑ | |
| 　结合胆红素 | 极少 | | ↑ | ↑↑ |
| 尿三胆 | | | | |
| 　尿胆红素 | - | - | ++ | ++ |
| 　尿胆素原 | 少量 | ↑ | 不一定 | ↓ |
| 　尿胆素 | 少量 | ↑ | 不一定 | ↓ |
| 粪便颜色 | 正常 | 加深 | 变浅或正常 | 变浅甚至陶土色 |

# 第四节　胆汁酸代谢

胆汁酸为 24 碳胆烷酸的衍生物，以钠盐或钾盐的形式存在，即胆汁酸盐，简称胆盐，是胆汁的主要成分。胆汁酸是脂质物质消化吸收所必需的。在肝转变成胆汁酸是胆固醇最主要的代谢转化去路，正常成人每天约 40%（0.4～0.6g）的胆固醇在肝内转化为胆汁酸，并随胆汁排入肠道。

## 一、胆汁酸的分类

**1. 按结构的不同分类**　胆汁酸分为两大类：游离型胆汁酸和结合型胆汁酸。

（1）游离型胆汁酸　包括胆酸、脱氧胆酸、鹅脱氧胆酸和少量的石胆酸。

（2）结合型胆汁酸　是上述游离型胆汁酸与甘氨酸或牛磺酸的结合物，主要包括甘氨胆酸、甘氨鹅脱氧胆酸、牛磺胆酸和牛磺鹅脱氧胆酸等。

胆汁中的胆汁酸主要是结合型胆汁酸，其中甘氨胆酸与牛磺胆酸的比例为（2∶1）～（3∶1）。

**2. 按来源的不同分类**　胆汁酸分为初级胆汁酸和次级胆汁酸两大类。

（1）初级胆汁酸　是胆固醇在肝代谢转化形成的，包括胆酸、鹅脱氧胆酸及其与甘氨酸或牛磺酸的结合产物。

（2）次级胆汁酸　是初级胆汁酸在肠道细菌作用下转变生成的，包括脱氧胆酸、石胆酸及其与甘氨酸或牛磺酸的结合产物。

初级胆汁酸和次级胆汁酸的区别在于有无 $7\alpha$ - 羟基。各种胆汁酸结构如图 11-4 所示。

图 11-4　各种胆汁酸结构

## 二、胆汁酸的代谢过程

**1. 初级胆汁酸的生成**　初级胆汁酸是以胆固醇为原料，在肝细胞经多步酶促反应生成。在肝细胞微粒体和细胞质中，首先由胆固醇 $7\alpha$ – 羟化酶将胆固醇羟化为 $7\alpha$ – 羟胆固醇，再经氧化、还原、羟化、侧链氧化断裂等多步反应，最后生成初级游离型胆汁酸（胆酸和鹅脱氧胆酸）。$7\alpha$ – 羟化酶是胆汁酸合成的限速酶，属单加氧酶，催化的反应需要细胞色素 $P_{450}$ 的参与，并需 NADPH 或维生素 C 供氢。$7\alpha$ – 羟化酶受胆汁酸的负反馈调节。考来烯胺或富含纤维素的食物促进胆汁酸从肠道排泄，抑制重吸收，从而解除胆汁酸对 $7\alpha$ – 羟化酶的抑制，加速胆固醇在肝转化为胆汁酸，可降低血清胆固醇。初级游离型胆汁酸可与甘氨酸或牛磺酸结合，生成初级结合型胆汁酸，包括甘氨胆酸、甘氨鹅脱氧胆酸、牛磺胆酸和牛磺鹅脱氧胆酸。结合型胆汁酸的极性和水溶性显著增强，有利于胆汁酸在肠腔内发挥促进脂质消化吸收的作用，同时还防止胆汁酸过早在胆管及小肠内被吸收。

**2. 次级胆汁酸的生成**　初级胆汁酸随胆汁排入肠腔，在协助脂质消化吸收的同时，在回肠和结肠上段受肠道细菌的作用，部分结合型胆汁酸发生去结合作用重新生成游离型胆汁酸，后者再经肠道细菌作用，$7\alpha$ 位脱羟基，使胆酸转变成脱氧胆酸，鹅脱氧胆酸转变成石胆酸。这种由初级胆汁酸在肠道细菌作用下形成的胆汁酸称为次级胆汁酸。石胆酸溶解度小，不与甘氨酸或牛磺酸结合；脱氧胆酸与甘氨酸或牛磺酸结合生成甘氨脱氧胆酸或牛磺脱氧胆酸，即次级结合型胆汁酸。

胆汁酸的合成及降解如图 11 – 5 所示。

**3. 胆汁酸的肠肝循环**　肠道中的胆汁酸（包括初级、次级、结合与游离型）约 95% 可被重新吸收，经肠系膜静脉、门静脉又回到肝。胆汁酸通过两种方式被肠道重吸收：结合型胆汁酸在回肠被主动重吸收，少量游离型胆汁酸在肠道各部被动重吸收。肠道重吸收的游离型胆汁酸在肝细胞重新转变为结合型胆汁酸，这部分胆汁酸与重吸收及新合成的结合型胆汁酸一起又随胆汁排入肠道，这一循环过程称为"胆汁酸的肠肝循环"（图 11 – 6）。肠道中的石胆酸（约为 5%），由于溶解度小，一般不被重吸收，直接随粪便排出体外。正常人每天经粪便排出 $0.4 \sim 0.6\mathrm{g}$ 胆汁酸。

图 11 – 5　胆汁酸的合成及降解

*：初级胆汁酸　**：次级胆汁酸

图 11 – 6　胆汁酸的肠肝循环

肝每天新合成的胆汁酸仅 $0.4 \sim 0.6\mathrm{g}$，肝、胆的胆汁酸代谢池共储存 $3 \sim 5\mathrm{g}$，即使全部倾入小肠，也不能满足饱食后脂质物质消化吸收的需要。每次餐后都会发生 $2 \sim 4$ 次胆汁酸的肠肝循环，这使得每日从肠道回收的胆汁酸总量可达 12~32g。胆汁酸的肠肝循环，使有限的胆汁酸循环利用，以满足机体对胆汁酸的生理需要；同时节省了大量的胆固醇，间接节省了大量的葡萄糖。

## 三、胆汁酸的生理功能

**1. 促进脂质的消化及吸收**　胆汁酸是较强的乳化剂，其分子内部既含有亲水性的羟基、羧基等基团，又含有疏水性的甲基和烃基基团，亲水基团均为 α 型，而甲基为 β 型，两类不同性质的基团分别位于环戊烷多氢菲核的两侧，从而使胆汁酸的立体构型具有亲水和疏水两个侧面（图 11-7）。胆汁酸的这种结构特点使其具有较强的界面活性，能降低脂-水界面表面张力。在肠道中胆汁酸能把脂质乳化成细小的微团，增加脂质与脂酶的接触面积，有利于脂质的消化和吸收。

**图 11-7　甘氨胆酸的立体构型**

**2. 抑制胆汁中胆固醇的析出**　人体内过剩的胆固醇直接经肝排入胆汁，进而从肠道排出体外。胆固醇随胆汁排入胆囊，由于本身难溶于水，又在胆囊中被浓缩，因此较易沉淀析出。胆汁酸与卵磷脂协同乳化胆固醇，使其在胆汁中形成可溶性的微团，防止其结晶、析出和沉淀。胆固醇是否从胆汁析出主要取决于胆汁酸盐、卵磷脂和胆固醇的比例（正常≥10∶1），胆汁中胆汁酸、卵磷脂过少，或胆固醇过多，均可造成该比值下降，使胆固醇析出沉淀，形成胆结石。

### 素质提升

#### 肝硬化患者的护理和注意事项

注意休息，避免剧烈运动；保持乐观情绪，树立战胜疾病信心。

易消化、高蛋白质、高糖、高维生素、低脂饮食。

腹水患者要卧床休息，增进营养，最好采用无盐或低盐饮食（每日食盐量不得超过5g）。

腹水明显患者需限制水的摄入，一般进水量控制在1000ml/d，严重低钠血症患者，应限制在500ml以内。

伴有食管静脉曲张患者，应避免刺激性和硬的食物，以免造成大出血。

肝昏迷倾向患者，应限制蛋白质的摄入，三餐以蔬菜为主。

禁酒戒烟，不要滥用"护肝"药物。

## 目标检测

答案解析

### 一、选择题

1. 下列关于生物转化作用的说法错误的是（　　）
   A. 主要在肾进行　　　　　B. 改变毒性　　　　　C. 灭活
   D. 增加水溶性　　　　　E. 增加极性

2. 下列不属于肝脏特点的是（　　）
   A. 双重血液供应　　　　　B. 双重输出管道　　　　　C. 有丰富的血窦
   D. 有丰富的酶　　　　　E. 可以利用酮体

3. 清球比正常值是（　　）
   A. 1：1　　　　　B. 3：1　　　　　C. 1：2.5
   D. （1.5～2.5）：1　　　　　E. 1：1.5

4. 新生儿易发生（　　）
   A. 肝细胞黄疸　　　　　B. 阻塞性黄疸　　　　　C. 溶血性黄疸
   D. 混合型黄疸　　　　　E. 都有可能

5. 下列不属于游离型胆汁酸的是（　　）
   A. 胆酸　　　　　B. 脱氧胆酸　　　　　C. 石胆酸
   D. 甘氨胆酸　　　　　E. 鹅脱氧胆酸

6. 下列属于次级胆汁酸的是（　　）
   A. 甘氨胆酸　　　　　B. 牛磺胆酸　　　　　C. 胆酸
   D. 鹅脱氧胆酸　　　　　E. 脱氧胆酸

7. 下列关于胆汁酸的肠肝循环的说法不正确的是（　　）
   A. 每次饭后进行2～4次肠肝循环　　　　　B. 石胆酸大部分能重吸收
   C. 胆汁酸能促进脂质消化吸收　　　　　D. 胆汁酸是乳化剂
   E. 胆汁酸由胆固醇合成

8. 下列关于次级胆汁酸的说法正确的是（　　）
   A. 由肝脏合成　　　　　B. 在肾脏生成　　　　　C. 在肠道生成
   D. 牛磺胆酸是次级胆汁酸　　　　　E. 石胆酸经细菌作用后被重吸收

### 二、思考题

1. 什么是黄疸？黄疸有哪些类型？
2. 什么是胆汁酸的肠肝循环？其意义是什么？

（左　超）

书网融合……

本章小结　　　　　微课1　　　　　微课2　　　　　题库

# 参考文献

[1] 查锡良，药立波. 生物化学与分子生物学 ［M］. 8 版. 北京：人民卫生出版社，2013.

[2] 翟静，周晓慧. 生物化学 ［M］. 北京：中国医药科技出版社，2016.

[3] 黄忠仕，翟静. 生物化学 ［M］. 南京：江苏凤凰科学技术出版社，2013.

[4] 吴梧桐. 生物化学 ［M］. 3 版. 北京：中国医药科技出版社，2015.

[5] 赵汉芬，许劲雄，马平. 正常人体功能 ［M］. 2 版. 上海：复旦大学出版社，2017.

[6] 周春燕，药立波. 生物化学与分子生物学 ［M］. 9 版. 北京：人民卫生出版社，2021.

[7] 杨荣武，生物化学原理 ［M］. 3 版. 北京：高等教育出版社，2018.

[8] 杨荣武，基础生物化学原理 ［M］. 北京：高等教育出版社，2020.

[9] 何旭辉，吕士杰. 生物化学 ［M］. 7 版. 北京：人民卫生出版社，2014.

[10] 李俊，张冬梅，陈均辉. 生物化学实验 ［M］. 北京：科学出版社，2020.

[11] 郑红花，张云武. 医学生物化学实验教程 ［M］. 厦门：厦门大学出版社，2018.

[12] 王金亭，方俊. 生物化学实验教程 ［M］. 2 版. 武汉：华中科技大学出版社，2020.

[13] 刘观昌，马少宁. 生物化学检验 ［M］. 4 版. 北京：人民卫生出版社，2015.

[14] 陈芬，赵丽平. 生物化学与技术（含实训）［M］. 2 版. 武汉：华中科技大学出版社，2021.

[15] 付达华. 医学生物化学 ［M］. 5 版. 北京：北京大学医学出版社，2019.

[16] 李珍珠. 生物化学 ［M］. 上海：同济大学出版社，2019.

[17] 王建枝，钱睿哲. 病理生理学 ［M］. 9 版. 北京：人民卫生出版社，2018.

[18] 杨宝峰，陈建国. 药理学 ［M］. 9 版. 北京：人民卫生出版社，2018.

[19] 王庭槐，生理学 ［M］. 9 版. 北京：人民卫生出版社，2018.

[20] 府伟灵，徐克前. 临床生物化学检验 ［M］. 5 版. 北京：人民卫生出版社，2013.

[21] 傅松滨. 医学生物学 ［M］. 9 版. 北京：人民卫生出版社，2018.

[22] 朱宝长，侯义龙，郭晓农. 普通生物学 ［M］. 武汉：华中科技大学出版社，2021.

[23] 步宏，李一雷. 病理学 ［M］. 9 版. 北京：人民卫生出版社，2018.

[24] 姜旭淦，鞠少卿. 临床生化检验学 ［M］. 北京：科学出版社，2020.

[25] 邓凤君，王斌，潘朝旺. 药理学 ［M］. 武汉：华中科技大学出版社，2016.

[26] 王丽燕，生物化学实验指导 ［M］. 北京：北京理工大学出版社，2017.

[27] 杨宝峰，陈建国. 药理学 ［M］. 9 版. 北京：人民卫生出版社，2021.